세계를
매혹한 돌

윤성원의 보석&주얼리 문화사

두 번째 이야기

세계를
매혹한 돌

윤성원 지음

모요사

일러두기

이 책에서 외래어는 국립국어원의 외래어표기법에 따라 표기하고 있으나, 브랜드 명과 이와 관련한 브랜드 창립자, 제품명 등은 각 브랜드의 공식 표기법에 따라 표기한다(예: 루이 까르띠에, 부쉐론, 쎄뺑 보헴, 모네떼 등).

20세기 주얼리,
혁신과 창의의 깃발 아래

코로나19의 공포가 최고조에 달했던 2020년 4월, 믿을 수 없는 소식이 들려왔다. 소더비 홍콩에서 1930년에 제작된 까르띠에의 투티 프루티 팔찌를 과감히 온라인 경매에 올려버린 것이다. 경매에서 제일 비싸게 팔리는 아르데코 시대의 주얼리인데다 까르띠에의 상징이나 다름없는 투티 프루티 컬렉션이라니! 이 엄청난 조합을 자랑하는 주얼리의 경매가 프리뷰도 제대로 할 수 없는 상황에서 온라인으로 진행된다는 것은 불과 4개월 전만 해도 상상할 수 없던 일이었다. 주얼리는 매우 섬세한 품목이라 감정서나 감별서가 있다고 해도 육안으로 직접 확인해야 할 요소들이 너무 많기 때문이다.

그런데 이 90년의 세월을 품은 팔찌는 추정가인 60~80만 달러를 가뿐히 제치며 거의 두 배에 달하는 134만 달러에 새로운 주인을 만났다. 온라인 주얼리 경매 역사상 최고가를 경신한 신기록이었다(이후 크리스티와 소더비는 핑퐁식으로 온라인 경매에서 신기록을 경신해나갔다). 당시에는 주얼리의 역사를 다룬 『세계를 움직인 돌』을 막 마무리하던 참이어서 더욱더 시대의 변화를 생생하게 체감했다. 먼 미래의 일이 돌연 현실이 되어버린 느낌이랄까.

그리고 일 년이 조금 더 지난 지금 나는 『세계를 움직인 돌』의 두 번째 이야기라 할 『세계를 매혹한 돌』의 출간을 앞두고 있다. 전작이 고대 이집트의 클레오파트라부터 러시아 제국의 마지막 차르 니콜라이 2세에 이르기까지 2천 년의 시간 동안 보석을 향한 인류의 피, 땀, 눈물의 역사를 다루고 있다면, 이번 책은 파란만장한 근현대사 속에서 보석이 거쳐온 행보와 이를 둘러싼 인간의 욕망과 취향의 변화를 본격적으로 파헤치고 있다. 아직 끝나지 않은 팬데믹 상황은 21세기에 인류가 맞닥뜨린 가장 큰 사건으로, 아이러니하게도 이번 책을 집필하면서 현대의 주얼리가 나아가야 할 방향을 다시 한 번 깊이 생각해보게 된 계기가 되었다.

주얼리에 관한 책을 쓴다는 것은 어쩌면 끊임없는 소통의 과정이라 할 수 있다. 책을 쓰면 쓸수록 독자들이 조금이라도 더 보석에 관심을 가질 수 있도록 평소에는 보기 힘든 다채롭고 특별한 주얼리의 사진을 싣고 싶은 욕망을 주체하기 힘들어진다. 문제는 아름다운데다 역사적인 스토리까지 담고 있는 주얼리가 대부분 외국의 브랜드이다 보니 저작권 문제를 해결하는 것이 쉽지 않다는 점이다. 특히 이번 책처럼 근현대의 주얼리를 다루다 보면 각 브랜드 담당자에게 메일을 보내고 책의 취지를 설명하는 일이 집필 과정에서 큰 비중을 차지하게 된다.

그런 고충에도 불구하고 보석에 관한 책을 계속 쓰는 것은 소비자를 대상으로 오랜 시간 강의를 하면서 보석에 대한 우리 사회의 높은 편견과 마주쳤기 때문이다. 특히 보석이나 주얼리를 바라보는 소비자들의 미심쩍은 불신과 보석을 단순히 사치품으로 취급하는 정부의 정책 앞에서 좌절을 느낀 적도 많았다. 무엇보다 주얼리 산업을 고부가가치 산업으로 인식하기보다 사치품으로 인식하는 비현실적인 과세 구조가 음성적인 거래를 부추겼고 여기서 모든 문제가 시작되었다고 볼 수 있다. 국가 주력 산업으로 성장시키기 위한 주얼리 업계의 끊임없는 노력으로 점차 유통이 양성화되고 있지만, 이미 잠재력 있는 미래 산업으로 인정받고 있는 해외 주얼리 시장에 비하면 아직도 갈 길이 한참 멀다.

예술적인 가치가 있는 작은 주얼리 하나에 유명한 미술가의 작품에 버금

가는 엄청난 가격이 따라붙는 것만 보아도 주얼리는 경제적인 측면에서도 값진 유산이다. 게다가 역사적인 인물의 소중한 추억이 깃들어 있는 주얼리는 말 그대로 문화사적인 보고寶庫라 할 만하다. 그러니 이제는 주얼리를 바라보는 시각에도 전향적인 변화가 필요하지 않을까?

보석과 주얼리의 문화사, 그 두 번째 이야기

오늘날 세계인들은 유럽이 만든 세상에서 살고 있다고 해도 과언이 아니다. 민주주의와 민족주의, 자본주의, 산업화, 제국주의, 그리고 인종주의까지 현대 사회 시스템의 발전과 갈등의 씨앗을 이해하려면 유럽의 역사를 알아야 하기 때문이다. 19세기로 시곗바늘을 돌려 유럽의 제국주의 열강들이 대외 팽창에 열을 올리며 힘겨루기를 시작한 시대로 이 책의 문을 열게 된 이유다.

돌이켜보면 20세기의 전반기는 처절하리만큼 위기 극복의 연속이었지만 보석의 관점에서 보면 황금시대나 마찬가지였다. 19세기 말부터 20세기 초까지 벨에포크, 아르누보, 아르데코, 레트로 모던이라는 특별한 이름을 가진 이 사조들이 보석의 역사에서 획기적인 변화와 함께 일대 혁신을 가져왔기 때문이다.

다루기 까다로운 금속인 플래티넘을 완벽하게 정복한 인류가 더욱 섬세하고 정교한 세팅으로 그 어느 때보다 다이아몬드의 광채를 최대로 끌어올린 벨에포크 시대의 주얼리, 그리고 주얼리의 가치가 단지 값비싼 소재에 있는 것이 아니라 예술성과 창의성에 있음을 설파한 아르누보 주얼리는 세기말과 세기 초의 인류를 동시에 매혹시켰다. 오늘날에도 그 희소성과 역사적인 가치를 이해하는 컬렉터들을 사로잡으며 소장하고 싶은 욕구를 무한대로 끌어올리는 주인공들이다.

하지만 주얼리의 황금시대에서 가장 빛나는 시기는 단연 아르데코 시대라 할 수 있다. 제1차 세계대전이라는 악몽을 겪은 후 기술 문명의 발전을 자축하며 추상주의, 입체파, 야수파, 오리엔탈리즘 등 다양한 예술적인 요소들이 융합된 아르데코 주얼리는 백 년이 훌쩍 지난 지금도 세련된 멋과 질리지 않는 기하학적 디자인으로 가장 높은 가격에 거래된다.

한편 대공황과 제2차 세계대전 사이에 탄생한 레트로 모던 주얼리는 입체적인 볼륨감을 바탕으로 따뜻하고 경쾌한 색조를 입혀 험난한 시기를 연속으로 겪은 인류의 마음을 위로해준 긍정의 스토리와 혁신적인 디자인 요소로 지금까지도 높이 평가받고 있다.

20세기를 전쟁의 시기로 기억하게 만든 두 차례의 세계대전은 인류의 큰 비극이었지만 한편으로는 각 나라마다 처한 어려움을 한 번에 뒤집을 수 있는 '로또' 같은 기회가 되기도 했다. 생사가 갈리는 전장에 저마다 필승의 각오로 뛰어들었고, 전쟁에서 승리하기 위해 유례없이 짧은 기간 동안 급속한 기술 발전을 이룩했다. 그 여파로 주얼리의 세계에도 소재와 디자인의 진화라는 부수적인 결과를 낳았다. 군수 물자로 전용된 플래티넘 대신 주얼러들은 최소한의 금을 볼륨 있게 활용하고, 수급이 끊긴 귀보석 대신 다양한 유색보석으로 참신한 디자인을 탄생시켰다. 또 제2차 세계대전의 필수품이던 공업용 다이아몬드를 조달하느라 속을 끓인 미국에서는 합성 다이아몬드를 가장 먼저 개발하는 쾌거를 올리기도 했다. 창의력은 극한의 제약 속에서 최대로 발휘된다는 말을 여실히 증명한 사례들이다.

한편 이 주얼리의 황금시대는 럭셔리 주얼리 브랜드들의 '스타트업' 시절이기도 하다. 그들의 해외 시장 개척기, 양차 세계대전과 대공황 속에서 살아남을 수 있었던 비결, 미래를 내다보는 안목, 혁신을 향한 도전 정신 등에 관해서는 특히 눈여겨볼 것을 권한다. 동시에 수많은 럭셔리 주얼러들을 배출한 파리와 뉴욕 두 도시 사이의 숨겨진 밀월 관계와 고대의 영광을 되찾은 로마의 저력, 아직까지 입헌군주제를 지키고 있는 영국 왕실 주얼리의 위엄도 색다른 관전 포인트가 될 것이다. 또한 주얼리 역사의 가장 찬란한 순간마다 빠지지 않고 등장하는 프랑스 왕실의 주얼리는 근대에 접어들어 영국 왕실과 180도 다른 운명을 맞이하는데, 이와 관련된 일화는 이 책에서 가장 드라마틱한 스토리 중 하나다.

20세기 주얼리의 혁신적인 행보

지난 백 년간 우리는 보석의 세대교체를 목도해왔다. 땅속 깊이 숨어 있던 광산이 수면 위로 올라오고 수명을 다한 광산이 역사 속으로 사라졌다. 그 사이 인간은 실험실에서 보석을 만들고, 양식장에서 진주를 키웠다. 물론 환경오염과 남획으로 수천 년간 통치자의 권력과 지위의 상징으로 군림해온 천연 진주가 자취를 감춰버린 것에는 안타까운 마음을 금할 길이 없다.

이 책에서는 인간의 손끝과 창의로 자연의 산물이 획기적으로 변신하는 과정도 확인할 수 있다. 남아프리카 다이아몬드 광산의 개발과 제2차 산업혁명에 힘입어 최상의 광채를 뽐내는 모던 브릴리언트 컷이 등장해 다이아몬드를 단지 값비싼 희귀 보석이 아니라 아름다움의 결정체로 탄생시켰다. 여기에 더해 드비어스가 전 세계를 대상으로 펼친 "다이아몬드는 영원히" 홍보 캠페인으로 다이아몬드는 제한적인 일부 상류층이 아니라 수많은 여인들의 손에서 더욱 찬란하게 빛날 수 있었다.

또한 영화나 TV에 등장하는 연예인들과 유명인들의 주얼리는 언제나 화제를 몰고 다니며 선망의 대상이 되었다. '주얼리 아이콘'으로 통하는 엘리자베스 테일러와 리처드 버턴의 애정사와 왕위 대신 사랑을 택한 윈저 공 부부의 인생사에는 주얼리가 빠지지 않고 등장한다. 이들의 주얼리는 곧 세기의 사랑과 동의어가 되기도 했다. 작고한 다이애나 왕세자비, 그레이스 켈리, 재클린 케네디를 비롯해 현재 영국의 엘리자베스 2세 여왕, 그리고 최근의 매건 마클 왕자비에 이르기까지 이들이 착용하는 주얼리는 특별한 정치적 이슈를 만들어내며 대중의 관심을 집중시켰다.

특히 2021년 봄, 오프라 윈프리와 인터뷰를 하던 매건 마클의 주얼리는 소위 '스테이트먼트 주얼리statement jewelry'라고 불러도 손색이 없을 정도였다. 그날 선택한 주얼리에서 그녀의 의중을 읽을 수 있었기 때문이다. 일단 머리 스타일과 의상에서는 윈저 공 부인을 기념하려는 느낌이 가득했고, 왼손에 착용한 다이애나 왕세자비의 팔찌에서는 대중의 동조와 동정을 얻겠다는 의지가 여실했다. 그토록 간절한 몸짓이라니, 해리 왕자와 함께 멕시트Meg-xit(메건의 왕실 탈출)를 감행한 이후의 삶이 꽤 난처하고 불안했던 모양이다.

착용자의 태도와 가치관, 세상을 향한 메시지 등을 전하는 스테이트먼트 주얼리 하면 미국 최초의 여성 국무장관인 매들린 올브라이트를 빼놓을 수 없다. 그녀는 브로치 외교의 고수라고 불릴 정도로 정치적 사안이 심각할 때는 곤충이나 맹수 브로치를, 평온한 날에는 꽃과 나비 브로치를 착용하며 주얼리를 외교에 적극 활용했다. 이처럼 유명인들의 스토리가 덧대어지면서 보석과 주얼리는 실물의 가치를 훨씬 뛰어넘는 아우라를 뿜어내며 존재 가치를 드높였다. 19세기 말~20세기 초 여성의 권리와 자유를 쟁취하기 위해 주얼리를 메신저로 활용한 여성들과 비교하면 엄청나게 혁신적인 변화가 아닐 수 없다.

그렇다면 21세기 보석의 화두는 무엇일까? 큰 전쟁을 치르며 연합국과 추축국으로 갈라져 싸우던 세계는 이제 '코로나19'라는 공공의 적에 대항해 백신이라는 총을 겨누고 있다. 동시에 보석 업계에서는 지속 가능성과 윤리적인 채굴에 대한 논란이 최고조에 달한 상태다. 이는 환경과 기후, 인권에 대한 사회적 관심이 그 어느 때보다 높아진 현실을 반영한다. 또한 2021년 7월에 열리는 소더비 경매에서는 101.38캐럿의 D컬러 무결점 다이아몬드를 경매에 부치면서 암호화폐로도 지불할 수 있다고 밝혔다. 가장 고가의 천연 보석을 최신 기술의 상징인 암호화폐로 거래하는 시대가 열리다니! 보석의 거래 영역과 수단이 전통적인 틀을 벗어나 다각도로 확장되고 있는 것은 21세기 보석의 가장 최신 동향이라 할 수 있다.

잠시 가질 수는 있어도 영원히 소유할 수는 없다

이 책『세계를 매혹한 돌』을 통해 간절히 전하고 싶은 메시지는 보석의 등급도 가격도 호화로움도 아닌 그 바탕에 깔려 있는 문화사적인 의미와 창의의 가치다.『훈민정음 해례본』이 멋지고 정교한 글씨체뿐만 아니라 역사적인 의미 때문에 더욱 가치가 있는 것처럼 보석 역시 빛나는 아름다움 속에 담고 있는 문화사적인 가치 때문에 더욱 의미 있는 유산이다. 이 책에서 그 가치를 가슴으로 느낄 수 있기를 희망한다.

> 훌륭한 주얼리 컬렉션을 가질 수 있었던 것은 행운이다. 하지만 그 어느 것도 내가 소유했다고 생각하지 않는다. (……) 모두 잠시 맡아 보호할 뿐이다.

20세기 최고의 주얼리 컬렉터로 불리는 엘리자베스 테일러의 말이다. 세상의 모든 것이 그렇겠지만 보석 역시 잠시 가질 수는 있어도 영원히 소유할 수는 없다. 하지만 함께한 시간 속에서 영원한 사랑을 꿈꾸며 미소 짓게 하고 지나간 시절을 추억하며 눈물짓게 만드니, 보석은 마땅히 인류 역사의 소중한 일부분이라는 생각이 든다. 게다가 늘 몸에 지니며 함께 호흡할 수 있으니 그 신비로운 매력에 어찌 빠져들지 않을 수 있겠는가. 이토록 매혹적인 보석의 세계로, 여러분을 다시 한 번 초대한다.

2021년 초여름

윤성원

감사의 말

진정한 소통이란 무엇인지를 느끼게 해준 모요사출판사와의 두 번째 작업은 정말 유익하고 즐거웠습니다. 이 책의 뿌리가 되어준 김지원 늘 고맙고, 몸 챙기면서 원고 쓰라고 각종 영양제와 건강기구를 보내준 홍연경, 이지원, 최경미, 샐리 손 선생님, 김유진, 더레이어 유지현 대표, 독일에 있는 홍우선 그 감동의 순간들이 모여 큰 힘이 되었어요.

이번 책에서 공학 및 화학 콘텐츠를 검토해주신 한양대학교 공학대학원 보석학과 신동욱 학과장님과 정회일 교수님, 언제나 에너지를 가득 채워주시는 손수학 교수님과 예명지 교수님, 그리고 과제와 논문에 치여 고생하고 있을 사랑하는 보석학과 제자들과 졸업생들의 응원 덕분에 그 어느 때보다 탄탄하게 준비할 수 있었습니다. 감사합니다.

또 가장 큰 도움을 주고 있는 김성기 대표를 비롯한 수많은 업계 지인들에게도 고마운 마음 잊지 않고 있어요. 특히 다이아몬드보다 더 빛나는 재능꾼들인 미네타니 김선영, 타나 정 정현정, 코이누르 송진희, 타넬로 정수연 그동안 믿고 함께해준 시간들 고맙습니다. 우리 또 뭉쳐야죠!

자료 요청으로 여러 번 귀찮게 해서 미안한 마음이 더 큰 브랜드 관계자들도 있습니다(이하 직함 생략). 불가리 코리아 임윤영 님과 신성은 님, 까르띠에 코리아 박현정 님, 티파니 코리아 김태현 님과 신혜미 님, 부쉐론 코리아 이승연 님과 김보미 님, 돌체앤가바나 Giusi와 이윤아 님, 스티븐 웹스터와 모브쌩 담당 임희정 님, 뉴욕 FD Gallery의 Thomas, Oscar Heyman PR팀, Verdura의 Caroline, 런던의 Symbolic & Chase, Wartski, Bentley & Skinner, 대만의 Cindy Chao, 홍콩의 Wallace Chan, 모스크바의 Ilgiz F., 루미너스 랩 주얼리 김지민 님 여러분들 덕분에 완성도 높은 책이 나올 수 있었습니다. 참, 백상봉 실장님, 프로필 사진 고맙습니다.

나의 수십 년 지기 최정희, 김효정, 장수진, 또 멀리 뉴욕에서 늘 응원을 보내주는 아베크 뉴욕의 클로이와 케이트, 바사 뉴욕의 임지은, Harry Winston의 Christina, 홍콩의 Uni Kim 덕분에 이번 책도 무탈하게 잘 마쳤어요. 우리 빨리 백신 맞고 만나요.

원고 쓰는 동안 온갖 짜증과 불평을 다 받아준 내 사랑하는 가족 언제나 미안하고 고맙습니다. 무엇보다 펜데믹 와중에 또 한 권의 책이 세상에 나올 수 있게 허락해주신 하나님께 진심으로 감사의 말씀을 올립니다.

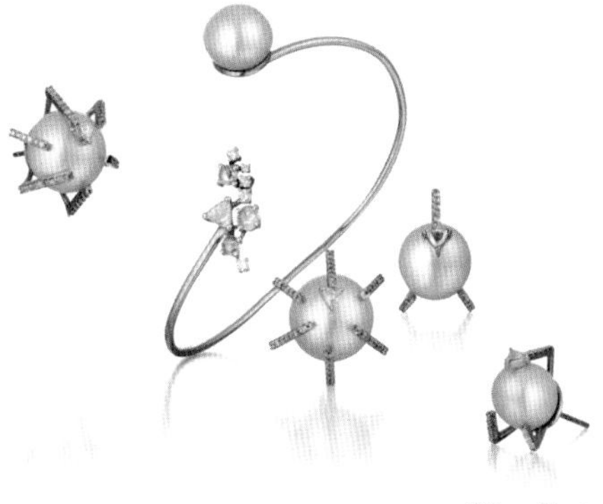

©Tana Chung

©Tanello

차례

I

복고풍 주얼리, 양식들의 전쟁

카피인가 오마주인가?

몇 달 전 영국의 해리 왕자와 메건 마클 왕자비가 미국의 〈오프라 윈프리 쇼〉에 출연해 화제가 되었다. 그들은 인터뷰에서 영국 왕실을 떠날 수밖에 없었던 이유가 왕실의 인종차별적인 대우 때문이라고 폭로해 충격을 주었다. 그 모습을 보고 있자니 수년 전 여왕의 사촌 올케인 켄트의 공자빈이 흑인 흉상의 브로치를 착용하고 왕실 만찬에 등장해 논란이 일었던 일이 떠올랐다. 당시는 해리 왕자가 흑인 혼혈인 메건 마클과 갓 약혼한 상태였다. 사람들은 이 브로치에서 인종차별의 뉘앙스를 읽었다. 그도 그럴 것이 공자빈이 이미 인종차별적인 발언으로 구설수에 오른 전력이 있었기 때문이다.

사실 서양의 주얼리에서 흑인의 초상이 등장하는 것은 흔한 일이 아니다. 하지만 경매나 앤티크 매장에서는 종종 만날 수 있기에 이 뉴스를 접한 순간 내 머릿속에는 브로치 한 점이 스쳐 지나갔다.

때는 2016년 가을, 런던의 벤틀리 & 스키너Bentley & Skinner에서의 일이다. 벤틀리 & 스키너는 19세기부터 영국의 역사와 함께해온 유명한 앤티크 주얼

벤틀리 & 스키너에서 만난 흑인 초상 브로치.

리 숍이다. 약속 시간보다 일찍 도착해 진열장을 기웃거리고 있는데 2:8 가르마로 정갈하게 빗어 넘긴 백발의 남자가 반갑게 악수를 청했다. 남자는 마치 영화 〈킹스맨〉의 한 장면처럼 조끼까지 갖춘 중후한 정장에 옥스퍼드 슈즈를 신고 지성과 품위를 온몸으로 발산했다.

명함을 보니 매니징 디렉터 마크 에번스Mark Evans라고 적혀 있다. 영국 드라마 〈다운튼 애비〉에 등장하는 티아라와 데미언 허스트Damien Hirst의 다이아몬드 해골까지 수세기를 아우르는 주얼리를 제작한 곳의 책임자답게 남다른 아우라가 느껴졌다. 곧 미지의 주얼리를 보게 되리라는 기대로 가슴이 쿵쾅거리기 시작했다.

매장 투어가 시작된 지 15분쯤 지났을까? 호기심으로 한껏 달아오른 내가 두 눈을 고양이처럼 반짝이자 마크는 거대한 금고가 있는 지하의 방으로 나를 데려갔다. 그가 꺼내 온 빨간색 박스를 열자 머리 위아래로 형형색색의 화려한 장식을 달고 있는 사람 형상의 브로치가 나타났다. 그런데 얼굴의 피부가…… 검은색이다.

내가 고개를 갸우뚱하는 순간을 놓치지 않은 마크는 고대 누비아Nubia의 파라오를 묘사한 것이라며 중요한 힌트를 주었다. 한때 이집트와 국경을 마주하며 나일 강 유역에 왕조를 세웠던 누비아족은 이집트를 포함한 여타의 중동인들과는 달리 피부가 검다. 그런데 보석의 세팅이라든지 에나멜의 발색 상태가 훌륭한 것으로 보아 확실히 고대의 작품은 아니었다. 브로치를 뒤집어 보니 군데군데 세월의 흔적이 묻어 있었지만 금세공 기술로만 따진다면 더없이 정교하고 견고했다. 파라오의 머리 장식에 촘촘히 박힌 다이아몬드는 올드 마인 컷과 로즈 컷이 섞여 있고, 핀의 경첩은 튜브 모양에 걸쇠는 C자다. 이런 특징으로 짐작해보건대 대략 1850년에서 1910년 사이의 작품으로 폭이 좁혀졌다.

"그렇다면 혹시 복고풍 주얼리인가요?"

내게 3분가량 '추측의 시간'을 배려한 마크는 그제야 브로치의 정체를 밝혔다.

“맞아요. 카를로 줄리아노Carlo Giuliano의 작품입니다. 1870년에 제작되었지요.”

‘그럼 그렇지! 이집트 복고 양식이구나.’

은근한 자부심이 느껴지는 그의 해답을 듣자마자 절로 고개가 끄덕여졌다. 줄리아노는 19세기 복고 양식에 한 획을 그은 존경받는 주얼리 아티스트다. 특히 그의 에나멜 작품은 둘째가라면 서러울 정도로 아름답고 완벽하다. 손잡이에 덩굴 장식이 된 커다란 앤티크 돋보기를 들고 숨겨진 역사의 흔적을 꼼꼼히 살펴보고 있노라니 당장 셜록 홈스가 들이닥쳐도 이상하지 않을 것 같은 환상적인 시공간이 펼쳐졌다.

주얼리의 역사에서 ‘조지언’과 ‘빅토리언’ 시대에 해당하는 19세기의 주얼리에는 지나간 역사를 되새김질한 기록이 그 어느 때보다 뚜렷하다. 바로 머나먼 과거를 재현한 복고풍 주얼리 열풍 때문이었다. ‘양식들의 전쟁’이라고 부를 정도로 19세기의 주얼리는 이전 시대의 요소를 세밀하게 모방했다. 서양문명사에 큰 획을 그은 소위 ‘리즈 시절’을 부활시키기 위해 역사의 시곗바늘을 끊임없이 되돌렸다. 그래서 이 시기를 말할 때 일각에서는 창작자들

벤틀리 & 스키너 매장 내부. ⓒBentley & Skinner(오른쪽 사진)

의 영감이 고갈되어 역사를 참조했던, 창조성이 결여된 시기로 치부하기도 한다. 하지만 단순히 그렇게만 볼 수는 없다. 다른 한편으로 19세기는 도시 철도를 부설하고 미지의 땅을 진취적으로 개척한 진보의 시대였기 때문이다.

19세기 주얼리에 복고 열풍을 몰고 온 삼총사는 중세(고딕), 르네상스, 고대였다. 먼저 중세와 르네상스 복고 양식이 수십 년간 유럽을 휩쓸었고, 1860년대부터는 고대 그리스와 에트루리아, 이집트를 동경하는 고고학적 복고 양식이 그 열기에 합세했다. 뚜렷한 문화적 헤리티지가 담긴 먼 과거의 주얼리는 급변하는 산업사회 속에서 다양한 취향을 드러내기 시작한 19세기의 유럽인들을 정서적으로 만족시키기에 적합했다.

나폴레옹 전쟁이 탄생시킨 '베를린 아이언'

18세기 말부터 유럽을 물들인 낭만주의는 표현의 자유와 강렬한 상상력을 더해 과거를 이상화하는 경향을 촉발시켰다. 원래 '낭만'이라는 단어는 일정한 형식이 없는 중세 기사도 문학인 '로망스'에서 유래한 것이다. 그런데 19세기 초 역사소설의 창시자로 불리는 월터 스콧과 프랑스의 국민 작가 빅토르 위고의 소설이 인기를 끌면서 소설에 등장하는 기사에 대한 낭만적인 묘사가 유행처럼 번진다. 이런 흐름을 타고 당시 유럽인들 사이에서는 중세에 대한 동경이 싹텄다. 심지어 이들은 중세 시대를 자유로운 영감의 원천이자 황금시대로 이상화했고, 중세로 회귀해 고전주의로 파괴된 기독교적 가치관을 회복하고 산업혁명으로 인한 사회의 분열과 이기주의를 타파하고자 했다. 무엇보다 중세 시대에 절대적인 힘을 발휘했던 공동체를 부활시키고 싶어 했다.

철학, 예술, 문학, 장식미술 등 전 분야에 영향을 미친 중세 시대에 대한 향수는 주얼리 분야도 예외는 아니어서 고딕 복고 양식Gothic Revival 주얼리의 부흥으로 이어졌다. 그리고 그 시작점은 독일의 '베를린 아이언Berlin Iron'(모래

베를린 아이언 목걸이.

주조 방식으로 성형한 철에 검은 래커를 입힌 소재)이었다.

1804년에 프로이센의 왕실 소속 제철소에서 생산한 베를린 아이언은 1813~1814년에 벌어진 프로이센의 대對 나폴레옹 해방전쟁 당시 애국심을 고취시키는 기념품으로 주목받았다. 독일의 부인들이 군자금에 보태기 위해 금 주얼리를 국가에 기부하고 철로 만든 베를린 아이언 주얼리로 맞바꾼 것이다. IMF 시절 우리나라의 '금 모으기 운동'과 비슷하다고나 할까. 그들이 자발적으로 택한 베를린 아이언 주얼리에는 "금을 내고 철을 받았다(Gold gab ich für Eisen)"라는 결연한 문구가 새겨졌다.

당시 독일은 다수의 연방국가로 분리돼 있었다. 통일된 국가를 이루지 못한 독일에서 '중세로의 회귀' 열풍은 공공의 적인 프랑스에 대항해 국민들을 단합시키는 유용한 도구로 쓰일 만했다. 사실 '국민'이나 '민족'을 아우르는 근대적인 개념의 '국가'도 나폴레옹 전쟁 때 전 유럽으로 확산된 것이다.

쥘 비에즈, 〈고딕 복고 양식의 브로치〉, 1865년, 영국박물관, 런던.
사엽四葉 장식 안에 여인의 얼굴이 새겨진 전형적인 고딕 복고 양식이다.

독일의 철학자 요한 고틀리프 피히테는 프로이센이 나폴레옹 군대에게 패하자, 1808년 베를린에서 〈독일 국민에게 고함〉이라는 애국적인 연설을 펼쳐 당시로서는 생소했던 '민족'의 일체화를 강조했다. '독일인'이라는 민족의식으로 고취된 이들은 1870년 프랑스와 스페인의 국왕 선출 문제를 둘러싸고 벌어진 프로이센-프랑스 전쟁(보불 전쟁) 때도 금을 베를린 아이언과 아낌없이 교환하며 애국심을 불태웠고, 결국 프랑스를 크게 이겨 1871년 독일 통일의 원동력이 되었다.

베를린 아이언으로 세상에 존재를 알린 고딕 복고 양식 주얼리는 1851년 런던의 만국박람회까지 유럽 곳곳에서 인기를 누렸다. 1830년 베를린 공방에서 훈련받은 카를 바그너Carl Wagner와 쥘 비에즈Jules Wièse가 파리로 이주한 뒤로는 프랑스의 고딕 주얼리 부흥에도 큰 영향을 미쳤다.

프랑스의 적통 왕은 나야 나! 페르 드 베를린

'프랑스에 대항하는 독일인의 민족의식 발현'이라는 속뜻이 무색하게도 베를린 아이언은 적국인 프랑스에서도 독일 못지않은 영향력을 발휘했다. 프랑스어로는 '페르 드 베를린Fer de Berlin'(베를린의 철)이라고 불렸는데 초기에는 신고전주의 양식으로 제작되다가 점차 고딕 복고 양식의 붐을 타고 디자인이 바뀌었다. 그중 가장 의미심장한 것이 앙리 5세의 목걸이다.

이 목걸이는 전형적인 고딕 복고 양식인데 모노그램 H 위에는 왕관이 장식되어 있고, 프랑스의 왕실을 상징하는 백합 문양fleur de lis이 반복적으로 연결되어 있다. 모노그램 H는 부르봉 가家의 앙리 5세Henri d'Artois, comte de Chambord(샹보르 백작 또는 보르도 공작으로 더 유명하다)를 뜻하는 이니셜로 중심에 매달린 포슬린 메달에도 그의 모습이 담겨 있다. 그런데 나머지 메달에는 역대 프랑스 왕비들이 새겨져 있는 것이 특이하다. 과연 이 목걸이에는 어떤

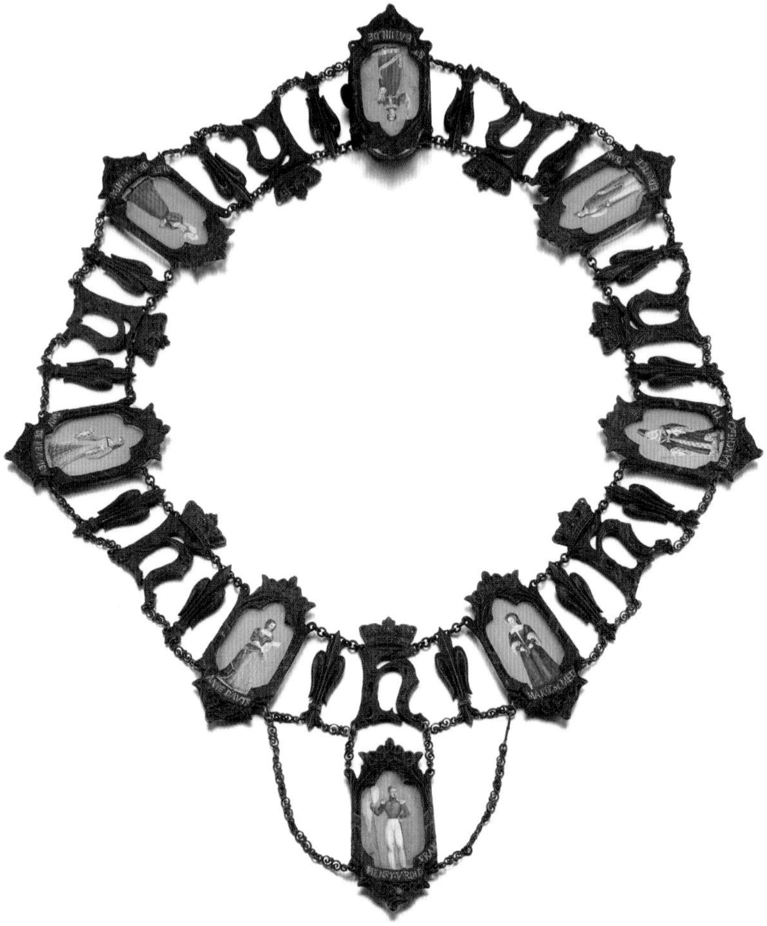

〈앙리 5세의 목걸이〉, 베를린 아이언, 포슬린, 1930년. ©Sotheby's
왕비 초상화: (맨 위 중간에서 시계방향 순) 성녀 바틸드, 성녀 에드위그 당주, 블랑슈 드 카스티유, 마리 드 메디치, 안 도트리슈, 안 드 보주 부르봉 공작부인, 아델 드 샹파뉴.

프랑수아 제라르, <샹보르 백작(앙리 5세)과 어머니>, 1828년.(왼쪽)

알렉상드르 장 뒤부아 드라오네, <군복을 입은 샹보르 백작>, 1828년.(오른쪽)

사연이 숨어 있는 것일까?

나폴레옹 1세가 몰락한 뒤 프랑스의 우익 세력은 제정의 부활을 지지하는 보나파르트파, 왕정복고로 돌아온 정통 왕당파인 부르봉파, 오를레앙 가의 입헌군주제를 지지하는 오를레앙파로 분열되었다. 이런 국정 혼란 속에 훗날 앙리 5세가 되는 샹보르 백작은 연달아 기구한 운명과 맞닥뜨린다. 1820년 아버지 베리 공작이 보나파르트파에게 암살된 것을 시작으로, 1830년 7월 혁명으로 할아버지인 샤를 10세와 큰아버지인 앙굴렘 공작이 차례대로 폐위된 것이다. 이는 샤를 10세의 무능력과 부패한 리더십이 불러온 필연적인 결과였다. 다음 왕위 계승자였던 샹보르 백작은 앙리 5세로 프랑스 왕위에 올랐다. 하지만 오를레앙파가 정변을 일으켜 '평등한 자의 아들'로 불린 루이 필리프•가 왕으로 추대되는 바람에 앙리 5세는 왕위에 오른 지 단 7일 만에 폐위되어 망명길에 오르는 신세로 전락한다. 비록 7일 천하였지만 앙리 5세는 적통 부르봉 가문의 마지막 수장으로 역사에 기록되었다.

보나파르트파에게 아버지를 여의고 오를레앙파에게 왕위를 뺏긴 앙리 5세에게 베를린 아이언을 사용한 이 목걸이는 상당히 특별한 의미가 있었을 것으로 짐작된다. 베를린이라는 이름에서 노골적으로 적국의 정체성을 드러내긴 하지만 일련의 시련을 안겨준 적들에 대한 저항을 표출하는 소재로 베를린 아이언만 한 것이 또 있을까. 목걸이의 중앙에 위치한 이니셜 H와 왕관 장식 그리고 백합 문양이 반복되어 연결된 디자인 역시 그가 프랑스의 적법한 왕임을 거듭 강조하고 있다.

그렇다면 부르봉 가의 억울함과 한탄이 서린 이 목걸이를 주문한 사람은 과연 누구일까. 남편의 죽음과 아들의 폐위에 그 누구보다 마음 아팠을 사람, 바로 앙리 5세의 어머니인 베리 공작부인 마리-카롤린이었다. 그녀는 부르봉 가의 왕정복고(1814~1830년) 시기 동안 중세에 완전히 매료되어 '트루바두르 troubadour' 스타일의 적극적인 후원자가 되었다. 트루바두르는 중세 유럽에서 봉건 제후의 궁정을 돌아다니며 서정시를 낭송하던 기사이자 음유시인을 뜻하지만, 주얼리 스타일에서는 중세를 이상적으로 묘사한 19세기 초 프랑스의 문화 경향 정도로 이해할 수 있다.

당대 패셔니스타였던 그녀가 트루바두르 스타일로 치장한 모습은 소매 윗단에 모피를 두른 짙은 갈색의 벨벳 드레스를 입고 있는 초상화(27쪽)에서 확인할 수 있다. 어두운 색의 바탕과 의상에 대비되어 주얼리가 확연히 눈에 띄는 그림이다. 높게 틀어 올린 머리에는 큐피드를 연상케 하는 뾰족한 화살 모양의 머리 장식을 꽂았고, 가슴 한가운데와 어깨에도 물방울 진주가 매달린 브로치를 달았다. 특히 허리에 두른 벨트가 시선을 잡아끄는데 마치 고딕 건축물의 외부 장식이 연상되는 디자인에 다채로운 유색 보석이 멋들어지게

- 루이 필리프의 아버지인 5대 오를레앙 공작이 작위를 버리고 스스로 평민이 되어 '평등한 필리프'로 불린 덕분에 그의 아들인 루이 필리프는 '평등한 자의 아들' 혹은 '시민왕'으로 불리게 됐다. 하지만 1848년 2월 혁명으로 왕위에서 쫓겨날 때는 '늙은 독재자'라는 오명을 썼다.

1

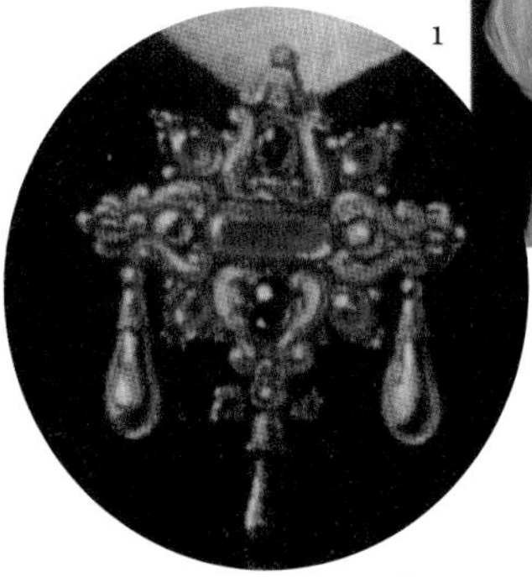

2

1 샤를 로슈, 〈마리-카롤린 드 부르봉-시실리 베리 공작부인〉, 1827년.

2 오리지널 고딕 양식의 브로치, 14세기.
마리-카롤린이 착용하고 있는 브로치와 매우 유사하다.

매치되어 있다. 장식성과 기능성을 두루 갖춘 브로치와 벨트는 중세를 통틀어 가장 널리 착용한 주얼리였다. 하지만 왕실 부인의 초상화임에도 값비싼 다이아몬드는 그 어디에서도 찾아볼 수 없다. 나폴레옹의 호화로운 제정이 무너진 후 긴축 재정을 펼친 부르봉 왕정복고기의 조심스러운 분위기를 엿볼 수 있다.

이렇듯 프랑스에서 제1제정이 몰락한 후 장엄한 신고전주의를 대체한 것은 중세의 고딕 문화였다. 소설가들은 중세 기사를 주인공으로 낭만주의 소설을 썼고, 건축가들은 고딕 양식의 아름다움을 재발견해 새로운 건축물에 응용했다. 1830년 루브르 박물관에는 중세의 핵심 문화재들이 소장되었고, 1840년대에 건축가 외젠 에마뉘엘 비올레르뒤크Eugène Emmanuel Viollet-le-Duc는 고딕 교회를 복원하는 일에 착수했다. 특히 고딕 교회의 복원은 이런 유행에 결정적인 영향을 끼쳤다. 1844년에는 '중세 시대 최고의 걸작'으로 칭송받는 클뤼니 중세박물관Musée de Cluny도 개관했다.

당시 중세 시대의 오리지널 주얼리는 매우 귀했기 때문에 주얼러들은 고딕 건축물이나 창틀 같은 장식물을 주로 참고했다. 고딕 복고 양식의 주얼리가 구조적인 형태를 띠고, 첨형 아치나 삼엽 또는 사엽 장식, 잎새 문양, 고딕 성당의 외벽을 장식한 가고일Gargoyle 같은 조각상 모티프가 자주 등장하는 것도 같은 맥락이다. 전반적인 주제는 기독교였지만 신화 속 괴물, 백합 문양, 왕관, 방패, 고딕 알파벳도 종종 등장했다.

고딕 복고 양식의 주얼리에 큰 족적을 남긴 주얼러로는 프랑수아-데지레 프로망-모리스François-Désiré Froment-Meurice를 꼽을 수 있다. 독일의 화가이자 조각가인 카를 바그너의 영향을 받은 그의 작품은 1851년 런던에서 열린 만국박람회에 소개되면서 영국으로도 전파되었다. 빅토리아 여왕의 남편인 앨버트 공의 열렬한 후원으로 개최된 이 박람회는 예술과 산업 전반에서 일어난 혁신적인 변화를 보여주는 중요한 창구 역할을 담당했다. 이후 만국박람회는 유럽과 미국에서 거의 매년 개최되어 19세기 내내 서양 세계에 큰 영향

1

2

1 클뤼니 중세박물관.

2 신성한 탯줄이 보관된 성유물함, 1407년, 클뤼니 중세박물관.
고딕 양식의 건축물이 연상되는옥좌에 성모마리아와 아기 예수가 앉아 있는 모습이 조각되어 있다.

프랑수아-데지레 프로망-모리스, 〈하모니 브로치〉, 은박, 루비, 에나멜, 진주, 1847년.
천사와 성모마리아가 무리 지어 있는 비네트 장식의 특징이 나타나 있다.

력을 행사했다.

이 박람회에서 두각을 나타낸 또 다른 고딕 복고 양식의 주얼러로는 영국의 건축가 오거스터스 웰비 퓨진Augustus Welby Pugin도 있었다. 하지만 퓨진과는 달리 프로망-모리스는 단순한 모방에 그치지 않고 새로운 개념을 창조했다. 주얼리의 중심 모티프로 악기를 연주하는 천사, 십자군 기사, 성모마리아 등이 무리 지어 있는 비네트vignette 장식을 개발한 것이다. 그는 금과 함께 검게 산화된 은, 에나멜과 진주를 주로 사용했다. 산화 은 위에 살짝살짝 보이는 녹청의 그윽한 멋은 마치 고딕 조각상을 연상시키며 프로망-모리스 스타일에 방점을 찍었다. 그 영향력이 얼마나 대단했던지 그가 사망한 1855년 이후부터는 사엽 장식이나 잎 모양의 트레이서리tracery(고딕 양식의 창문 등에서 볼 수 있는 격자 장식) 같은 일부 모티프를 제외하고 고딕 복고 양식은 급속히 쇠퇴하기 시작했다.

오거스터스 웰비 퓨진, <십자가와 사엽 장식이 연결된 고딕 복고 양식의 목걸이, 팔찌, 반지>, 1843년, 빅토리아 앤드 앨버트 박물관, 런던.
버밍엄의 존 하드만John Hardman & Co. 사에서 제작했다.

프랑수아-데지레 프로망-모리스, 〈고딕 복고 양식의 목걸이〉, 산화 은, 금, 유리, 1851년, 영국박물관, 런던.
체인에 세팅된 사엽 장식과 건축적 디자인, 십자군 기사의 묘사에서 전형적인 고딕 복고 양식을 보여준다.
펜던트는 원래 허리띠 장식 쇠사슬(샤틀렌chatelaine)의 일부였는데 후에 목걸이에 연결한 것으로 추정된다.

화려했던 튜더 르네상스를 베낀 영국

19세기는 예술과 문학, 과학 기술이 발전하고 상업적으로도 눈부신 성장을 이룩한다. 이 시기의 상류층은 자신들이 살고 있는 시대를 진취적인 문화를 뽐낸 16세기 르네상스 시대와 동일시했다. 게다가 증기선과 철도 등 교통수단이 발달하면서 따뜻한 날씨와 훌륭한 문화유산을 보유한 이탈리아가 최고의 여행지로 부상한다. 로마와 베네치아에서 만난 르네상스 건축과 미술품을 보면서 그 시대에 대한 관심이 높아진 것은 당연했다.

16세기 르네상스 시대를 베낀 주얼리를 '홀바인풍'이라고 부른다. 영국 역사상 가장 드라마틱했던 튜더 왕조의 초상화가로 명성이 높은 한스 홀바인 Hans Holbein the Younger에서 따온 명칭이다. 물론 홀바인의 실제 주얼리 디자인에만 국한된 것은 아니었다. 홀바인풍 주얼리는 주로 펜던트나 브로치, 귀걸이로 제작되었다. 정중앙에 커다란 보석(주로 가넷)이 세팅되고 주변을 에나멜과 작은 보석으로 둘러싼 후 섬세한 마름모꼴 장식이나 진주 드롭을 매달았다. 섬세한 손맛이 느껴지는 뒷면의 에나멜 디테일도 주목할 만하다.

홀바인풍을 이해하기 위해서는 다양한 분야에서 실력을 쌓은 르네상스 화가들의 행보부터 살펴봐야 한다. 안토니오 폴라이우올로, 산드로 보티첼리, 알브레히트 뒤러 같은 화가들은 일찍이 금세공 기술을 익혔다. 홀바인 역시 왕실 초상화가로 활약했을 뿐 아니라 주얼리 디자이너로도 명성이 높았다. 이렇듯 금세공사와 화가 사이가 서로 밀접하게 연관되었던 르네상스 시대의 주얼리는 그야말로 장인 정신의 결정체였다.

당시 화가들이 자신의 이름을 걸고 작품 활동을 했듯이 주얼리를 만든 장인 역시 세상에 처음으로 자신의 이름을 알렸다. 조각과 회화에 요구된 엄격한 기준은 주얼리에도 적용되었다. 그래서 르네상스 시대의 그림에 묘사된 주얼리는 매우 사실적이고 참고할 만한 가치가 있었다. 더욱이 오래된 주얼리는 대부분 녹여서 새로운 스타일로 다시 세팅하는 일이 다반사라 특히 영국

홀바인의 주얼리 스케치, 1532~1543년, 영국박물관, 런던.

〈홀바인풍 펜던트〉, 가넷, 크리소베릴, 금, 샹르베 에나멜링, 1870년. ©Bentley & Skinner

박물관에 있던 홀바인의 드로잉은 오리지널 주얼리를 참고하는 데 큰 도움을 주었다. 많은 주얼러들은 그의 초상화에서 스크롤scroll(소용돌이)이나 스트랩워크strapwork(끈이나 띠 장식) 모티프를 차용했고, 중앙에 미니어처 초상화나 각종 보석을 매다는 등 16세기 따라잡기에 적극적으로 나섰다.

당시 영국에서 열린 가장무도회는 르네상스 시대를 테마로 삼는 경우가 많았고, 사우스캔싱턴 박물관(현재의 빅토리아 앤드 앨버트 박물관)에 걸린 튜더 왕조의 초상화들은 홀바인풍 주얼리를 재현하는 데 훌륭한 원천이 되었다. 멋쟁이 여인들은 머리끝부터 발끝까지 완벽한 르네상스 스타일을 뽐내며 상기된 표정으로 무도회장에 들어섰다.

홀바인풍 주얼리의 백미로는 단연 '데본셔 퍼루어Devonshire Parure'를 꼽을 수 있다. 제3대 데본셔 공작이 소장했던 88개의 카메오와 인탈리오를 에나멜을 입힌 금에 세팅해서 붙은 이름인데, 홀바인풍으로 만들어진 최초의 세트 주얼리(퍼루어)이기도 하다. 이 세트 주얼리는 1856년 그랜빌 백작부인(데본셔 공작 조카의 부인)이 모스크바에서 열린 알렉산드르 2세의 대관식에 참석할 때 주문한 것이다. 당시 그랜빌 백작부인은 남편과 함께 빅토리아 여왕의 대리 자격으로 참석했기 때문에 외교상 매우 중요한 자리였고, 각국의 정상들이 모이는 만큼 의상부터 주얼리까지 세심하게 신경 써야 했다. 이 데본셔 퍼루어는 16세기 르네상스의 초상화 속에 등장하는 다채로운 색채와 균형미가 돋보이는 주얼리를 모본으로 삼아 다이아뎀, 코로넷, 밴도bandeau, 빗, 목걸이, 스토마커stomacher(역삼각형의 가슴 장식판), 팔찌가 한 벌을 이루고 있다.

이 퍼루어 역시 홀바인의 드로잉을 직접적으로 모방하지 않았음에도 '홀바인풍'으로 분류된다. 1862년 런던 만국박람회부터 홀바인풍은 당시에 유행하던 새로운 주얼리 스타일을 가리키는 명칭으로 폭넓게 사용되기 시작했기 때문이다. 근대 자본주의의 기틀을 마련하고 영국 역사상 가장 뛰어난 왕 중의 한 명으로 꼽히는 엘리자베스 1세 시대를 재현하다 보니 빅토리아 왕실에서도 홀바인풍을 적극적으로 수용했다. 왕실의 전폭적인 지지 덕에 홀바인

찰스 프레더릭 행콕, 〈데본셔 퍼루어 스케치〉, 1856년.(위)
데본셔 퍼루어 중 다이아뎀, 빗, 스토마커, 목걸이.(아래)
카메오의 일부는 기원전 100년에 제작되었지만, 대부분은 튜더 왕조와 스튜어트 왕조 때 제작된 것이다. 영국의 튜더 르네상스를 모티프로 디자인했다. 워낙 중요한 작품이라 영국 전역에서 전시되었고 1872년에는 국제 전시에까지 선보이게 된다. 현재는 데본셔 공작 부부의 저택이었던 채츠워스 하우스Chatsworth House에 보관되어 있다.

1

2

1 카를로 줄리아노, <르네상스 복고 양식의 목걸이>, 에나멜, 사파이어, 다이아몬드, 1895년. ©Bentley & Skinner
오픈워크 스크롤 패턴으로 구성된 마름모꼴 펜던트는 줄리아노의 시그니처 주얼리다. 메인 보석이 두드러지기보다 전체적인 조화를 중시했다.

2 존 브로그덴 공방, <홀바인풍 펜던트>, 금, 에나멜, 오닉스, 크리소베릴, 산호, 가넷, 1855~1864년.

한스 홀바인, 〈제인 시모어〉, 1537년.(왼쪽)

한스 홀바인, 〈엘리자베스 시모어〉, 1535~1540년.(오른쪽)

오리지널 르네상스 목걸이를 착용하고 있다.

풍은 이후 30년간 주얼리계에서 굳건히 자리를 지켰다.

영국에서 홀바인풍으로 이름을 떨친 주얼러로는 존 브로그덴John Brogden과 이탈리아 출신의 카를로 줄리아노가 있다. 줄리아노는 로마에서 주얼리 숍을 연 포르투나토 피오 카스텔라니Fortunato Pio Castellani의 문하생이었는데, 1860년부터는 런던에서 활동하며 르네상스 복고 양식의 주얼리를 보급하는 데 큰 역할을 했다. 단지 르네상스 주얼리를 모방하는 데 그치지 않고 이를 런던 상류층의 취향에 맞게 재해석한 것이 주효했다. 줄리아노는 장인 정신이 돋보이는 금세공, 흑백 에나멜, 스크롤 패턴으로 구성된 마름모꼴 펜던트, 라인 팔찌를 자신만의 시그니처로 발전시켰다.

나폴레옹 3세가 통치한 제2제정기(1852~1870년)의 프랑스에서도 과거의

〈바다 괴물을 묘사한 르네상스 펜던트〉, 금, 루비, 에메랄드, 바로크 진주, 에나멜, 16세기, 영국박물관, 런던.
일부분은 르네상스 시대의 작품인데 에나멜과 6개의 진주 등은 1820~1857년 사이에 제작된 것으로 추정된다.

팔리즈와 밥스트, 〈르네상스 복고 양식의 펜던트〉, 1880년. ©Wartski
뤼시엥 팔리즈Lucien Falize가 제르망 밥스트Germain Bapst와 협업해 제작했다.

영광을 재현한 르네상스 시대를 영감의 원천으로 적극 활용했다. 보수적이고 경건한 고딕 복고 양식과 달리 르네상스 복고 양식은 일단 호화로웠다. 디자인은 크게 두 스타일로 양분되었는데 고딕풍에서 물려받은 십자가, 사엽 장식, 그리핀griffin을 주로 쓰거나 풍요, 사랑, 승리, 조화 같은 고대 신화의 우화적인 모티프가 널리 애용되었다. 신화의 한 장면이나 유명인을 묘사하기 위해 수백 년 전에 제작된 고대·르네상스 시대의 카메오와 인탈리오를 사용했고 때로는 새로 조각해 넣기도 했다.

16세기의 매너리즘을 차용한 스타일도 있었다. 인간의 모습을 꼬고 비틀어 표현한 매너리즘은 '그로테스크'라고도 불렸는데 인간과 동물의 형상이 합쳐진 모습을 생각하면 쉽게 이해될 것이다. 사자의 머리에 염소의 몸, 뱀의 꼬리를 하고 있는 키메라chimera가 많았고, 푸토putto라고 불리는 아기 천사도 주요 모티프였다. 이들을 사실적으로 구현하기 위해서는 에나멜이 매우 중요했다. 바스타유basse-taille부터 샹르베champlevé, 클루아조네cloisonné, 에마유 앙롱드 보스email en ronde bosse까지 다양한 기법으로 실제 천연 보석보다 폭넓은 색 표현이 가능해졌다.

유적의 발굴로 등장한 고고학적 복고 양식

18~19세기에 걸쳐 로마, 이집트, 헬레니즘 및 에트루리아•의 유적 발굴과 함께 유행한 새로운 스타일은 고고학적 복고 양식이라고 부른다.

첫 번째 복고 양식은 18세기에 폼페이와 헤르쿨라네움의 유적 발굴을 계기로 이를 모방한 스타일이 유행하면서 시작되었다. 복고 양식의 유행은 당

• 현재 토스카나 지방에 해당되는 에트루리아는 기원전 9~3세기에 이탈리아 중북부를 지배했다. 기하학, 건축, 금속세공 등 뛰어난 기술로 로마 문화에 큰 영향을 미쳤다.

카스텔라니, <브로치>, 1860년. ©Wartski
카스텔라니는 고대 에트루리아의 금세공 방식을 부활시켜 올빼미의 얼굴과 귀를 표현하고 아게이트(마노)로 눈동자를 완성했다.

시 신고전주의가 탄생하는 배경이 된다.

19세기에 들어 다시 한 번 복고풍 열기가 고조되는데, 이번에는 에트루리아의 유적 발굴이 큰 영향을 미쳤다. 그래뉼레이션granulation(미세한 금 알갱이를 얇게 편 순금 판에 한 알 한 알 땜질하여 장식하는 기법)과 가는 금철사를 사용한 필리그리filigree(세선세공)로 대표되는 이 스타일은 고대 에트루리아의 공예품과 주얼리를 연구한 로마의 포르투나토 피오 카스텔라니에 의해 재정립되었다. 그는 그리스와 에트루리아의 금세공을 예술적으로 재해석함으로써 19세기 고고학적 복고 양식의 주역으로 발돋움했다. 주얼리 역사에서 좁은 의미의 고대 복고 양식이라 하면 1860년대 초에 시작된 이 양식을 가리킨다.

그전까지 주얼러들은 고대 기법에서 배울 게 별로 없다고 여겨서 오로지 디자인만 복제하곤 했다. 하지만 카스텔라니는 두 아들 알레산드로, 아우구스토와 함께 고대를 새로운 시각으로 해석했다. 이들은 고대의 금세공 기법을 중점적으로 파헤쳤는데, 특히 에트루리아 그래뉼레이션의 비밀을 알아내는 데 집중했다. 그래뉼레이션은 작은 금 알갱이를 금 표면에 붙일 때 원래의

1

2

1 카스텔라니, <메두사를 새긴 고대 복고 양식의 브로치>, 금, 사파이어 카메오, 진주, 루비, 1870년, 영국박물관, 런던.

2 카스텔라니, <그리스 신화에 나오는 태양신 헬리오스Helios를 묘사한 고대 복고 양식의 브로치>, 1860~1870년, 영국박물관, 런던.
머리 부분에서 정교한 그래뉼레이션 기법을 확인할 수 있다.

형태를 유지하는 게 관건이다. 하지만 워낙 까다로운 고난도의 작업이라 실패하기 일쑤였다. 그러다가 1870년 마침내 카스텔라니의 손자 알프레도가 고대 에트루리아 금세공사들의 비밀 노하우를 알아냈다고 선언한다. 백퍼센트 완벽하게 재현한 것은 아니지만 오리지널에 근접한 훌륭한 성과를 얻은 것으로 알려져 있다.

카스텔라니는 1836년 레골리니 장군Regolini Galassi의 묘에서 출토된 에트루리아의 주얼리나 불치Vulci, 키우시Chiusi, 오르비에토Orvieto에서 발굴된 유물을 바탕으로 다양한 레퍼토리를 개발했다. 무엇보다 유명한 골동품 수집가들과 자주 교류한 덕분에 캄파나 컬렉션Campana Collection(최고 품질의 그리스, 에트루리아, 로마 주얼리로 구성된 컬렉션) 같은 명성이 자자한 고대 유물들을 면밀히 분석해 폭넓은 연구를 이어나갈 수 있었다. 그런데 1859년 잠피에트로 캄파나Giampietro Campana가 정치적인 이유로 수감되면서 전 재산이 국가에 몰수되고 그의 컬렉션도 시장에 매물로 나오게 된다. 이때 그의 컬렉션을 나폴레옹 3세가 구입해 1862년에 루브르 박물관에 전시했다. 이후 프랑스에서 고대 복고 양식의 주얼리가 선풍적인 인기를 끌며 주얼리 시장을 한껏 달구었다.

카스텔라니의 공방에서 고대의 불라bulla(로마 시대에 부적처럼 착용한 로켓의 일종)는 여성용 펜던트로 다시 태어났고, 피뷸라fibula(고대 로마에서 옷을 여미는 데 사용한 안전핀), 팔찌, 금술이 달린 목걸이는 당대 패셔니스타 여성들이 갖고 싶어 하는 고급 주얼리로 응용되었다. 카스텔라니가 주로 사용한 레퍼토리는 비잔틴풍 모자이크 브로치, 이집트의 스카라베(풍뎅이 모양의 부적) 장식, 소나무와 월계수 잎 모티프의 다이아뎀 등이었다. 보석은 거의 사용하지 않았고 대신 에나멜이나 카메오로 다채로운 색채를 구현했다.

1860년대에 카스텔라니는 에트루리아식 금속 세공에서 또 한 사람의 대가였던 에르네스토 피에레트Ernesto Pierret와 함께 고대 그리스와 로마의 동전을 브로치, 목걸이, 팔찌 등에 세팅해서 또 하나의 유행을 선도했다.

1867년 파리에서 열린 만국박람회에서는 이집트 복고 양식의 주얼리가

1

2

3

4

1 카스텔라니, 〈마이크로 모자이크 브로치〉. ⓒWartski
마치 미니어처 비잔틴 모자이크 회화를 보는 듯 정교하고 회화적이다.

2 〈캄파나 컬렉션의 골드 피뷸라〉, BC 630년, 마그나 그라에키아 출토.

3 〈캄파나 컬렉션의 다이아뎀에 달린 펜던트〉, BC 3~2세기, 그리스 출토.

4 외젠 퐁트네, 〈고대 복고 양식의 목걸이〉, 금, 다이아몬드, 에나멜, 1870년, 메트로폴리탄 미술관, 뉴욕.
고고학적 양식의 또 다른 대가인 외젠 퐁트네Eugène Fontenay는 역사적인 정확성은 크게 따지지 않고 여러 양식을 결합시킨 것으로 유명하다.

1

2

1 장 오귀스트 도미니크 앵그르, 〈브롤리 공주의 초상〉, 1853년, 메트로폴리탄 미술관, 뉴욕. 불라 모양의 펜던트를 착용하고 있다.

2 카스텔라니, 〈고대풍 동전 브로치〉. ⓒWartski

새롭게 등장했다. 1859년 이집트 18왕조의 아홉트 여왕의 장신구가 발굴되고 지중해와 홍해, 인도양을 연결하는 수에즈 운하가 개통을 앞두고 있어서 이집트에 대한 관심이 폭발적으로 증가한 상황이 결정적인 영향을 끼쳤다. 게다가 프랑스의 이집트 학자인 오귀스트 마리에트Auguste Maritette가 나일 분지에서 발굴한 에드푸 신전에 관한 책이 출간되면서 파라오와 스카라베 모티프가 널리 유행하기도 했다. 파리에서는 프로망-모리스와 부쉐론, 멜레리오Mellerio 등이 이집트 복고 양식의 주얼리에 열정을 쏟았고, 런던에서 활동한 카를로 줄리아노도 이런 흐름에 한 획을 그었다.

19세기 유럽인들이 열광한 복고 양식의 주얼리는 만국박람회를 통해 각 나라로 확산되었다. 하지만 모든 양식에도 끝은 있는 법. 독일에서는 1880년대 후반부터 르네상스 복고 양식이 더 이상 세련되지 않다는 분위기가 확산되었고, 프랑스에서는 아르누보 스타일로 서서히 대체되었다. 그나마 영국에서는 남다른 자부심을 가진 줄리아노와 그의 아들에 의해 20세기 초까지 르네상스 복고 양식 주얼리의 명맥을 유지했다. 고고학적 복고 양식도 1880년대에 들어 열기가 수그러들기 시작한다. 그러다가 1910년에 접어들면서 복고 양식은 유행에서 완전히 밀려났고, 제1차 세계대전 이후에 태어난 신세대들은 보다 새롭고 실용적인 양식을 원했다.

19세기 아티스트들의 손에서 부활한 과거의 감흥은 마치 어제의 일인 양 주얼리에 생생하게 옮겨졌다. 하지만 복고 양식의 주얼리는 각 시대의 진품으로 둔갑해 팔리는 부작용을 낳기도 했다. 심지어 전문가들조차 구분하기 어려울 정도로 정교한 경우도 많았다. 카피와 오마주는 한 끗 차이라고 했던가? 19세기가 혼란스러운 모방의 세기였는지, 역사에 경의를 표한 백 년이었는지, 아니면 근대화의 충격에 저항한 최후의 발악이었는지는 그 누구도 단정 지을 수 없다. 다만 누군가의 황금시대를 영광스럽게 부활시킨 19세기의 주얼러들이 적어도 모방자나 위조범, 천재 중의 하나임은 확실해 보인다.

카를로 줄리아노, 〈파라오 모티프의 이집트 복고 양식 브로치〉, 1870년. ⓒBentley & Skinner
파라오의 머리 위에 장식된 아치 모양에 롱드 보스 에나멜이 사용되었고, 로즈 컷과 올드 마인 컷 다이아몬드가 촘촘하게 세팅되어 있다. 파라오의 의상에는 다채로운 색의 샹르베 에나멜과 진주가 사용되었다.

2

혁명, 매춘, 귀부인을 넘나든 직선의 미학 '초커'

프랑스 혁명에서 인상파의 그림까지
변화하는 초커의 상징

맨해튼 86번가와 5번가가 만나는 코너에 보자르Beaux-Arts 양식•의 아담한 미술관이 있다. 20세기 초 오스트리아와 독일의 작품들을 전문적으로 소장하고 있는 노이에 갤러리Neue Galerie New York다. 나는 뉴욕으로 출장을 갈 때마다 반드시 '뮤지엄 마일'을 한 바퀴 돈다. 뉴욕에는 MoMA(국립현대미술관) 같은 대형 미술관 외에도 보석 같은 작품들이 숨어 있는 작은 미술관들이 많은데 이 미술관들을 차례대로 순례하는 날이면 언제나 노이에 갤러리 1층에 자리한 카페 사바스키Café Sabarsky를 출발지로 삼았다.

요제프 호프만Josef Hoffmann의 앙증맞은 스콘스sconce(벽등)에서 은은한 불빛이 번지는 아늑한 공간에 들어서면 "장식은 죄악"이라고 외친 아돌프 로스의 의자들이 한눈에 들어온다. 1900년대 초 오스트리아의 빈으로 순간 이동을 한다면 이런 분위기일까? '과시적이지도 낭비적이지도 않은' 의자에 앉아 센트럴파크를 바라보며 음미하는 비엔나커피의 이국적인 맛이란!

커피와 함께 내온 자허토르테Sachertorte(초콜릿 케이크)로 달콤한 시간을 질게 만끽한 후 2층으로 올라가면 구스타프 클림트와 에곤 실레의 작품들이 나를 반갑게 맞아준다. 그중에서도 위압적인 크기의 〈아델레 블로흐-바우어의 초상화 I〉은 매번 내 발길을 이끄는 장본인이다. 황금빛 연못의 아지랑이처럼 피어오르는 여인의 자태를 눈앞에서 처음 마주한 순간, 내 입에서는 탄식이 절로 흘러나왔었다. 잘게 부서진 금 조각들이 비처럼 쏟아져 내려오는 배경에 마음을 빼앗기다 보면 현실과 상상의 경계를 넘나드는 기묘한 기분에 휩싸였다.

그런데 어느 해부터인가 그녀의 목에 둘러진 하얀색 초커가 나의 시선을 강탈하기 시작했다. 그림을 뚫을 기세로 레이저 광선을 쏘고 있자니 여인의 목이 꽉 조이다 못해 분리된 듯한 착각마저 든다. 초커 아래로 두 손을 모은

• 나폴레옹 3세 시대에 유행한 신바로크 양식. 특히 공공건물의 위엄을 강조하기 위해 이탈리아 르네상스, 루이 14세, 나폴레옹 1세 시기에 유행한 건축 형태를 절충한 장식적인 양식이다. 파리의 오페라 극장이 대표적이다.

구스타프 클림트, 〈아델레 블로흐-바우어의 초상화 I〉, 1907년, 노이에 갤러리, 뉴욕.
〈키스〉와 더불어 클림트의 황금시대를 대표하는 작품으로 꼽히는데 그만큼 가장 많은 금은박을 사용한 것으로 알려져 있다.

몸짓은 황홀하게 일렁이는 황금빛에 숨겨진 차가운 진실을 외치는 듯 간절하다. 혹시 그녀는 이곳으로 옮겨지기까지 격렬한 반발과 대립에 부딪히리라는 것을 예견이라도 한 것일까?

인류는 아주 오래전부터 생명의 통로인 목 한가운데에 주얼리를 착용하면 특별한 힘이 생긴다고 믿었다. 고대 메소포타미아의 수메르인과 이집트의 파라오들은 보호와 권력의 상징으로 목 한가운데를 끊임없이 장식했다. 유럽에서는 르네상스 시대 왕족들의 초상화에서 다수의 짧은 목걸이를 만날 수 있다. 아마도 영국 왕 헨리 8세의 두 번째 왕비였던 앤 불린의 B자 초커가 가

작자 미상, 〈앤 불린 초상화〉, 1533~1536년, 국립초상화갤러리, 런던.

장 익숙한 모습일 것이다. 앤 불린을 주인공으로 한 영화 〈천일의 스캔들〉에서 앤 불린 역을 맡은 나탈리 포트만이 이 B자 초커를 하고 등장하며, 미국 드라마 〈튜더스〉에서 앤 불린 역을 맡은 나탈리 도머 역시 이 B자 초커를 하고 등장하니 말이다. 그런데 초커로 유명한 그녀가 참수를 당한 것은 참 아이러니하다.

이처럼 직선의 미학으로 여성의 패션에 화룡점정을 찍은 초커는 시공간을 초월해 존재감을 발산해왔다. 특히 근대 유럽의 미술 작품을 들여다보면 그 어느 때보다 초커에 담긴 강력한 메시지를 읽을 수 있다.

단두대의 희생자를 기리는 빨간 초커

'목에 딱 맞게 착용하는 짧은 목걸이'를 일컫는 초커는 18세기 끝자락에 상류층 귀족을 나타내는 상징적인 주얼리로 부상했다. 프랑스 대혁명 후 총재정부 시절(1795~1799년)에 귀족들 사이에서 유행한 '희생자 스타일' 초커가 그 시작점이다. 특히 초커를 비롯해 이들의 복식 스타일은 혁명기에 탄생한 민중의 복식인 상퀼로트sans-culotte(귀족들이 입는 퀼로트를 대신해 긴 바지를 입은 데서 유래했다)와 대비되며 동시대에 각기 다른 방식으로 접점을 형성했다.

이 시기 상류층 귀족들이 초커를 목에 매단 것은 단두대의 이슬로 사라진 망자들의 넋을 기리기 위해서였다. 이들은 사형수를 흉내 내기 위해 뒷머리를 짧게 잘랐고, 목덜미에 빨간 줄을 긋거나 빨간 리본을 둘렀다. 중세 시대부터 유럽인들은 화형, 사지 찢기, 익사, 교수형 등 고통이 오래가는 잔인한 사형법을 개발했다. 그런데 프랑스 대혁명 당시 귀족들을 처형할 때는 목을 자르는 참수형이 채택된다. 혁명 세력이 참수형에 사용한 단두대는 섬찟한 외형과는 달리 불필요한 고통 없이 빨리 목숨을 끊을 수 있도록 죄수와 사형 집행인의 인권을 고려한 사형 도구였다.

끔찍한 단두대에서 살아남은 자들은 온갖 방법을 동원해서 삶을 자축하고자 했다. 이런 흐름에 앞장선 여성 귀족들을 '경이로운 여성'이라는 의미의 '메르베유즈Merveilleuses'라고 불렀다. 같은 뜻의 남자 귀족을 부르는 호칭은 '앵크루아야블Incroyables'이었다. 이들은 모든 단어에서 혁명revolution을 상징하는 알파벳 R을 빼고 발음할 정도로 공포정치라면 지긋지긋해했다. 메르베유즈와 앵크루아야블이 밤마다 향한 곳은 죽은 자들을 기리기 위해 열리는 '희생자의 무도회Bals des Victimes'였다.

이 비밀 무도회에 입장하기 위해서는 두 가지 필수 조건이 있었다. 단두대에서 처형당한 친척이 있을 것, 그리고 단두대 처형을 콘셉트로 한 드레스 코드를 지킬 것. 참석자들은 단두대에 오르는 장면을 재현하듯 맨발로 입장

아이작 크뤽섕크, 〈겨울 드레스를 선보이는 파리 여인들〉, 1799년.(왼쪽)
앵크루아야블과 메르베유즈의 패션과 주얼리.(오른쪽)

하거나 발목을 묶는 고대 그리스·로마풍의 '글래디에이터 샌들'을 신었다. 의상으로는 흰색 모슬린으로 만든 드레스를 선택했다. 이를 '골gaulle' 또는 '슈미즈chemise'라 불렀는데, 마리 앙투아네트를 비롯해서 대부분의 희생자들이 이런 옷을 입고 단두대에 올랐기 때문이다. 속이 훤히 비치는 드레스에 때로는 물까지 뿌려 몸의 굴곡이 드러나게끔 관능적으로 연출하기도 했다. 목에는 참수를 상징하는 빨간 리본 초커를 감았고, 루비를 장식해서 핏방울을 직관적으로 표현했다. 더 나아가 어깨, 가슴, 등에 X자로 빨간 리본을 둘러 흘러내리는 피를 강조하는 '패션 혁명가'들도 있었다.

메르베유즈의 비밀 무도회는 혁명 세력의 공포정치에 대해 나름의 방식으로 저항하는 방법이었고, 빨간 초커는 살아남은 자들 간의 결속을 다지는 행위였다. 초커를 목에 감고 대놓고 거리를 활보하며 울분을 해소한 이들은 스스로를 혁명주의자들과 철저히 '분리'시켰다.

엘리자베트 비제-르브룅, 〈슈미즈를 입은 마리 앙투아네트〉, 1783년, 메트로폴리탄 미술관, 뉴욕.
속옷을 연상시키는 슈미즈 차림으로 논란이 된 마리 앙투아네트의 초상화. 메르베유즈 패션에 영감을 주었다.

희생자를 기리는 빨간 초커는 프랑스와 적대적인 관계였던 영국으로 넘어가서는 단두대 처형을 조롱하는 의미로 변질되었다. 프랑스 혁명이 발발하기 십 년 전, 미국이 영국에 대항해 독립전쟁을 벌일 때 프랑스가 미국 측에 큰돈을 지원한 대가였다. 영국과 프랑스 간의 접전은 1790년대에도 계속되었고 결국 이런 불화는 나폴레옹 전쟁으로 이어졌다. 프랑스에 대한 적대감이 켜켜이 쌓인 영국인들이 빨간 초커를 조롱의 의미로 사용한 것은 어쩌면 당연한 결과였다. 하지만 정반대의 의미이긴 해도 영국에서 빨간 초커가 유행했다는 것은 한편으로는 혁명의 혼란기 속에서도 패션 강국으로서 프랑스의 위상에는 흔들림이 없었다는 것을 반증하기도 한다. 심지어 런던의 멋쟁이들은 초커에 보석이나 카메오를 장식하며 초커의 유행을 더욱 부채질했다.

매춘의 상징, 검정 리본 초커

18세기 말에 단두대 희생자들에 대한 오마주로 빨간 초커가 유행했다면, 19세기에 접어들어서는 검정 초커가 유행한다. 검정 초커는 하층민들 사이에서 매춘을 상징했다. 이 시기 검정 초커를 한 여인들의 정체는 다수의 미술 작품을 통해서 확인할 수 있다.

모더니즘의 창시자로 불리는 에두아르 마네의 〈올랭피아〉에도 창녀가 검정색 리본을 목에 두른 모습으로 등장한다. 티치아노의 〈우르비노의 비너스〉에서 영감을 받은 작품인 만큼 나체로 누워 있는 여인과 오른팔에 금팔찌를 착용한 설정과 구도는 똑같다. 다만 티치아노의 여인은 사랑과 미의 여신인 비너스를 나타내는 반면 마네의 여인은 여러 장치를 통해 매춘부임을 시사한다.

가장 대표적인 것이 새하얀 나체와 완전히 대비되는 검정색 리본 초커다. 검정은 다른 색과 달리 약점을 숨길 수 있는 가장 안전한 색이다. 여인은 머리에 비너스를 상징하는 장미 대신에 창녀들이 애용하던 난초 꽃도 꽂았다. 그

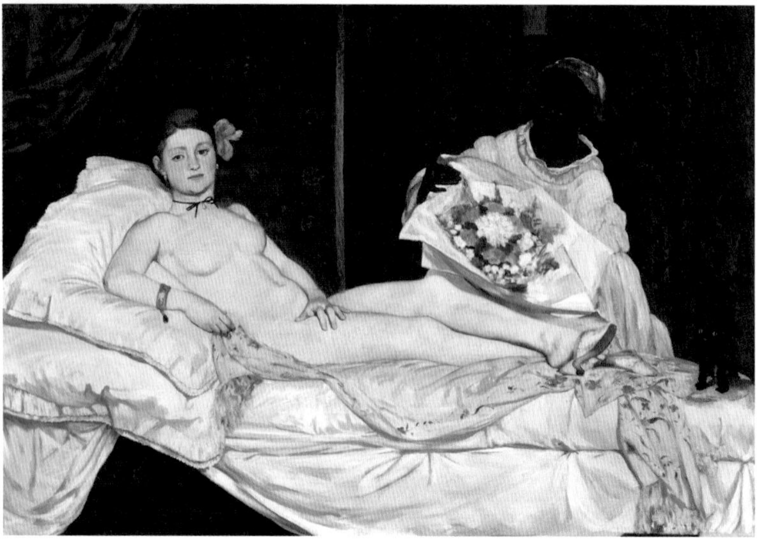

티치아노, 〈우르비노의 비너스〉, 1538년, 우피치 미술관, 피렌체.(위)

에두아르 마네, 〈올랭피아〉, 1863년, 오르세 미술관, 파리.(아래)

당시 난초는 성욕과 사치를 의미했다. 한쪽 발에만 슬리퍼를 신은 것은 순결을 잃었음을 나타낸다. 〈우르비노의 비너스〉에서 충성심을 상징하는 흰 강아지는 검은 고양이로 바뀌었다. 성적 방종과 음란함을 상징하는 검은 고양이는 꼬리까지 한껏 치켜들고 있어 발기한 남성을 연상시킨다.

또한 원작에는 백인 하녀가 등장하지만 〈올랭피아〉에서는 흑인 하녀가 꽃다발을 들고 있다. 높은 신분의 남성이 침대에 누운 여성에게 전해달라고 부탁한 것으로 유추할 수 있는데, 아프리카 흑인을 노예로 부리던 19세기 제국주의의 현실을 읽을 수 있다. 또한 창녀가 하녀를 거느렸다는 사실은 누군가 경제적으로 후원하고 있음을 강하게 암시한다.

결국 모든 증거는 그림 속의 여인이 남성들의 소모품으로서 '창녀'라는 사실을 뒷받침하고 있다(물론 실제 모델은 화가들의 전문 모델이자 작가였다). 특히 신화 속의 이상적인 여신의 이미지를 창녀의 모습으로 바꾸는 데 검정색 초커는 결정적인 역할을 했다. 당시 사람들은 귀족과 부르주아 남성들이 수시로 매춘을 했다는 것은 알고 있었지만 미술관에 걸린 그림에서 매춘부를 만나게 될 줄은 상상도 하지 못했다. 게다가 여인은 침대에 비스듬히 누워 관람객을 정면으로 응시하고 있는데, 매춘부가 상대방을 당당한 눈빛으로 쳐다본다는 것은 매우 도전적인 행위가 아닐 수 없었다. 이 그림은 발표될 당시 마치 자신의 치부를 적나라하게 들킨 듯 화들짝 놀란 남성들로부터 혹평과 비난을 한 몸에 받았지만, 오늘날에는 모더니즘의 시작점으로 높이 평가받고 있다.

유복한 부르주아 출신임에도 당대 도시 생활의 어두운 이면을 주로 묘사해 스캔들을 몰고 다닌 마네는 사회적으로 꺼리는 존재인 창녀를 지속적으로 그림에 등장시켰다. 생을 마감하기 일 년 전에 그린 〈폴리베르제르의 술집〉에 등장하는 여인의 목에도 검정색 초커가 감겨 있다. 이 공간은 누구나 자유롭게 술도 마시고 가수, 무희, 서커스 등의 공연을 즐길 수 있는 '카페 콩세르'의 일종이다. 세상을 포기한 듯한 표정을 짓고 있는 모델은 실제 그곳에서 일하는 종업원이었다. 당시 카페의 여종업원은 매춘을 겸했는데, 거울 속에 비친

에두아르 마네, 〈폴리베르제르의 술집〉, 1881~1882년, 코톨드 인스티튜트 갤러리, 런던.

모자를 쓴 신사를 통해 이를 암시하고 있다. 검정색 초커를 착용한 이 여인 또한 카페에서 술과 함께 팔리는 소모품으로 묘사된 것이다.

마네는 〈숙녀와 앵무새〉에서도 검정색 초커를 착용한 동일한 여인을 주인공으로 세웠다. 이번에 이 여인은 몸매를 가늠할 수 없는 펑퍼짐한 실내복을 입고 있다. 그런데 통상 새장 안에 갇힌 상태로 등장하는 앵무새가 밖으로 나와 있다는 점에 주목할 필요가 있다. 앵무새는 로코코 시대에 사치와 퇴폐의 상징이자 성적인 무분별함을 나타냈다. 이 때문에 초커를 착용한 여인의 헐렁한 실내복은 남성으로 하여금 벗기고 싶은 욕망을 자극하는 소재로 해석할 수 있다. 무엇보다 실내복 차림으로 노출되고 있다는 것을 알고 있는 여인의 눈길이 〈올랭피아〉와 비슷하지 않은가? 오늘날 이 그림은 미술 애호가들 사이에서 〈올랭피아〉의 세로 버전 작품으로 널리 인식되고 있다.

에드가르 드가의 1870~1880년대 그림에서도 검정색 리본 초커를 착용

에두아르 마네, <숙녀와 앵무새>, 1866년, 메트로폴리탄 미술관, 뉴욕.

한 여인들이 등장한다. 드가는 평생 독신으로 살았고 여성 혐오자로 알려져 있지만 역설적으로 여성 발레리나를 가장 많이 그린 화가로 유명하다. 무용수의 아름다움에 반해서라기보다 그녀들의 몸에 관심을 갖는 사회 현상에 환멸을 느꼈기 때문이다. 그래서인지 무대 위의 모습보다 리허설이나 연습 장면 등 발레리나의 화려한 무대 밖의 풍경을 주로 그렸다. 인간의 몸을 찬찬히 관찰하듯 발레리나의 동작을 사실적으로 표현했지만 얼굴은 불분명하게 처리해 당시로서는 파격적인 표현 기법을 선보이기도 했다.

드가의 발레리나들이 착용한 초커는 19세기 유럽에서 발레리나가 처한 사회적인 현실을 반영한다. 노동자 계층에 속한 발레리나들이 한 끼 식사나 한 달 집세를 위해 매춘도 마다하지 않던 시절이었다. 1878년 작품 〈에투알〉• 속의 주인공 발레리나도 검정색 초커를 착용하고 있다. 화가가 VIP 관객석에서 내려다보는 독특한 구도가 인상적이다. 발레리나는 공연이 끝나고 커튼콜을 받는 중이다. 그런데 스타가 된 듯 우아하게 한껏 젖힌 목 한가운데에 검정색 리본 초커가 감겨 있다. 리본 자락이 날리는 방향으로 시선을 옮겨보면 커튼 뒤에서 조용히 소녀를 바라보고 있는 한 남성이 보인다. 우아한 검정색 턱시도를 입은 이 사람은 부유한 부르주아 계층의 남성으로 그녀의 후원자일 것이다. 아마도 소녀는 인사를 마치고 무대 뒤로 가서 이 신사부터 만나야 할지도 모른다.

당시의 발레리나는 예술가의 이미지보다 쇼걸의 이미지가 더 강했다. 가난에서 벗어나기 위해 자녀에게 발레를 가르치는 부모도 많았다. 이 때문에 실제 소녀들의 삶은 무대 위에서처럼 화려하지 않았다. 1874년 작품인 〈발레 수업〉을 보면 연습실 뒤편에서 딸들을 지켜보는 엄마들이 등장한다. 가난한 노동자 계층이 딸을 발레리나로 키운 후 후원자를 통해 돈을 벌고자 한 현실

• 프랑스어로 에투알etoile은 '스타'이지만 여기서는 프리마돈나 혹은 프리마 발레리나를 뜻한다.

에드가르 드가, 〈에투알〉, 1878년, 오르세 미술관, 파리.(위)

에드가르 드가, 〈발레 수업〉, 1874년, 오르세 미술관, 파리.(아래)

에드가르 드가, 〈꽃다발을 들고 무대 위에서 인사하는 발레리나〉, 1878년, 오르세 미술관, 파리.

을 능히 짐작할 수 있다.

드가는 가느다란 발끝에서 완성되는 우아한 발레 동작에서 복합적인 인간의 움직임을 발견했다. 〈꽃다발을 들고 무대 위에서 인사하는 발레리나〉에서 양손을 활짝 벌리고 무릎을 구부리는 레베랑스révérence 인사를 하고 있는 무용수의 목에도 어김없이 검정색 초커가 감겨 있다. 무대 위의 주인공으로 자유롭게 꿈을 펼친 그녀도 공연이 끝나면 하루하루의 생계를 책임지는 후원자의 품에 안겨야 할 것이다. 산업혁명의 절정기 속에 찬란했던 19세기, 힘차게 돌아가는 공장의 기계 뒤에는 이런 어두운 삶이 공존했다. 당시 화가들은 새로운 세기를 맞이하며 못내 근심 어린 시각을 예술로 풀어놓았다.

귀부인의 상징, 다이아몬드 초커

이처럼 어둡고 퇴폐적인 뉘앙스를 풍기던 초커는 1880년대 후반 영국에서 돌연 고급스러운 이미지로 재탄생한다. 인도의 상류층 여인들이 목걸이를 여러 겹 휘감은 모습에서 영감을 받은 알렉산드라 왕세자비 덕분이었다(그녀는 남편인 앨버트 왕세자가 1901년 에드워드 7세로 즉위하면서 왕비가 된다). 알렉산드라 왕세자비는 갑상선 수술을 한 흉터를 가리는 용도로 다이아몬드와 진주가 여러 줄 세팅된 폭넓은 초커를 목에 착용하기 시작했다. 이를 귀족과 부르주아 여성들이 모방하면서 초커는 19세기 말에서 20세기 초 유럽 상류층의 필수품으로 자리 잡는다.

당시 최고급 초커는 목젖 높이에 위치하게끔 딱 맞게 제작되었다. 헐겁게 늘어진 초커는 어느 누구도 선호하지 않았다. 이 때문에 개의 목에 채우는 목걸이와 비슷하다고 해서 '도그 칼라dog collar'로 불리기도 했다. 발레리나의 얇은 검정 리본과 달리 호사스러운 소재로 완성된 순백의 초커는 엘리트층을 상징하는 주얼리로 전 유럽을 강타했다.

20세기 초 다이아몬드 초커가 유럽 전역에서 유행했음을 보여주는 그림이 이 글의 서두에서 언급한 클림트의 〈아델레 블로흐-바우어의 초상화 I〉이다. 그림의 주인공인 아델레는 클림트가 두 번 연속해서 초상화를 그린 유일한 여인이다. 또 다른 그림인 〈아델레 블로흐-바우어 II〉는 현재 뉴욕 국립현대미술관MoMA의 소장품으로 공교롭게도 아델레의 초상화 두 점이 모두 뉴욕에 있다.

당시 오스트리아는 특이하게도 오스트리아-헝가리 제국이라는 이중 국가 형태를 유지하고 있었다. 영토 내에 게르만인, 헝가리인, 슬라브인, 유대인, 체코인 등 여러 민족들이 하나의 국가 체제 아래에 강제로 봉합된 상태였다. 소수 민족들이 언제 반란을 일으켜도 이상하지 않을 정도로 융통성도 없고 시대착오적인 전제 정치가 철옹성처럼 굳건하게 버티자 시민들은 오히려 정

1

2

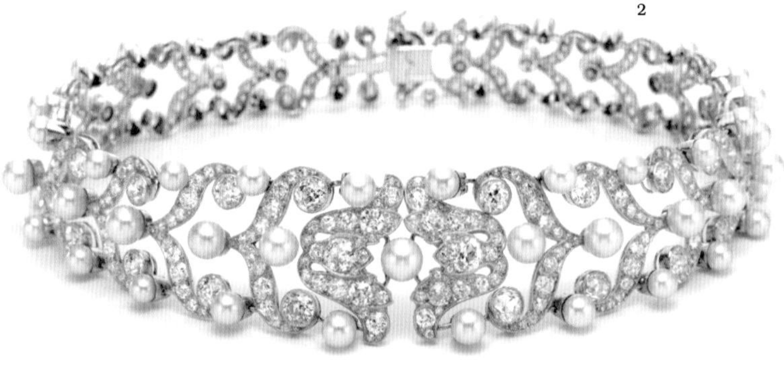

1 알렉산드라 왕비, 1889년.

2 벨에포크 시대의 〈다이아몬드와 천연 진주 초커〉, 1905년. ⓒFD Gallery

치를 외면하고 아름다움과 쾌락에 빠져들었다. 이들은 매일 밤 요한 슈트라우스의 왈츠에 맞춰 춤을 추었고, 궁정과 교회를 바로크풍으로 화려하게 장식했다. 이 가운데 구스타프 클림트를 중심으로 한 빈의 젊은 예술가들이 기존의 보수적인 예술계에 반발해 새로운 예술의 세기를 열었다. 이른바 '빈 분리파'로 불리는 예술운동이다.

빈의 성공한 유대인 사업가 페르디난트 블로흐-바우어는 1903년 혜성처럼 등장한 신인 작가 클림트에게 아내 아델레의 초상화를 주문했다. 그로부터 몇 달 뒤 라벤나에 있는 산비탈레 성당을 방문한 클림트는 비잔틴 제국의 유스티니아누스 1세의 부인인 테오도라 황후의 모자이크 벽화에서 묵직한 감명을 받았다. 1,500년 전, 창녀 출신으로 여성의 권리를 강화하는 법을 세운 테오도라 황후는 황금빛 타일 모자이크 속에서 더없이 젊고 당당했다. 오랜 세월 동안 권위와 신성함을 지켜온 평면 모자이크화에서 새로운 생명력을 발견한 클림트는 비잔틴 시대를 풍미한 불멸의 아름다움에 대해 연구하기 시작했다. 마침내 클림트는 금세공사의 아들답게 금박과 은박을 얇게 펴 바르는 방식으로 모자이크 양식을 캔버스에 그대로 옮겨 담았다.

그는 아델레의 얼굴과 어깨, 손을 제외하고는 전부 금은박을 바르고 장식적인 무늬를 수놓아 예술 후원자이자 살롱을 운영한 부유한 엘리트 여인의 정열적이고 당당한 이미지를 부각시켰다. 풍족한 삶을 강조하듯 목걸이와 같은 계열의 다이아몬드 팔찌와 비잔틴 양식의 황금빛 팔찌가 그녀의 가늘고 섬세한 손목을 감싸고 있다. 살짝 벌린 입술과 붉게 물든 뺨, 순진무구와 갈망을 오가는 나른한 눈빛, 남녀의 생식세포를 연상시키는 드레스의 무늬 등 곳곳에서 여성의 은근한 관능과 에로틱한 욕망도 느껴진다. 이토록 신비로운 그림의 탄생과 함께 스물여섯 살의 아델레는 사교계의 스타로, 빈 분리파의 완벽한 파트너로 떠올랐다. 클림트는 반짝이는 황금이 제국의 힘을 상징하던 시대에 보수적이고 복고적인, 지독하게 예스러운 도시 빈에서 현대적인 여성상을 새롭게 창조해냈다.

구스타프 클림트, 〈아델레 블로흐-바우어의 초상 I〉 일부.
팔찌는 목걸이와 같은 계열인 화이트 다이아몬드와 사파이어가 장식된 세 개의 팔찌 외에도 비잔틴 양식의 황금빛 팔찌 두 점이 눈에 띈다. 늘 금빛 시가를 들고 있었다는 손가락이 유난히 길고 우아하다.

그림 속의 아델레가 착용한 초커와 세트 귀걸이 역시 남편 페르디난트의 선물이었다. 다이아몬드와 백진주가 촘촘하게 세팅되고 목에 딱 붙게 재단된 전형적인 벨에포크 시대의 초커다. 정면과 옆면에는 루비와 사파이어가 포인트로 장식되어 있고, 뒷면을 채운 진주가 열다섯 줄은 족히 넘어 보인다. 아델레가 뇌수막염으로 마흔세 살의 비교적 이른 나이에 사망한 후 페르디난트는 조카인 마리아 알트만Maria Altmann에게 이 초커를 결혼 선물로 주었다.

아델레를 모델로 그린 또 다른 그림이 〈유디트 I〉이다. 이 그림에서 한 손에는 홀로페르네스의 잘린 머리를 들고 한쪽 가슴을 드러낸 채 승리의 미소를 띠고 있는 유디트는 능동적이고 공격적인 모습으로 묘사되었다. 그런데 이 그림에서 아델레가 착용한 초커는 황금빛이다. 20세기 초 유럽의 상류층에서

구스타프 클림트, 〈유디트 I〉, 1901년, 오스트리아 미술관, 빈.

는 플래티넘과 다이아몬드, 백진주로 제작된 '올화이트' 주얼리가 대세였다. 금색 주얼리가 주류로 돌아온 것은 그로부터 30년 후이므로 이 초커는 클림트가 고대 구약성경 속의 여인(유디트)을 상상으로 형상화하면서 황금빛으로 번안해 표현한 것은 아닌지 추측해볼 수 있다.

나치가 강탈해 간 아델레의 초커

제2차 세계대전을 일 년 앞둔 1938년, 오스트리아는 '오스트리아의 아들'인 히틀러의 나치 독일에 의해 강제로 합병되었다. 빈에 입성한 나치는 예술에 조예가 깊은 유대인들의 저택에 걸려 있던 미술품들을 몰수하고 금고를 탈탈 털어 갔다. 그들은 블로흐-바우어 가문의 대저택에도 들이닥쳐 클림트의 작품 다섯 점과 함께 아델레의 초상화에 등장하는 초커와 세트 귀걸이, 심지어 마리아 알트만의 약혼반지까지 가져갔다. 초커는 결국 히틀러의 오른팔인 공군 원수 헤르만 괴링Hermann Wilhelm Göring의 손에 들어가 그의 부인의 목에 걸리게 된다. 빈에서 화가를 꿈꾸던 히틀러는 빈의 미술품을 훔치고, 그가 그토록 경멸하던 유대인의 목걸이는 나치 이인자가 거머쥐다니! 그들의 사상만큼이나 이중적인 잣대와 행보가 아닐 수 없다.

1941년 아델레의 초상화는 빈의 벨베데레 미술관에 안착했지만, 황금빛으로 눈부시게 빛나는 주인공이 유대인이라는 사실은 철저히 은폐되었다. 아델레의 이름은 지워진 채 이 그림은 〈레이디 인 골드〉로 불렸다. 당시 빈의 상류층 유대인들은 기독교인들의 성탄절과 부활절도 기념하며 스스로를 오스트리아인으로 여겼다. 하지만 나치는 그들을 적대감의 표적인 유대인이라는 프레임 안에 철저히 가둬두었다. 제2차 세계대전이 끝난 후 빈에 거주하던 유대인 18만 5천여 명 중 8백 명 정도만 살아남았다는 사실이 그 모든 상황을 말해준다.

한편 전쟁 중에 미국으로 망명한 마리아 알트만은 1998년 유대계 변호사 쇤부르크와 함께 숙모의 초상화들을 되찾는 소송을 제기했다. 무려 8년이나 이어진 '달걀로 바위 치기' 같은 외로운 싸움이었다. 하지만 2006년 승리의 여신은 마리아의 손을 들어주었고, 그녀는 노이에 갤러리의 설립자인 로널드 로더에게 1억 3천5백만 달러에 그림을 넘겼다. 로널드는 에스티 로더 창업주의 아들로 한때 오스트리아 대사를 지냈고 그의 조부모 역시 미국으로 이민 온 유대인이었다.

격변의 근대사 속에서 초커의 미학은 때로는 정치적으로 해석되어 사회현상을 반영하기도 했고, 때로는 패션의 유행을 선도하며 장신구 이상의 영향력을 발휘했다. 생명을 좌우하는 목이라는 신체 부위에 다양한 의미를 부여한 인류. 그것이 빨간색 리본이건 호사스러운 다이아몬드이건 목을 묶고 가로지르는 것은 '꾸미는' 행위 그 이상을 생각하게 한다.

그나저나 '오스트리아 국립미술관'에서 약탈해 간 아델레의 초상화 두 점은 모두 뉴욕에 정착했지만 그림 속에 등장했던 실제 초커의 행방은 지금까지도 알 길이 없다. 나치의 패망 이후 해체되어 처분된 것일까? 아니면 전범국의 만행과 부끄러움을 알고 있는 누군가의 금고에서 조용히 숨죽이고 있는 것일까?

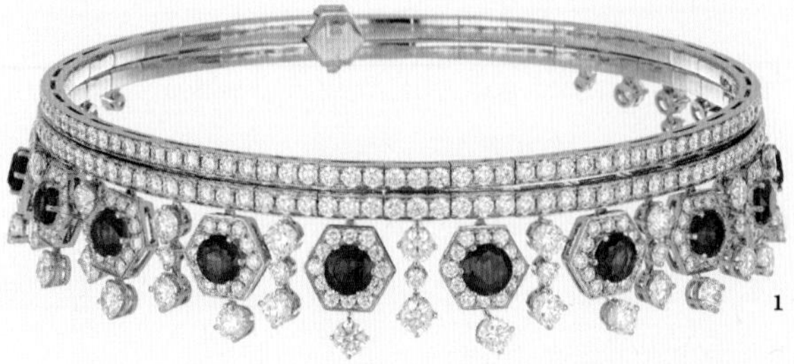

1

2

3

1 〈레 마그니피케 하이 주얼리 초커〉, 다이아몬드, 루비, 플래티넘. ©Bulgari

2 〈레 마그니피케 하이 주얼리 초커〉, 잠비아산 에메랄드, 루벨라이트, 다이아몬드, 핑크 골드. ©Bulgari

3 〈피오레버 하이 주얼리 초커〉, 다이아몬드, 화이트 골드. ©Bulgari

4

5

4 〈컨템퍼러리 미니어처 초커〉, 시아카Siacca산 산호, 다이아몬드, 에나멜, 옐로 골드. ©Dolce & Gabbana

5 〈바로크 스타일의 초커〉, 산호, 로돌라이트 가넷, 탄자나이트, 다이아몬드, 남양 진주, 에나멜, 옐로 골드. ©Dolce & Gabbana

3

아르누보를 강타한 '나쁜 여자' 신드롬

그렇게 여성들은 권리와 자유를 쟁취했다

"자유는 쟁취하는 것이지 주어지는 것이 아니다."

—조르주 브라크

내가 여신도 성녀도 왕녀도 아닌 '팜 파탈'에 호기심을 갖게 된 계기는 파리 오르세 미술관에서 만난 귀스타브 모로의 〈환영〉이라는 작품 때문이었다(이 그림은 귀스타브 모로 미술관과 루브르 박물관에 한 점씩 더 있다). 피를 뚝뚝 흘리며 공중에 떠 있는 남자의 얼굴, 머리끝부터 발끝까지 화려한 보석으로 치장했지만 훤히 드러나는 관능적인 나체의 여인, 무엇보다 한겨울에 스며드는 새벽빛처럼 차가운 여자의 시선을 무심히 지나칠 수가 없었다.

이 작품은 상징주의 화가 귀스타브 모로가 그린 〈살로메〉 연작 중 하나다. 농염한 매력을 가진 여인이 한 남자를 죽음에 이르게 하는 성경의 한 장면을 몽환적으로 재구성해 작품을 발표할 당시에도 센세이션을 일으켰다. 원래 살로메는 신약성경 중에 '세례자 요한의 죽음'이라는 짤막한 일화에서 등장한다. 살로메가 헤롯 왕 앞에서 매혹적인 춤을 추고, 답례로 은쟁반 위에 세례자 요한의 목을 요구한다는 내용이다. 모든 사건은 그녀의 의지가 아닌 어머니 헤로디아의 사주를 받은 것으로 서술되어 있다.

하지만 모로의 그림은 세례자 요한의 얼굴이 살로메에게만 보이는 환영이라는 독창적인 해석을 근거로 하고 있다. 환한 후광으로 둘러싸인 세례자 요한을 향해 망설임 없이 내뻗은 살로메의 손끝은 갈망하는 욕정의 몸짓 그 자체다. 모로는 성경에서 단지 춤을 잘 추는 '조연'에 불과한 그녀를 세례자 요한을 애타게 욕망하는 '주인공'으로 바꿔놓았다. 원래 이름조차 없던 살로메는 어머니의 요구에 순응하는 소녀에서 한 남자에게 광적으로 집착해 그를 파멸로 몰아넣는 나쁜 여자로 둔갑했다.

신화와 성경을 통해 끊임없이 등장하는 팜 파탈의 이미지는 이 그림이 그려진 19세기 말에 수많은 예술가들을 매료시킨 주제로 급부상했다. 여성의 치명적인 매력이 공포가 될 수 있음을 강조한 모로처럼 화가들은 내면세계를 주관적으로 표현하기 위해 온갖 상상력을 동원했다. 이런 현상은 주얼리에서도 마찬가지였다. 긴 머리를 채찍처럼 휘날리는 관능적인 나체의 여인이 파스텔 톤의 에나멜과 금속 조각을 잔뜩 두르고 나타난 것이다. 그동안 신화

귀스타브 모로, <환영>(수채화 버전), 1876년, 오르세 미술관, 파리.

에 등장하는 여신을 제외하고 주얼리에 여자가 알몸으로 등장한 적은 없었다. 돋을새김을 한 작은 장신구인 카메오에 아름다운 귀부인들의 얼굴이 수없이 새겨졌지만 적어도 옷은 갖춰 입은 모습이었으니 말이다. 그러나 때마침 복고풍 주얼리의 진부한 주제에 피로와 염증을 느낀 지식인들은 이 '새로운' 주얼리에 열광했다.

세기말에 유행한 팜 파탈 광풍을 파헤치던 나는 여성을 두려운 존재로 간주한 남성들의 날 선 시선과 맞닥뜨렸다. 그들은 여성에게 부정적인 이미지를 덧씌우기 위해 고대 신화나 역사, 성경 속에 등장하는 위험한 여인들의 사

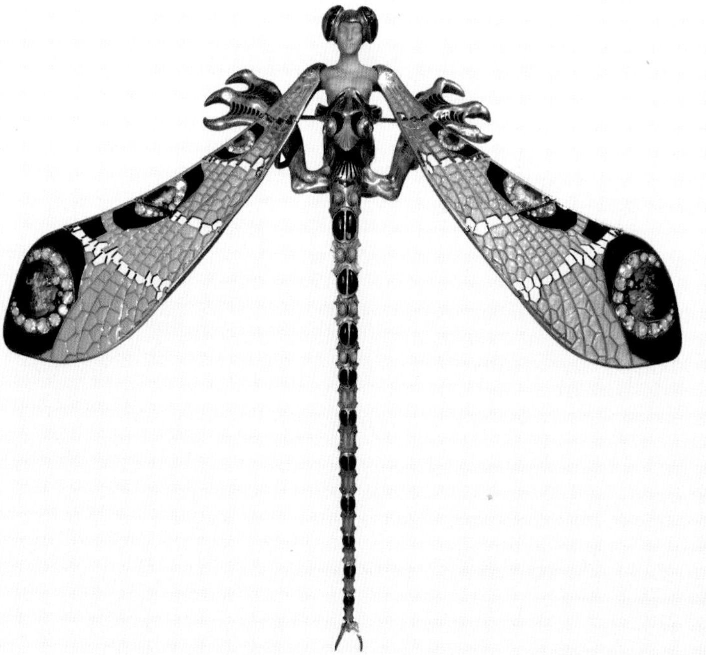

르네 랄리크, 〈잠자리 여인〉, 금, 에나멜, 크리소프레이즈, 문스톤, 다이아몬드, 1897~1898년, 칼루스트 굴베키안 미술관, 리스본.
상반신을 그대로 노출한 여성을 아름답지만 혐오스럽게 표현하고 있다.

례를 부각시키고 이들을 '요사스런 여인'으로 조작하는 일도 서슴지 않았다. 이 여성들은 그림으로, 문학으로, 음악으로 표현되면서 주로 성적 매력을 무기로 남성을 파멸시키는 사악한 주인공으로 등장했다. 당시 이러한 예술 창작 경향은 여성들이 인권을 자각하기 시작하면서 그때까지 견고하게 유지되어 온 남성의 가부장적 권위가 심각하게 위협받는 사회적 분위기와 밀접하게 관련된다. 특히 이러한 움직임은 산업혁명으로 촉발된 물질주의에 대한 환멸과 맞물리면서 사회 전반에 걸쳐 커다란 이슈를 형성했다. 위험해서 더 매혹적인 팜 파탈은 아르누보 주얼리에 금기와 공포를 동시에 녹여냈다. 어느덧 주얼리는 치장이나 부의 과시보다 좀 더 높은 차원의 메시지를 탐닉하고 있었다.

팜 파탈, 아름답지만 위험한 여성의 등장

19세기는 산업주의와 자본주의가 발달하면서 부르주아 계급이 사회의 상류층으로 자리 잡기 시작한 때다. 동시에 교육을 받고 사회 활동을 개시한 여성들이 그간 억눌려온 권리와 욕망을 주장하며 각성하기 시작했다. "아담을 돕기 위해 이브를 만들었다"는 성경의 가부장적인 이데올로기는 오랜 시간 여성의 인격적인 존엄성을 억압했다. 하지만 임금을 받는 노동자로 산업 전반에 뛰어든 여성들이 자신의 노동으로 받은 정당한 대가조차 남편의 재산으로 귀속되는 불공평한 사회 현실과 맞닥뜨리면서 남녀평등과 참정권에 눈을 뜬다. 그들은 도덕적으로나 사회적으로 남성에게 속박된 존재가 아니라 스스로 주체가 되기 위해 적극적인 투쟁에 나섰다.

하지만 이는 더 이상 남성이 바라던 여성의 모습이 아니었다. 남성들은 가정적이고 순종적인 것을 최고의 미덕으로 여기던 전통적인 여성상을 거부한 이 '신여성들'에게서 세상이 무너지는 듯한 정신적 위기를 느꼈다. 그들의 눈에 신여성은 (남성 중심의) 사회 질서를 교란시킬 수 있는 위험한 존재로 비춰졌다. 특히 1870년 프로이센-프랑스 전쟁에서 패한 프랑스에서 여성들에 대한 남성들의 원성과 두려움은 날로 커져가고 있었다. 여성들이 일자리를 찾아 가정 밖으로 나가게 되면 출산율이 떨어질 것이고 결국 나라를 지킬 미래의 군인이 부족해질 것이라는 예측이 팽배해지면서 사회적인 공포심이 조장되었다. 때마침 노르웨이의 극작가 헨리크 입센은 여주인공 노라가 가정에서 탈출해 자아를 각성하고 한 명의 인간으로 독립해가는 과정을 그린 희곡 『인형의 집』을 발표한다. 이 작품은 세계적인 논쟁을 불러일으킨 최초의 페미니즘 희곡으로 여성 해방 운동에 큰 영향을 끼쳤다. 주인공 노라는 극 중에서 이렇게 고백한다.

> 나는 당신의 인형 아내였어요. 친정에서 아버지의 인형 아기였던 것이나 마찬가지로요. 나는 당신이 데리고 노는 게 즐겁다고 생각했어요. 내가 아이들을 데리고 놀면 아이들이 즐거워하는 것이나 마찬가지로요. 토르발, 그게 우리의 결혼이었어요.

이 작품을 기점으로 팜 파탈이 예술 작품에 본격적으로 등장하기 시작한다. 당시 팜 파탈의 모델이 된 여성으로는 고대 신화와 전설에 등장하는 릴리트, 키르케, 메데이아, 레스비아, 메두사, 세이렌과 역사적인 인물인 클레오파트라, 메살리나, 마리 앙투아네트, 그리고 성경 속의 인물인 델릴라, 살로메, 유디트 등이 대표적이다. 그녀들은 종종 흡혈귀나 반인반수의 괴물, 사악한 마녀의 모습을 띠고 나타났다. 뭉크의 〈흡혈귀〉, 모로의 〈살로메〉, 클림트의 〈유디트〉, 말라르메의 시 「헤로디아드」, 오스카 와일드의 희곡 『살로메』, 그리고 이 『살로메』를 오페라로 만든 리하르트 슈트라우스의 음악까지 팜 파탈은 치명적인 성적 매력을 왕홀처럼 휘두른다. '위험한 줄 알지만 거부할 수 없는' 이 나쁜 여자들의 마력은 하나같이 남자들의 파멸을 경고하고 있다.

이런 시대적인 분위기를 타고 주얼리에도 관능적이고 퇴폐적인 여인이

장 베네, <살로메>, 1899년, 낭트 미술관.(왼쪽)
적장 홀로페르네스로부터 나라를 구해낸 성녀이자 국민적 영웅인 유디트에 요부인 살로메의 이미지를 중첩시켰다.

귀스타브 모로, <오이디푸스와 스핑크스>, 1864년, 메트로폴리탄 미술관, 뉴욕.(오른쪽)
테베의 길목을 지키고 있던 스핑크스는 지나가는 모든 사람에게 수수께끼를 내고 답을 맞추지 못하면 잡아먹는다. 결국에는 자신의 내면을 들킨 순간 스스로 돌산에서 뛰어내려 죽음을 맞이한다.

등장한 것은 너무나 당연한 전개였다. 귀스타브 모로를 비롯한 상징주의 회화에서 영감을 받은 아르누보 주얼리는 디자이너의 상상력을 자극해 신비롭고 상징적인 메시지를 전달하는 효과적인 장치로 부상했다.●

숨 막히는 코르셋 안에 꽁꽁 갇혀 있던 여인들은 아르누보 주얼리를 만

● 상징주의는 산업혁명 이후 과학과 이성을 맹신하는 주류에 반발해 등장한 사조로, 인간의 감각과 상상력의 탐구를 중요시했다. 상징주의자들은 불안과 공포, 신화와 전설, 죽음과 성, 꿈과 무의식 같은 비물질적 주제에 집중했다.

귀스타브 모로, 〈세이렌〉, 1872년.(왼쪽)
세이렌은 천상의 미모와 아름다운 목소리로 노래하며 남자를 죽음에 이르게 하는 신화 속의 여인이다. 스타벅스의 로고도 세이렌이다.

귀스타브 모로, 〈밤〉, 1880년.(오른쪽)
그리스 신화에 등장하는 밤의 여신 닉스를 묘사하고 있다. 닉스는 암흑의 신 에레보스와 함께 혹은 남성의 도움 없이 혼자서 강력한 힘을 지닌 신들을 낳았다.

나 하늘하늘한 날개를 단 요정이 되었고, 잠자리나 나비의 몸을 빌린 반인반수의 모습으로 유혹의 수위를 높였다. 신화 속으로 들어간 그녀들은 메두사나 스핑크스로 변해 구불거리는 머리를 흩날리며 남성을 지배하는 강력한 힘을 과시했다(당시 길고 구불거리는 머리는 유혹과 타락을 상징했다). 에로틱한 관능을 뽐내지만 다소 혐오스럽게 변형된 주얼리 속 여성의 모습은 새로운 여성에 대해 경외와 두려움을 동시에 느꼈던 남성들의 양가감정 그 자체였다.

한편 여성 화가들은 팜 파탈 유형의 여성을 그리지 않았다. 이는 주얼리에서도 마찬가지였다. 유일한 여성 아르누보 주얼러로 꼽히는 엘리자베트 봉

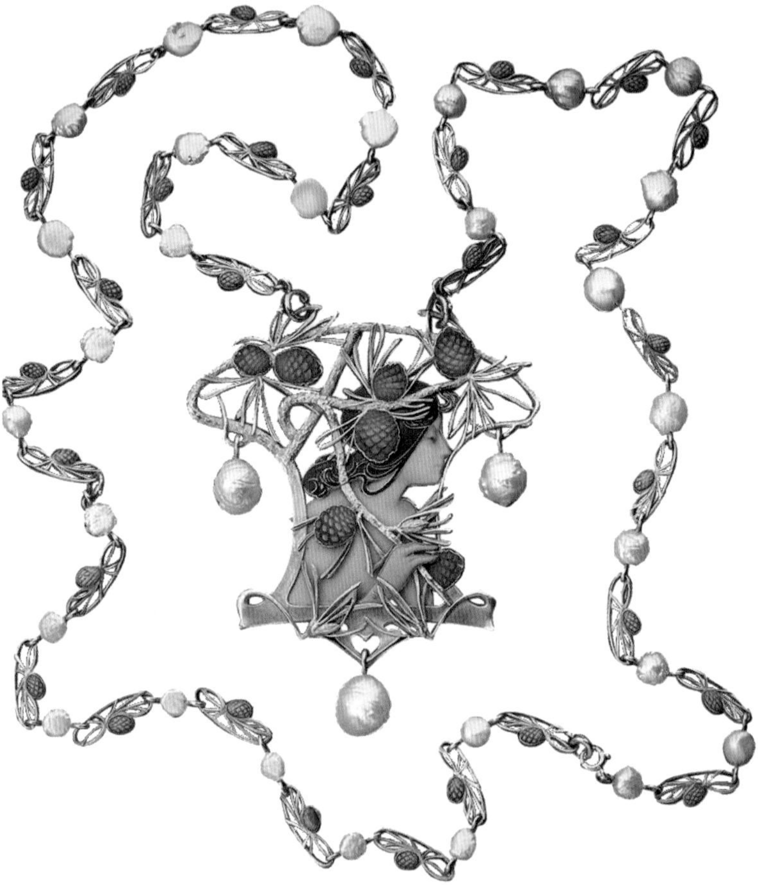

르네 랄리크, 〈목걸이〉, 진주, 에나멜, 금. ©Wartski

엘리자베트 봉테, 〈아르누보 목걸이〉, 뿔, 호박.

테Elizabeth Bonté도 자연의 아름다움을 표현하는 데에만 집중했을 뿐이다. 이쯤 되면 팜 파탈이란 결국 적극적으로 일하는 여성을 평등한 동반자로 바라보기보다 요부나 마녀의 프레임으로 바라본 남성들이 만들어낸 환상에 지나지 않았다는 것이 명확해 보인다. 여성들은 그저 자유를 꿈꿨을 뿐이니 말이다.

악녀인가 여신인가? 팜 파탈 전문 배우 사라 베르나르

미국의 소설가 마크 트웨인은 세상에 다섯 종류의 여배우가 존재한다고 말했다.

"형편없는 배우, 괜찮은 배우, 연기를 잘 하는 배우, 대단한 배우, 그리고 사라 베르나르가 있다."

20세기가 오기도 전에 이미 오대륙 순회공연을 펼친 프랑스의 연극배우 사라 베르나르Sarah Bernhardt는 요즘으로 치면 슈퍼스타의 원조 격이다. 그녀는 대중의 여신이자 예술가의 뮤즈였고, 무엇보다 아르누보 주얼리에 지대한 영향을 미쳤다.

주얼리에서 아르누보 스타일은 유리 공예로 유명한 르네 랄리크René Lalique가 주도했다고 할 수 있지만, 알폰스 무하Alphonse Mucha가 디자인한 거대한 뱀 팔찌를 빼놓고는 논할 수 없다. 흔히 유명한 그림을 모사할 때 무하의 작품을 선택한 사람이 제일 시간이 오래 걸린다는 우스갯소리가 있을 만큼 그의 작품은 화려하고 복잡하기로 유명하다. 무하는 화가로서 수많은 회화와 포스터, 광고와 책의 삽화를 그렸는데, 주얼리 디자이너로서도 장식미술사에 뚜렷한 족적을 남겼다. 무하의 작품을 이해하기 위해서는 우선 그의 뮤즈인 사라 베르나르와의 인연부터 살펴봐야 한다.

체코 출신의 무하는 파리에서 사라 베르나르가 출연한 연극 〈지스몽다〉의 포스터를 그린 것을 계기로 삶의 전환점을 맞이한다. 순수 예술과 상업 예

알폰스 무하, <지스몽다> 포스터, 1894년.
사라 베르나르가 주연을 맡았다.

술이 서로 조화롭게 공존하던 19세기 말 유럽에서 포스터는 대중의 유행을 선도하는 시대의 자화상이나 다름없었다.

1894년 크리스마스 연휴 기간 파리 시내는 텅 빈 듯 적막감마저 감돌았다. 이런 가운데 유일하게 르메르시에Lemercier의 인쇄소만 환하게 불이 켜져 있었다. 사라 베르나르가 연출과 주연을 맡은 연극 〈지스몽다〉의 포스터를 다시 제작하라는 주문이 떨어진 것이다. 그러나 연휴를 맞아 디자이너들은 모두 휴가를 떠난 상태였다. 늦어도 12월 말까지는 포스터를 완성해달라는 통에 매니저는 발만 동동 구를 뿐이었다. 자칫 포스터 없이 연극을 개막해야 하는 절박한 위기에 내몰린 상황에서 파리에 남아 있던 무하가 구원 투수로 투입되었다. 당시 무하는 아직 포스터 디자이너로서는 경력이 일천한 무명의 작가였다.

일주일 후 반신반의하며 포스터를 받아 든 매니저는 당혹감을 감출 수 없었다. 좁고 긴 종이 한복판에 사라를 실물 크기로 그려 넣은 희한한 모양새라니, 지금까지 이런 포스터는 본 적이 없었다. 이제 와서 사라에게 적당한 구실을 대기도 쉽지 않을 터라 초조해진 그는 긴장으로 목이 타들어가고 손은 땀으로 흥건했다. 하지만 정작 사라는 무하의 솜씨에 감탄을 금치 못했다. 오십 대인 그녀를 마치 이십 대의 처녀처럼 그려낸 포스터를 보며 그녀는 이렇게 외쳤다.

"오! 당신은 나를 불사신으로 만들었군요!"

그렇다. 그것은 자칫 천박한 에로티시즘으로 흐를 수 있는 주제를 신성하고 품격 있는 성녀의 이미지로 승화시킨 혁신적인 포스터였다. 무하는 강렬한 원색 대신 은은한 파스텔 톤을 사용해 머리에 화관을 쓰고 손에는 커다란 종려나무 가지를 든 사라를 신비롭게 풀어냈다. 대중의 반응 역시 폭발적이었다. 포스터를 손에 넣기 위해 암거래가 횡행했고 벽에 붙인 포스터를 남몰래 뜯어 가는 사람도 부지기수였다. 한낱 대타에 불과했던 무하는 사라의 전폭적인 지지를 받으며 극장과 6년 전속 계약을 맺기에 이른다. 하룻밤 새 무명

〈머나먼 공주La Princesse Lointaine〉를 연기한 사라 베르나르. 레오폴-에밀 로이틀링어Léopold-Émile Reutlinger가 찍은 사진, 1895년.
무하가 디자인한 동백꽃 모티프의 다이아뎀을 쓰고 있다.

화가에서 파리 시민들의 열렬한 환호를 받는 예술가로 등극한 것이다. 사라는 이 한 장의 포스터로 '신성한 사라La Divine Sarah' 이미지에 쐐기를 박았고, 무하는 이후 유럽을 넘어 미국까지 진출한다. 그야말로 두 사람은 서로에게 행운의 여신이었던 셈이다.

사라는 아르누보 주얼리의 모티프 중에서도 뱀에 가장 열광했다. 1890년 〈클레오파트라〉를 공연할 때 두 마리의 가터 뱀을 손목에 감고 나올 정도로 뱀 자체에 거부감이 없기도 했다(오늘날 레이디 가가의 퍼포먼스를 생각하면 상상이 될 것이다). 그녀는 〈클레오파트라〉 공연의 성공을 기념하는 의미로 무하에게 주얼리를 의뢰했다. 포스터를 토대로 뱀 팔찌를 디자인한 무하는 조르주 푸케Georges Fouquet에게 팔찌 제작을 맡겼다. 1899년에 완성한 이 팔찌는 반지와

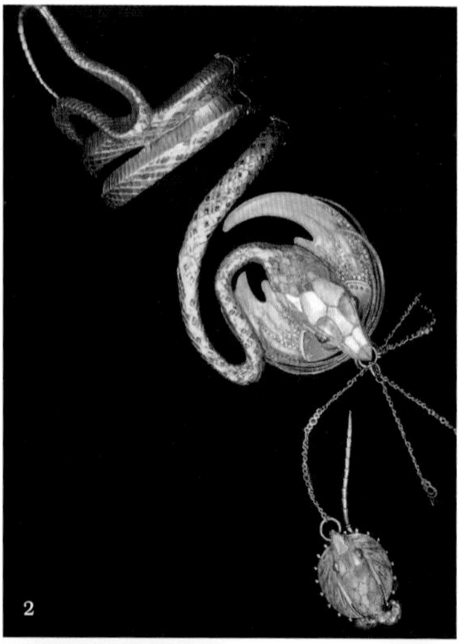

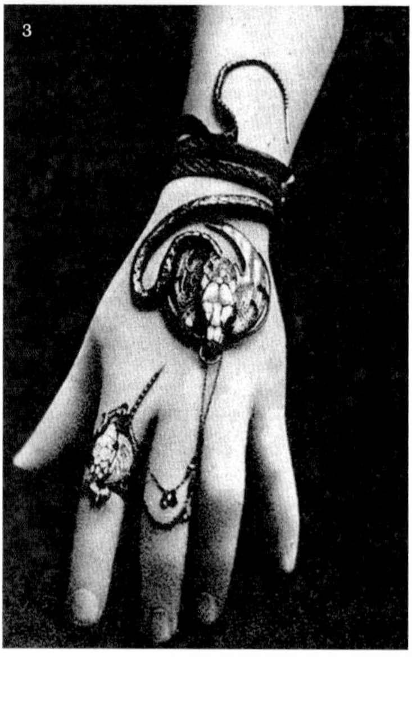

1 알폰스 무하, 〈메데이아〉, 1898년.

2,3 알폰스 무하가 디자인하고 조르주 푸케가 제작한 〈사라 베르나르의 뱀 팔찌〉, 금, 에나멜, 루비, 오팔, 다이아몬드, 1899년.
어느 시점부터 독일 배우 마를레네 디트리히가 이 팔찌를 소유했는데, 1987년 크리스티 경매에 내놓았을 때 아르누보 주얼리 경매 역사상 가장 비싼 가격에 팔렸다.

체인으로 연결되어 손등과 팔 전체를 덮는 디자인으로, 세 번이나 감을 수 있는 유연성이 핵심이었다(뱀의 미학은 '감는' 것이다). 뱀 머리에는 사라의 탄생석인 오팔과 에나멜을 비늘 문양으로 세팅해 아르누보 주얼리의 전형을 보여주었다.

〈메데이아〉의 포스터에도 또 다른 뱀 팔찌가 사라의 팔 위에 미끄러지듯 감겨 있다. 그리스 신화 속 인물인 메데이아는 왕녀이자 마법사이고 과학자이면서 의학자다. 그런데 사랑을 배신한 남편 이아손에게 복수하는 희대의 팜 파탈로 각성하게 된다. 그녀는 남편과 간통한 코린토스의 공주 글라우케를 불태워 죽인 것도 모자라 자신을 배신한 남자가 아비의 이름을 물려주지 못하도록 자신의 두 아들마저 제 손으로 죽이는 처절한 복수를 감행한다. 이에 이아손은 울분을 토하며 이렇게 외친다.

"여자 없이 자식을 낳을지니, 여자 같은 것은 없어져버렸으면!"

이쯤 되면 메데이아로 분한 사라가 뱀 팔찌를 감고 있는 이유가 궁금해질 것이다. 단순히 그녀가 악녀라는 이유 때문만은 아닌 것으로 보인다. 성경에서 뱀이 악과 유혹 또는 지혜의 상징으로 기록된 것과 달리 고대 그리스에서 뱀은 생식력, 재생, 부활의 의미로 널리 쓰였다. 허물을 벗고 다시 태어나는 뱀의 습성 때문이었다. 그리스 의술의 신 아스클레피오스Asclepius의 상징 또한 뱀이다. 이는 힐링과 치료의 의미로 진화해 오늘날 세계보건기구WHO의 엠블럼으로도 쓰이고 있다.

스스로 출산할 수 없는 이아손은 여성인 메데이아의 몸을 빌려 아이를 낳았지만 결국 그 여성에 의해 자신의 아이를 잃게 된다. 남성은 여성의 도움이 없다면 일회적 삶을 살 수밖에 없고, 그런 남성의 자기 소멸에 대한 공포는 오히려 불멸을 꿈꾸

유엔 세계보건기구의 로고.

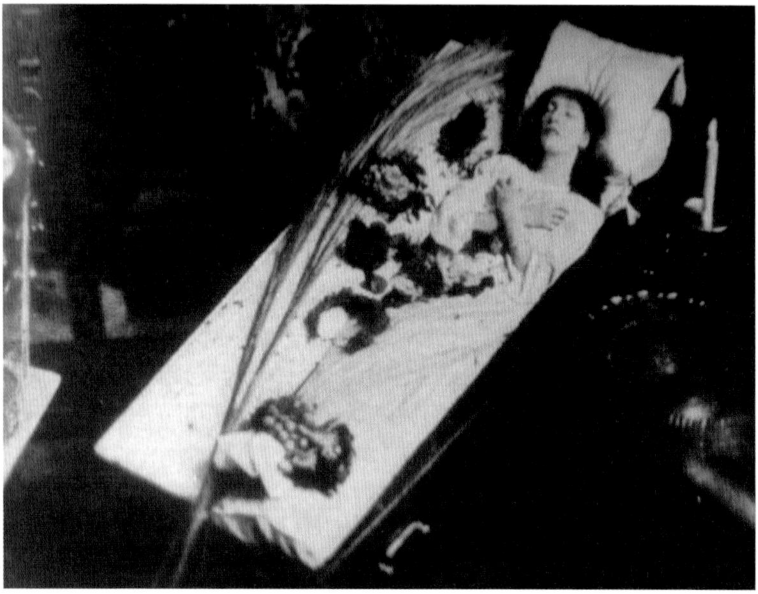

관 속에서 잠자는 사라 베르나르, 1873년.

게 만들었다. 생명의 잉태와 출산은 곧 여자의 권력이었으니 메데이아가 두른 뱀은 곧 생식력과 일맥상통하는 부분이다.

아르누보 주얼리의 아이콘이라는 별명이 무색하게도 사라는 주얼리의 대금 지불을 차일피일 미루기 일쑤였다. 무하 역시 뱀 팔찌의 할부금을 받으러 쫓아다닐 정도였다고 하니 부유한 애인들이 갖다 바치는 값비싼 주얼리 공세에 길들여진 탓일까? 그녀는 영국의 왕세자(훗날의 에드워드 7세), 오스트리아의 프란츠 요제프 황제, 스페인의 알폰소 12세, 그리고 소설가 빅토르 위고 등 여러 유명인들과 염문을 뿌렸고 사귄 남성만 천 명이 넘는 것으로 알려져 있다. 불같은 성질과 능수능란한 거짓말로 악명을 떨친 것은 물론이고 이해할 수 없는 괴상한 행동도 일삼았다. 공연 중에 치타, 늑대, 뱀을 데리고 다녔고 박제된 박쥐를 두르는 정도는 놀랄 일도 아니었다. 멀쩡한 침대를 두고 관 속에 들어가 잠을 잔 것으로도 유명하다. 물론 세간의 관심을 끄는 이런 기이한 행보는 그녀의 이미지에 신비로운 아우라를 덧씌우며 아르누보 예술가들의 창작혼을 불살랐다. 어느덧 그녀의 모습에는 점차 성인聖人의 이미지가 겹쳐졌다.

여성의 자유를 온몸으로 외친 에밀리 플뢰게

프랑스의 아르누보는 오스트리아-헝가리 제국에도 큰 영향을 미쳤다. 19세기 중반을 넘어가면서 수도 빈은 링슈트라세의 건설을 비롯한 도시계획과 더불어 인구가 폭발적으로 증가하며 화려하게 팽창했다. 산업혁명과 대량생산 체제가 가속화되면서 빈의 신흥 부르주아들은 호화로운 저택을 소유했고 예술가들은 근대적인 이상을 구현하기 위한 새로운 예술을 욕망했다. 마침내 1897년 구스타프 클림트를 중심으로 보수적인 예술 아카데미로부터 '분리'를 선택한 강력한 빈 분리파가 결성된다. 이들의 전당인 빈의 제체시온(분리파) 건물에는 다음과 같은 모토가 지금도 선명하게 새겨져 있다.

"모든 시대에는 그 시대의 예술을, 예술에는 자유를!"

과거 예술과의 결별을 주장한 분리파는 전통에서 벗어난 새로운 장식미술과 건축에 매료되었고, '종합예술'의 개념을 탐구하면서 여성스러운 장식에 지대한 관심을 보였다. 특히 아르누보의 장식적인 양식에서 큰 영감을 받았다.

빈에서 여성을 바라보는 사회적인 시각 역시 기존의 헌신적인 어머니상에서 당당히 사회 활동을 하는 주체로 서서히 바뀌어가고 있었다. 이성 중심의 계몽주의적 인간관계를 거부한 지그문트 프로이트가 '성의 심리학'을 연구하며 기존 관습에 반기를 든 곳도 빈이었다. 그의 이론에서 여성은 무의식 속의 성적 자아를 깨닫고 쾌락의 감정을 즐기는 존재로 인식된다.

코르셋을 벗고 참정권을 외치던 여자들은 적극적으로 스포츠를 즐겼고,

구스타프 클림트, 〈의학〉, 1900~1907년.
의술의 신 아스클레피오스의 딸인 히기에이아가 뱀을 감고 있다. 여성과 뱀이 상징하는 생명력과 자연적인 죽음을 강조하고 있다.

구스타프 클림트와 에밀리 플뢰게.

예술을 주도하며 예술가들의 뮤즈로 진화했다. 이들의 목소리가 커지자 패션에도 큰 변화가 나타났다. 여성의 몸을 속박하는 지나친 의상 규율에서 벗어나 합리성과 실용성에 기초한 복식을 장려하는 운동Rational Dress Movement이 일어난 것이다. 그들은 헐렁하게 개량된 드레스를 '합리적 의상rational dress'이라고 불렀다. 높은 허리선에 펑퍼짐한 치마, 르네상스 시대를 연상케 하는 부풀린 소매는 편하고 실용적인 것은 물론 낭만적인 분위기로 신여성들의 절대적인 지지를 받았다.

이러한 새로운 분위기를 반영하는 주얼리를 수용한 고객 또한 아방가르드 성향의 부르주아들이었다. 프랑스의 아르누보와 영국의 미술공예운동에서 영향을 받은 오스트리아의 '분리파' 주얼리는 '합리적 의상'과 시너지 효과를 내며 신여성들의 현대적 감각과 개인주의 정신을 본격적으로 반영했다. 이 스타일의 대표 주자가 구스타프 클림트의 연인으로 널리 알려진 에밀리 플뢰게Emilie Flöge다.

외모부터 남성적인 매력이 물씬 풍기는 클림트는 평생 수많은 스캔들이 뒤따랐지만, 연인이자 인생의 동반자였던 '사돈처녀' 에밀리를 가장 사랑했다. 죽기 직전에 부른 이름도 에밀리였다고 한다. 그녀는 양장점을 운영하는 패션 디자이너로 당시 빈에서는 앞서가는 신여성이었다. 에밀리는 허리통이 헐렁하고 소매가 긴 카프탄caftan 스타일의 드레스를 디자인해 많은 여성들을 코르셋에서 해방시켰다. 또한 런던과 파리를 여행하며 최신 패션 유행을 익혔고 '오스트리아의 코코 샤넬'급의 영향력을 발휘하며 빈의 패션 트렌드를 이끌었다. 그녀는 자유롭고 대범한 성격으로 단박에 오스트리아 주얼러들이 사랑하는 뮤즈가 되었다. 에밀리는 가정에서 누군가의 아내가 되기보다 평생 동안 자신의 이름과 존재감을 끝까지 지켰다.

오늘날 에밀리는 오른쪽 사진 속의 모습으로 가장 유명하다. 사진 속의 그녀는 소매와 치맛단에 프릴이 장식된 헐렁하게 늘어진 하얀색 드레스를 입고 있다. 그 위에 목걸이를 몇 겹 휘감고 목 한가운데에는 정사각형의 브로치를 꽂았다. 이 목걸이는 건축가 요제프 호프만과 장식예술

구스타프 클림트, <에밀레 플뢰게>, 1902년, 빈 미술관. 그림을 확대해 보면 빈 공방의 주얼리 문양임을 알아볼 수 있다. 헐렁한 의상을 선호한 그녀는 몸에 딱 붙는 드레스를 입은 이 초상화를 싫어했다고 한다.

1

2

1 에밀리 플뢰게, 1909년.

2 빈 공방의 콜로만 모저가 디자인한 <은 목걸이>, 은, 오팔, 유리거울, 1905년.
클림트가 에밀리 플뢰게에게 선물한 목걸이다.

1

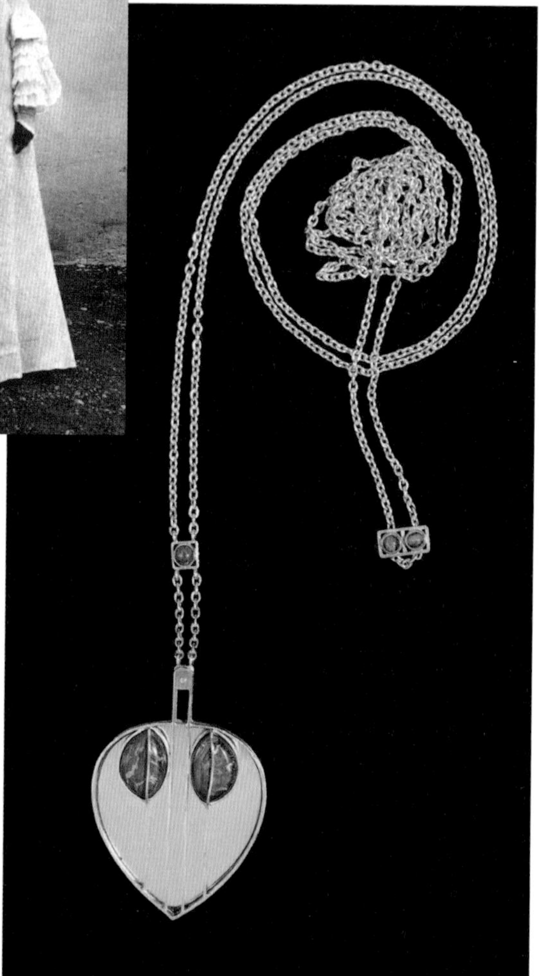

2

1 일자형 여름 드레스를 입고 있는 에밀리 플뢰게, 1907년.

2 요제프 호프만이 디자인한 〈은 목걸이〉, 은, 오팔, 유리거울, 1904년.
역시 클림트가 에밀리에게 선물한 목걸이다.

디자이너 콜로만 모저Koloman Moser가 1903년에 결성한 빈 공방Wiener Werkstätte에서 제작한 것이다. 빈 공방은 빈 분리파에서 가지치기를 한 공예 공방으로 '아름다운 디자인에 탁월한 수공력과 기술적 기량의 합치'라는 원칙 아래 우수한 품질의 주얼리를 제작했다. 그전까지는 장인과 디자이너의 업무가 분리되지 않았는데 빈 공예운동을 계기로 디자이너라는 새로운 직종이 탄생할 정도로 지대한 영향력을 끼쳤다. 30년간 이 공방을 거쳐 간 디자이너만 2백여 명에 이른다. 아방가르드 성향의 지식인들은 빈 공방에서 만든 이 새로운 주얼리에 열광했다.

빈 공방은 건축, 가구, 유리, 패션, 직물 등을 아우르며 전체를 하나의 예술적 형식 안에 담아내는 '종합예술'을 추구했다. 그러다 보니 주얼리도 의상은 물론 실내 인테리어와도 어울리게 디자인되었다. 요제프 호프만이 디자인한 왼쪽의 은 목걸이가 빈 공방의 전형적인 주얼리라고 할 수 있다(프랑스 아르누보 양식에 비하면 기하학적이고 중후한 편이다). 배꼽까지 내려오는 긴 체인 끝에 매달린 뱀 머리 모양의 펜던트는 은과 오팔, 유리거울로 제작되어 담백한 분위기를 풍긴다. 보석의 눈부신 광채나 호화로운 세팅은 어디에서도 찾아볼 수 없다. 그녀가 입고 있는 드레스의 패브릭 역시 빈 공방에서 제작한 것이다.

이렇듯 합리적인 아방가르드 의상과 어울리며 완벽한 시너지 효과를 발휘한 빈 공방의 주얼리에는 '자유'라는 새로운 시대정신이 깔려 있었다. 빈의 여성들은 구시대의 장신구와 꽉 끼는 코르셋을 동시에 벗어 던지며 자신들을 옭아매는 사회적인 구속에 저항했다. 헐렁한 드레스 위에 이 '새로운' 주얼리를 착용한 여자들은 당당히 투표권을 주장하고 사회의 일원으로 목소리를 높였다. 이처럼 아르누보는 나라마다 제각각 다르게 변주된 모습으로 나타나 대담하고 농밀하게 당대의 질서를 흔들며 '나쁜 여자들'의 전성시대를 이끌었다.

1

2

3

1 요제프 호프만, 〈은 브로치〉, 은, 라피스라줄리, 라브라도라이트, 1904년.
에밀리 플뢰게가 소장했던 브로치다.

2 요제프 호프만, 〈브로치〉, 은, 금, 라피스라줄리, 카닐리언, 산호, 문스톤, 사파이어, 오팔, 블러드스톤, 1905년.
클림트가 에밀리에게 선물한 브로치다.

3 요제프 호프만, 〈브로치〉, 은, 산호, 라피스라줄리, 말라카이트, 문스톤, 1905년.
클림트가 에밀리에게 선물한 브로치로 건축적인 형태를 띤다.

소수의 지식인들만 이해한 아르누보의 세계

1890년 혜성처럼 나타난 아르누보 주얼리는 1910년 유성처럼 사라졌다(이 시기를 1898~1914년으로 보기도 하는데 가장 창의적이고 독창적인 작품은 1898년에서 1906년 사이에 제작되었다). 아르누보는 기계를 사용한 대량 생산과 식상한 복고풍 디자인에 대한 반발로 프랑스에서 시작되었는데 동시대의 주류였던 벨에포크 주얼리와 현저히 대조적인 구도를 형성했다.

프랑스어로 신예술을 뜻하는 아르누보는 나라마다 부르는 이름도 제각각이었고 스타일도 조금씩 달랐다. 하지만 대체로 자연의 상징성에 깊은 영감을 받아 덩굴 식물과 꽃무늬, 구불구불한 선을 강조했고, 아름답고 뇌쇄적인 여인을 상상 속에서 끄집어냈다. 독일에서는 유겐트슈틸, 오스트리아와 헝가리에서는 제체시온슈틸, 스페인에서는 모데르니스타, 이탈리아에서는 스틸레 리베르티라고 불렸다. 그러나 제1차 세계대전을 겪으면서 진보에 대한 낙관적인 분위기에서 빠져나오자 유럽은 기계 산업 중심으로 빠르게 재편되었다. 이와 함께 전 시대와의 단절을 주창한 모더니즘이 부상하면서 아르누보는 자취를 감추었다.

아르누보 주얼리는 눈부신 광채와는 거리가 멀었다. 이들의 목표는 19세기의 복고주의 스타일을 거부하고 비인간적이고 예술성을 말살하는 산업화에 저항하는 것이었다. 과거의 디자인을 반복하고 요란하게 보석을 장식한 빅토리언 스타일의 주얼리를 버렸고, 완벽한 레이스 세팅과 현란한 다이아몬드를 주력으로 내세운 벨에포크 주얼리와도 추구하는 방향이 달랐다. 다이아몬드의 광채가 창의력에 방해가 된다고 믿은 아르누보 주얼러들은 오묘한 빛깔의 오팔과 영롱한 문스톤, 파스텔 톤의 에나멜, 심지어 동물의 뿔이나 거북이 등껍질 같은 연약하고 저렴한 소재를 주인공으로 올렸다. 금속도 동시대를 휩쓸었던 플래티넘은 거의 찾아보기 힘들었다. 주얼리를 부의 상징이라기보다 그 속에 담긴 정신적이고 진보적인 가치를 더 강조한 아르누보 주얼리를

조르주 푸케, 〈용 모양의 브로치〉, 금, 에나멜, 이끼 마노, 에메랄드, 담수 진주, 1901년.

르네 랄리크, <잠자리 날개 모양의 목걸이>, 아콰마린, 다이아몬드, 에나멜, 1905년경. ⓒBentley & Skinner

이해하기 위해서는 지갑 속의 두둑한 돈보다 예술을 이해하는 수준 높은 감각과 안목이 필요했다.

아르누보는 종합예술로서 건축, 회화, 음악, 문학 등 모든 예술 분야를 휩쓸었지만 르네 랄리크나 앙리 베베르Henri Vever, 조르주 푸케 같은 아티스트들의 활약으로 주얼리에서 가장 존재감이 두드러졌다. 이들은 캔버스에 그림을 그리듯이 주얼리를 예술로 승화시켰고, 뒷면까지 아름답게 마무리해서 장인정신을 철저히 지켰다. 다만 깨지기 쉬운 에나멜과 얇은 오팔 등이 주로 사용되어 오늘날 박물관을 제외하고는 좋은 상태의 오리지널 작품을 만나기가 어렵다.

아르누보가 활짝 꽃핀 시대는 어찌 보면 모순의 시대였다고 할 수 있다. 전쟁이 발발하기 이전 평화로운 시대가 지속되면서 오로지 아름다운 것에 모든 관심과 가치를 부여했던 '좋은 시대(벨에포크)'이자 허무한 세기말의 퇴폐(데카당스) 시대였기 때문이다. 아르누보에 부정적인 이들은 촌충 양식, 국수 양식, 마카로니 양식으로 부르며 조롱하기도 했지만, 긴 머리를 휘날리며 존재감을 드높인 '나쁜 여자'들은 결국 남성 우월주의가 붕괴하고 남녀 관계가 재정립되는 과정에서 나타난 필연적인 여성상이었다.

4

벨에포크 1

막심 레스토랑에서 벌어진 세기의 주얼리 대결

하얗게 더 하얗게,
높이 더 높이

"실버가 주얼리의 갑옷이라면 플래티넘은 자수다."

—루이 까르띠에

우디 앨런 감독의 〈미드나잇 인 파리〉는 파리의 낭만과 과거의 예술계 거장들을 구경하는 재미만으로도 눈과 귀가 호강하는 영화다. 만약 근현대 예술과 문학에 대한 지식이 좀 있거나 이 시대를 그리워하는 로망까지 있다면 1시간 40분 동안 황홀한 여행을 즐길 수 있다. 그런데 주얼리 역사를 강의하는 나의 입장에서는 또 다른 이유로 가슴이 벅차오르는 영화다. 주인공이 택한 두 차례의 시간여행이 주얼리에서 가장 중요한 두 사조(아르데코와 벨에포크)와 일치하기 때문이다. 첫 번째 여행은 극 중 소설가로 나오는 길Gil이 열망하던 1920년대의 파리다. 그리고 그곳에서 사랑에 빠진 여인 아드리아나와 함께 그녀가 동경하던 시대로 두 번째 여행을 떠난다.

마차를 타고 1890년대로 넘어온 두 사람은 아르누보 양식의 인테리어가 돋보이는 어느 레스토랑에 들어와 있다. 주위를 둘러보니 우아한 복장을 한 숙녀들과 잘 차려입은 신사들이 여유롭게 시간을 보내는 중이다. 그런데 양

카미유 피사로, 〈몽마르트르 거리〉, 1897년.

복을 입은 세 명의 남자와 인사를 나누는 아드리아나의 입꼬리가 귀에 걸려 있다. 과연 누구를 만났기에 이토록 환희와 감격에 찬 표정일까? 그녀가 연신 생글거리며 대화를 나누는 남자들은 다름 아닌 에드가르 드가, 폴 고갱, 그리고 툴루즈 로트레크였다. 자신의 우상이자 미술계의 전설들을 만난 아드리아나는 신이 나서 죽을 지경인 얼굴로 길에게 속삭인다.

"우리 20년대로 돌아가지 말아요. 그냥 여기에서 살아요."

그 순간 세상을 다 가진 듯한 그녀의 표정이 마치 어린아이처럼 해맑아서 하마터면 내가 스크린 속으로 들어갈 뻔했다. 하지만 길의 얼굴에는 한 대 얻어맞은 듯한 표정과 이해할 수 없다는 표정이 동시에 나타난다. 길이 그토록 동경하던 황금시대에 살고 있는 아드리아나가 이 구닥다리 같은 세기말 시대에 남고 싶어 하다니! 물론 그녀가 열망하는 낭만의 시대를 살고 있던 드가는 반대로 르네상스 시대를 꿈꾸고 있었다.

"누구나 현실에 만족하지 못한다. 고로 황금시대는 허상이다"라는 감독의 메시지가 모두에게 일침을 가하는 장면이 아닐까?

그나저나 1890년대의 파리는 대체 어떤 매력으로 아드리아나를 사로잡은 것일까?

인류 역사상 안정과 번영을 가장 길게 누리고 그 어느 때보다 탐미적이었던 이 시기를 '벨에포크Belle Époque'라고 부른다. 화가, 음악가, 문인들이 파리를 거점으로 예술을 꽃피운, 이름 그대로 '아름다운 시대'였다. 유례없는 긴 평화를 누리는 동안 한 세기가 바뀌었고 혁신적인 제2차 산업혁명과 함께 상류층에서는 막대한 부를 축적했다.

백만장자로 이름을 올린 신흥 부자들은 최고급 맨션에서 매일 밤 파티를 열고 화려한 라이프스타일을 과시하기에 여념이 없었다. 플래티넘에 다이아몬드, 진주로 뒤덮인 새하얀 색의 주얼리가 여인들을 더욱 찬란하고 눈부시게 만들었다. 심지어 고급 창녀들까지 패셔니스타로 거듭났으니 벨에포크의 파리는 그야말로 활짝 열린 도시였다(특히 보수적인 영국에 비하면 덜 위선적이었다

앙리 제르벡스, 〈파캥 패션 살롱에서 보낸 다섯 시간〉, 1906년.
파리의 패션 사업을 선도한 첫 세대 고급 여성복 디자이너 잔 파캥Jeanne Paquin의 양장점. 그림 중앙에 앞을 보고 서 있는 이가 잔 파캥이다. 이곳은 당대 패셔니스타들을 끌어모으며 우아한 살롱 역할을 했다.

고 할까). 무엇보다 빛의 순간을 생생하게 포착해 화폭에 옮긴 인상파 화가들의 시대였으니, 아드리아나의 황홀한 심정을 이해 못 할 바도 아니다.

다이아몬드 라이벌 '라 벨 오테로'와 '리안 드 푸지'

길과 아드리아나가 인상파 화가들을 만난 장소 역시 실존했던 막심Maxim's이라는 레스토랑이다. 댄스홀인 물랭루주와 함께 쌍벽을 이룬 벨에포크 시대의 명소였는데 요즘으로 치면 인플루언서들의 집합소라 할 수 있다.

1893년 웨이터 출신의 막심 가야르Maxime Gaillard가 작은 비스트로로 문을 열었지만, 1900년 사업가 외젠 코르뉘셰Eugène Cornuché가 인수하면서 아르누보 양식의 인테리어를 자랑하는 사교의 중심지로 바뀌었다. 당시 파리에서 멋 좀 부린다는 여자들은 최신 유행의 드레스와 커다란 모자, 다이아몬

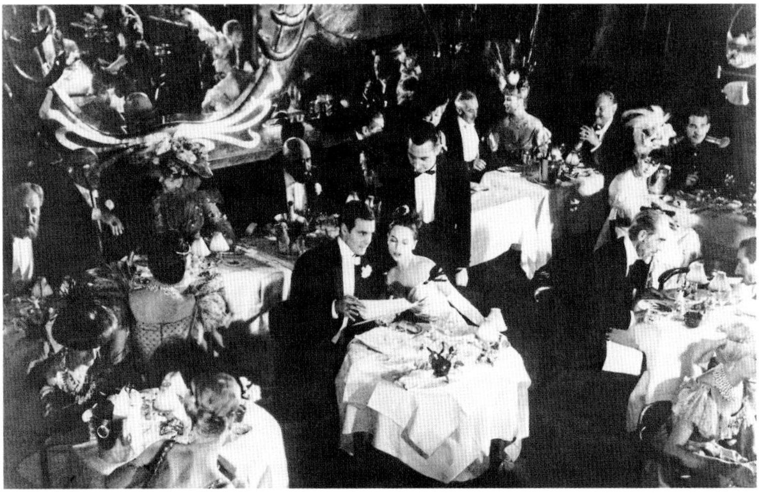

막심 레스토랑의 내부 정경, 1890년대.

당시 막심 레스토랑의 메뉴, 1899년.

드와 진주로 번쩍거리는 고급 주얼리를 착용하고 등장했다(훗날 이 레스토랑을 리노베이션할 때 의자와 쿠션 사이에서 주얼리와 동전이 엄청나게 나왔다고 한다. 막심 레스토랑은 1981년부터 피에르 가르댕이 소유하고 있다). 그중에서도 유행을 선도한 '핵인싸'를 꼽자면 단연 대형 스캔들을 몰고 다닌 그랑드 오리종탈Grandes Horizontales● 이었다. 특히 라 벨 오테로Caroline 'La Belle' Otero와 리안 드 푸지Liane de Pougy, 에밀리엔 달랑숑Émilienne d'Alençon 세 사람은 3대 그랑드 오리종탈로 불리며 주얼리 역사의 한 페이지를 장식했다.

특히 라 벨 오테로와 리안 드 푸지는 부유한 애인들로부터 선물 받은 호

● 말 그대로는 '위대한 수평선'을 뜻하지만, 이 말은 바닥에 누운 여신 같은 존재, 즉 화류계의 귀족으로 통하던 고급 매춘부를 가리키는 용어였다.

라 벨 오테로, 1890년.

리안 드 푸지, 1891~1892년.

에밀리엔 달랑송, 1902년경.

화로운 주얼리를 경쟁적으로 과시하던 라이벌 관계였다. 아름다운 외모와 넘치는 '끼'만으로도 둘째가라면 서러운 여인들이었지만, 제삼자의 입장에서는 오늘은 누가 더 화려한 모습으로 등장할지 점쳐보며 구경하는 재미가 쏠쏠했다. 그녀들은 앞다퉈 비싼 주얼리를 손에 넣기에 급급했다. 전성기 시절에 이들이 소유한 다이아몬드, 진주, 사파이어, 루비, 에메랄드만 수백만 프랑에 달했다. 일반인들은 구경조차 할 수 없는 귀한 보석들이 이들의 최신식 초커, 브로치, 티아라, 팔찌, 목걸이, 귀걸이에 세팅되었다. 때로는 동시대 왕족들의 주얼리보다 훨씬 더 크고 화려했다. 막심 레스토랑은 그랑드 오리종탈을 위해 준비된 화려한 무대나 다름없었다.

그중에서도 실크 속치마 차림으로 테이블 위에 올라가 관능적인 춤을 추며 남자들의 혼을 빼놓던 라 벨 오테로는 파리 최고의 보석상 까르띠에에 자신의 이름을 붙인 목걸이가 있을 정도로 사치의 끝을 달렸다.

그날도 어김없이 라 벨 오테로는 라 페 거리Rue de La Paix의 까르띠에 부티크에 보관해둔 최고급 주얼리를 온몸에 걸치고 막심 레스토랑에 입장했다. 다이아몬드 티아라는 물론이고 앞가슴을 가득 채운 다이아몬드와 진주 목걸

장 베로, 〈라 페 거리〉, 1907년.(왼쪽)
1899년에 오픈한 라 페 13번지 까르띠에 부티크.(오른쪽) Cartier Archives © Cartier

이, 다이아몬드가 잔뜩 박힌 볼레로를 어깨에 걸친 자태는 멀리서 보아도 눈이 부실 지경이었다. 심지어 발목에도 다이아몬드 앵클릿anklet을 감았다. 모든 게 새하얗게 반짝였다. 이제 사람들은 리안 드 푸지가 등장하기만을 기다리고 있었다. 웬만해서는 오늘의 오테로를 능가하기 힘들 것이라는 분위기가 감돌았다.

그때 덩굴 문양이 장식된 입구의 문이 열리면서 리안 드 푸지가 모습을 드러냈다. 그런데 그녀는 심플한 흰색 드레스에 단 한 점의 다이아몬드 목걸이만 걸치고 있는 게 아닌가!

"도대체 어떻게 된 일이지?"

사람들이 웅성거리기 시작할 무렵 그녀의 뒤에서 한 발자국 떨어져 들어오는 여인에게 일제히 시선이 쏠렸다. 바로 머리끝에서 발끝까지 다이아몬드로 두르고 있는 리안의 하녀였다. 오테로는 그제야 자신이 한 방 먹었다는 것을 깨달았다. 당황한 오테로를 바라보는 리안의 눈빛은 이렇게 말하는 듯했다.

'아무리 용써봤자 너는 내 하녀와 동급일 뿐이야. 이 천박한 것!'

오테로는 한순간 리안의 하녀와 경쟁하는 처지로 전락하고 만 것이다. 하

<라 벨 오테로 목걸이>, 1903년.(왼쪽) ⓒCartier
마리 앙투아네트를 스캔들에 휘말리게 한 목걸이에서 영감을 받은 디자인으로 알렉산드라 왕비도 비슷한 종류의 목걸이를 소장했다. 하지만 오테로가 왕비보다 먼저 까르띠에 파리에 주문했다.

프랑수아 플라망, <알렉산드라 왕비>, 1908년.(오른쪽)
까르띠에의 레지유résille(목 아래로 내려와 넓게 퍼진 가슴 부분을 섬세한 그물 문양으로 덮는 스타일) 목걸이를 착용하고 있다. 머리에는 빅토리아 여왕의 크라운, 오른쪽 겨드랑이 아래에는 코이누르 다이아몬드가 보인다.

지만 천하의 오테로가 그대로 당하고만 있을 리는 없었다. 다음 날 그녀는 까르띠에 매장으로 달려가 마리 앙투아네트를 스캔들의 중심에 놓이게 한 그 목걸이와 유사한 다이아몬드 목걸이를 바로 주문했다. 그리고 목걸이를 착용할 때마다 "내가 왕비다"라고 조용히 외쳤다고 하니 이것이야말로 진정한 오테로 방식의 복수였던 셈이다.

얼굴보다 티아라로 기억된 시대

독일 제국이 탄생한 1871년부터 제1차 세계대전이 발발한 1914년까지 유럽에서는 정치적으로 혼란스러운 과거를 뒤로하고 전쟁과 내전이 없는 평화의 시대가 이어졌다. 동시에 산업혁명과 과학 기술의 발전으로 유럽의 생산력은 이전과는 비교할 수 없을 정도로 급속도로 성장했다. 철도, 자동차, 여객선의 등장은 태어난 곳에서 평생 붙박여 살던 일반 대중의 생활 반경을 순식간에 확장했으며, 전기와 전화 같은 신문물은 유례없이 편리하고 풍요로운 삶을 선사했다. 밤거리는 더 이상 어둡지 않았고, 아무리 멀어도 옆에서 대화하듯 지인의 안부를 확인할 수 있었다. 인류에게 진정 '아름다운 시대'가 도래한 것이다.

앞서 언급한 막심 레스토랑에서 벌어진 주얼리 경쟁은 벨에포크 시대의 파리에서 주얼리가 어느 정도의 위상을 가지고 있었는지를 보여주는 단적인 예다. 당시에는 전적으로 파리의 주얼러들이 유행을 선도했기 때문이다. 파리는 더없이 화려하고 세련되고 우아했다. 동시대에 아르누보와 빅토리아 양식의 주얼리가 공존했지만 부유층이 원한 것은 따로 있었다. 바로 자신의 부와 지위를 과시할 수 있는 다이아몬드 주얼리였다. 때마침 남아프리카 광산이 개발되면서 다이아몬드의 공급이 풍부해졌고, 연마 기술도 절정에 이르면서 다이아몬드는 나날이 눈부신 광채를 더해 갔다.

무엇보다 플래티넘을 정복한 것이 신의 한 수였다. 플래티넘은 녹는점이 1,772도로 금(녹는점 1,063도)보다 훨씬 높아 그동안 가공 자체가 어려웠다. 산업혁명으로 높은 불꽃 온도를 내는 특수 용접기를 개발하면서 플래티넘 가공에 가속이 붙기 시작했다. 처음에는 셔츠용 단추 같은 작은 제품들에만 사용하다가 1880년대에는 넥타이핀과 귀걸이에도 사용했다. 플래티넘에 다이아몬드를 세팅한 것은 1889년 파리 만국박람회에서 처음 선보였다. 하지만 은 위에 금을 덧대던 과거의 방식과 마찬가지로 1900년 이전에 제작된 주얼리에

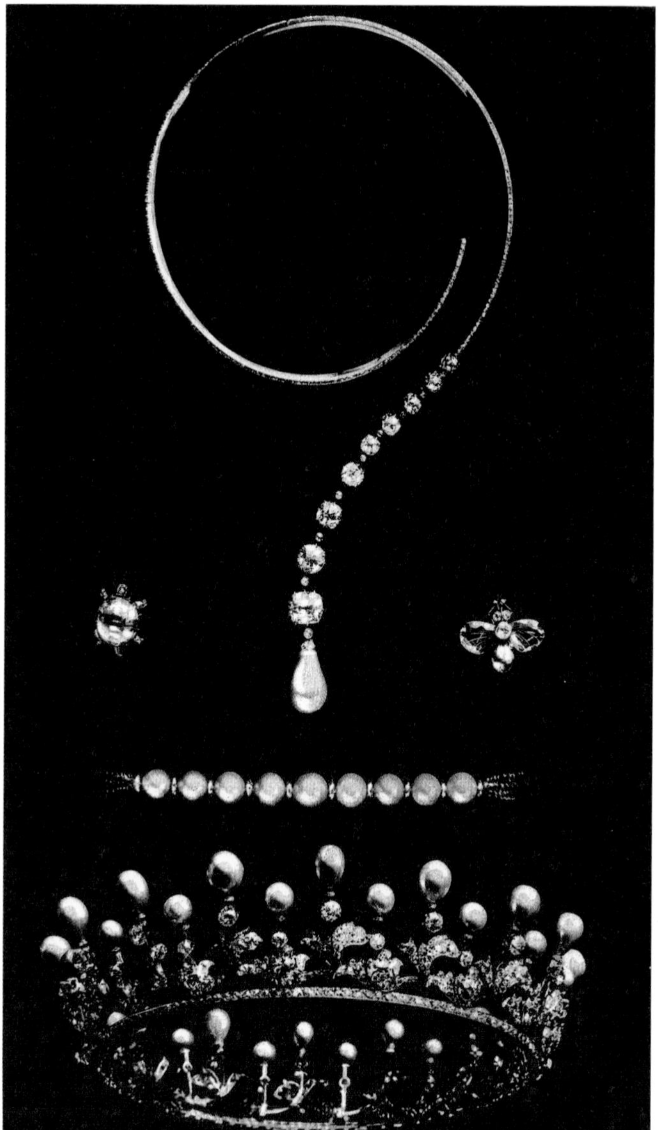

파리 만국박람회에 출품된 〈다이아몬드와 진주 세트〉, 1893~1900년. ©Boucheron
폴 르그랑Paul Legrand이 디자인한 주얼리 세트. 흑진주가 장식된 다이아몬드 스트링이 특징인 물음표 모양의 목걸이, 라운드 진주와 페어 드롭 진주로 장식된 다이아몬드 코로넷coronet, 다이아몬드 롱델rondelles(암나사 모양)과 백색 진주가 번갈아가며 장식되어 있는 스트링으로 구성되어 있다.

1

2

1　다이아몬드 리비에르 목걸이, 1880년. ©FD Gallery

2　까르띠에의 <다이아몬드 브로치>, 플래티넘, 올드 라운드 컷 & 로즈 컷 다이아몬드, 밀그레인 세팅, 1907년. Vincent Wulveryck, Collection Cartier ©Cartier
플래티넘을 자유자재로 사용하게 되자 디자인과 세팅이 훨씬 섬세하고 가벼워졌다.

1

2

1 〈스크롤 티아라〉, 다이아몬드, 금, 은, 까르띠에 파리, 1902년.
Nils Herrmann, Collection Cartier ©Cartier
에섹스 백작부인의 특별 주문으로 제작되었다.

2 〈스크롤 티아라〉, 플래티넘, 다이아몬드, 까르띠에 파리, 1910년.
Nils Herrmann, Collection Cartier ©Cartier
벨기에의 엘리자베스 왕비의 소장품이다.

다이아몬드 초커와 목걸이를 착용한 알렉산드라 왕비.

는 플래티넘 위에 금을 보강한 경우가 많았다. 보수적인 장인들이 전통 기법을 고집했기 때문이다. 하지만 플래티넘은 변색되지 않는 것은 물론 강도가 높아 최소한의 양을 사용해도 다이아몬드를 충분히 지지할 수 있었다. 최신 발명품인 전기도 다이아몬드의 광채를 극대화하는 데 일조한다. 전기적인 조명장치인 백열등 아래에서 다이아몬드의 광채가 극대화되도록 연마했기 때문에 가스등 아래에서 보는 광채와는 비할 바가 아니었다. 장인들이 플래티넘을 자유자재로 사용하게 되자 주얼리의 디자인과 세팅은 훨씬 섬세하고 가벼워졌다.

일단 여인들의 목에는 다이아몬드 초커가 코르셋처럼 채워졌다.(초커는 2장 참조) 멋쟁이들은 맨살뿐 아니라 목 전체를 꽁꽁 싸맨 하얀색 레이스 위에도 초커를 착용했다. 초커가 느슨하게 늘어지는 것은 결코 용납하지 않았다. 이 분야의 패션 리더였던 영국의 알렉산드라 왕비처럼 초커 아래로 다이아몬드 리비에르 목걸이를 겹쳐 착용하는 경우도 많았다. 커튼의 장식처럼 늘어지는 스웨그swag 디자인의 목걸이도 널리 사랑받았다. 정중앙에 리본 매듭 장식이 부착된 초커 아래에 체인 목걸이를 늘어뜨리기도 했다.

도그 칼라 초커와 더불어 벨에포크의 화려함을 가장 극대화시킨 티아라는 1880년대 초반부터 1920년대까지 유행했는데, 1900년에서 1915년 사이에 특히 많이 제작되었다. 사회가 변하면서 과거 왕족들의 전유물이던 티아라도 용도와 의미가 달라졌다. 물론 왕실에서는 여전히 엄격한 예법에 맞게 착용했다. 하지만 이제는 은행가나 산업가들도 너 나 할 것 없이 티아라를 구입했다.

산업혁명으로 수공업이 기계공업으로 바뀌고, 농업사회가 산업사회로 바뀌다 보니 벨에포크 시대에는 작위보다 누가 공장과 기계(자본)를 가지고 있느냐가 더 중요해졌다. 산업과 금융 시장의 선두로 뛰어오른 미국의 신흥 부호들은 상속 재산이 현저히 줄어든 유럽의 유서 깊은 귀족 가문과 결혼해 신분 상승을 꾀했고 이들의 예식에 사용하기 위해 엄청난 양의 티아라가 제작되었다. 이 시기에는 다양한 디자인의 티아라가 선보였는데, 러시아의 축제나 혼례식에 쓰던 전통 머리 장신구인 코코슈니크kokoshnik 디자인은 러시아의 황후 마리아 표도로브나가 유행시켰다. 영국의 알렉산드라 왕비의 친동생이니 자매가 모두 벨에포크의 패셔니스타였던 셈이다. 목걸이나 브로치로 착용할 수 있게 변신이 가능한 '트랜스포머 티아라'도 널리 사랑받았다.

이 시대에는 티아라에 초커, 리비에르 목걸이를 착용하고, 가슴에는 '드방 드 코사지devant de corsage'(보디스bodice에 장식하는 커다란 브로치로 스토마커라고도 불렸다)까지 한꺼번에 장식한 여인들도 흔히 볼 수 있었다. 그러다 보니 규모가 큰 무도회에서는 얼굴보다 눈에 띄는 티아라로 인물을 기억하는 편이 오히려 쉬웠다.

하지만 1910년에 들어서면서 이미 파리에서는 티아라가 구식 패션으로 인식되기 시작했다. 곧이어 뉴욕에서도 인기가 사그라졌고, 유일하게 왕실의 엄격한 예법을 따르던 영국에서만 티아라의 수요가 꾸준했다. 제1차 세계대전이 끝난 후 티아라는 이마로 내려가 심플한 밴도로 변신해 1930년대 초까지 자존심을 지켰다.

티아라의 디자인 모티프로는 고대 그리스와 로마, 바로크와 로코코, 나폴레옹 시대의 스타일이 골고루 차용되었다. 하지만 사실상 18세기 말 마리 앙투아네트 시대의 업그레이드 버전으로 봐도 무방할 정도였다. 마리 앙투아네트 왕비의 열렬한 팬을 자처한 나폴레옹 3세의 부인 외제니 황후는 일찍부터 그 시대의 주얼리를 동경했다. 1853년 결혼식에서 프랑스 왕실 주얼리의

1

2

1 〈스토마커 브로치〉, 플래티넘, 사파이어, 다이아몬드, 까르띠에 파리, 1907년.
Vincent Wulveryck, Collection Cartier ©Cartier

2 〈스토마커 브로치〉, 플래티넘, 라운드 올드 컷 & 로즈 컷 다이아몬드, 밀그레인 세팅, 까르띠에 파리, 1912년.
Nils Herrmann, Collection Cartier ©Cartier

일부를 마리 앙투아네트 스타일로 리세팅하기까지 했다. 이렇게 과거 프랑스 왕실의 주얼리 모티프가 리바이벌되면서 재조명된 꽃다발 코르사주, 깃털, 나비매듭 디자인은 수많은 다이아몬드로 촘촘히 장식되어 마치 레이스처럼 섬세한 플래티넘 세팅 위에서 빛났다. 어깨를 드러내고 깊게 파인 목선과 거대한 종처럼 부풀린 크리놀린 드레스와 함께 화려한 다이아몬드 주얼리는 벨에포크의 필수품으로 공고히 자리를 지켰다. 한 땀 한 땀 수를 놓은 듯 정교한 세팅 안에 안착된 다이아몬드는 24시간 내내 찬란한 빛을 발산했다.

벨에포크 주얼리 하면 '갈란드garland 양식'● 을 떠올릴 정도로 인기를 모은 화환 모티프는 루이 까르띠에가 주도적으로 개발했다. 그는 디자이너들에게 18세기의 화집을 읽게 하고 파리의 거리를 다니면서 건축물의 작은 요소들까지 스케치하도록 시켰다. 특히 박물관에 전시된 18세기 가구에서 화환 모티프를 뽑아내 주얼리로 만들었다. 갈란드 양식은 다이아몬드의 반짝임을 강조한 플래티넘의 다양한 기법을 통해 새로운 스타일로 떠오르며 크게 각광받았다.

이 시대의 다이아몬드는 '올드 유러피언 컷'과 '올드 마인 컷' 같은 낭만적인 앤티크 컷이 매력 발산의 주인공들이었다. 올드 유러피언 컷은 오늘날 가장 많이 쓰이는 '라운드 브릴리언트 컷'의 원조 격이고, 올드 마인 컷은 '쿠션 컷'의 아버지로 보면 된다. 전기로 밝힌 조명 아래에서 다이아몬드의 반짝임이 극대화되는 것을 실감하면서 주얼리는 나날이 더 섬세해졌다. 다이아몬드를 부각시키기 위해 세팅은 점차 오픈형으로 가볍게 변모했고◆ 그 어느 때보다 우아한 다이아몬드 주얼리가 탄생했다.

● 갈란드 양식이라고 최초로 명명한 사람은 크리스티의 한스 나델호퍼Hans Nadelhoffer였다.

◆ 이전에는 보석을 안전하게 지지하기 위해 금이나 은으로 보석의 옆면을 감싸는 '닫힌' 세팅이 주를 이루었다면, 최소한의 양으로도 보석을 지지할 수 있는 플래티넘 덕분에 빛이 투과하는 면이 많아진 오픈형 세팅이 주류가 된 것이다.

1

2

3

4

1 〈레이스 리본 브로치〉, 플래티넘, 옐로 골드, 다이아몬드, 까르띠에 파리, 1906년. Nils Herrmann, Collection Cartier ©Cartier

2 〈리본 매듭 목걸이〉, 오팔, 다이아몬드, 플래티넘 밀그레인 세팅, 1910년. ©Bentley & Skinner

3 〈두 개의 펀 스프레이Fern spray(양치식물 가지 모양) 브로치〉, 플래티넘, 다이아몬드, 까르띠에 파리, 1903년. Nils Herrmann, Collection Cartier ©Cartier

4 〈백합 가지 문양의 스토마커 브로치〉, 플래티넘, 올드 컷 & 로즈 컷 다이아몬드, 밀그레인 세팅, 까르띠에 파리, 1906년. Nils Herrmann, Collection Cartier ©Cartier
전형적인 갈란드 양식으로 제작되었으며 머리 장식으로도 착용 가능하다.

남아프리카 다이아몬드와 드비어스의 탄생

사실 1870년부터 다이아몬드의 수요가 급증하게 된 배경에는 1867년 남아프리카에서 다이아몬드 광산이 발견되었기 때문이다. 그전까지 다이아몬드는 매우 희귀한 보석이었다. 약 2천 년 동안 인도에서만 생산되다가 고갈되었고, 18세기 초에는 브라질 열대우림의 강바닥에서 발견되었지만 워낙 양이 미미했기 때문이다. 그러다가 남아프리카의 오렌지 강 유역에서 다이아몬드를 함유한 거대한 킴벌라이트 광맥이 발견되면서 다이아몬드 채굴에 일대 혁명이 일어난다. 조금씩 손으로 줍던 것이 거대한 굴착기를 사용해야 하는 규모로 확장되기에 이른 것이다.

생각지도 못한 다이아몬드 홍수는 주얼리 업계를 발칵 뒤집어놓았다. 이 시점에서 세실 로즈Cecil Rhodes라는 한 영국인의 행보에 주목해야 한다. 그는 채굴에 필수적인 물 펌프를 남아프리카의 킴벌리 광산에 독점으로 대여하는 사업으로 떼돈을 벌며 광부들의 채굴권을 사들이기 시작했다. 남다른 사업 수완을 가진 세실 로즈는 어느덧 다이아몬드의 가격이 철저하게 희소성의 법칙을 따른다는 것을 깨닫는다.

세실 로즈, 1900년『르 리르Le Rire』의 표지.
보어 전쟁(1899~1902년) 중에 킴벌리 광산에 갇힌 세실 로즈를 그린 캐리커처. 그의 옷깃 뒤에는 샴페인 병이 보이고 손에는 서류를 움켜쥐고 있다.

만약 남아프리카 곳곳에서 새로운 광산들이 개발된다면 다이아몬드는 준보석 수준에 그칠지도 모른다. 그렇다면 다이아몬드의 생명인 희소성을 지키는 것

1877년 남아프리카의 킴벌리 광산에서 채굴된 티파니의 128.54캐럿 옐로 다이아몬드가 세팅된 목걸이. 채굴 당시 287.42캐럿이었는데 노란색과 광채를 극대화하기 위해 연마했다. ©Tiffany & Co.

이 관건이다!

그의 이론에 따르면, 다이아몬드의 생산을 통제하고 희소성의 환상을 유지하기 위해서는 무조건 힘을 모아야 했다. 세실은 1887년 유대계 금융 재벌인 런던의 로스차일드 은행에서 융자를 받아 당시 유일한 경쟁자인 바니 바르나토Barney Barnato의 회사를 합병해 1888년 드비어스 콘솔리데이티드 마인Debeers Consolidated Mines(이하 드비어스로 약칭)을 설립했다. 역사적으로 다이아몬드 거래에 가장 깊숙이 관여해온 민족이 바로 유대인 아니던가? 유대인 자금의 대표 주자인 로스차일드 가家에서 이런 호재를 놓칠 리 없었다. 그렇게 탄생한 드비어스는 남아프리카에서 채굴되는 다이아몬드 원석을 백퍼센트 장악하기에 이른다.

이제 세실은 다이아몬드의 높은 가격을 유지하려면 생산뿐만 아니라 수요와 공급, 그리고 판매까지 통제해야 한다는 결론에 도달한다. 그는 1893년 런던 다이아몬드 신디케이트London Diamond Syndicate(다이아몬드 상인연합체)와 전략적 제휴를 맺고 드비어스 다이아몬드를 이들에게만 독점적으로 판매했다. 신디케이트는 런던에 거주하는 아슈케나짐(중유럽과 동유럽에 퍼져 살던 유대인)들이 혈연과 지연으로 똘똘 뭉친 관계였다.

이즈음 다이아몬드 역사에 한 획을 그은 또 한 명의 거물이 등장한다. 바로 에르네스트 오펜하이머Ernest Oppenheimer이다. 당시 다이아몬드 신디케이트를 주도적으로 이끈 유대인 상인 중 한 명인 안톤 뒨켈스뷜러Anton Dünkelsbühler는 런던 사무실에 자신의 조카인 열여섯 살의 에르네스트를 데려다 앉혔다. 독일 프리트베르크 태생의 에르네스트는 수습사원으로 입사해서 원석을 선별하는 법을 배우며 다이아몬드 시장에 눈을 뜬다. 세실과 마찬가지로 날카로운 촉을 타고난 에르네스트 역시 1910년에 원석의 생산과 유통을 통제해서 소비자들에게 다이아몬드의 희소성과 환상을 지속적으로 각인시킬 필요가 있음을 간파했다.

암스테르담 다이아몬드 공장을 방문한 에르네스트 오펜하이머(오른쪽), 1945년.

마침내 에르네스트는 1917년 자본금 1백만 파운드로 '반유대인 친영국 양키머니의 대명사'로 꼽히는 제이 피 모건J. P. Morgan과 합작해 앵글로 아메리칸 주식회사Anglo American plc라는 광산회사를 설립해 드비어스의 주식을 사들이기 시작했다. 그는 '앵글로 아메리칸'이라는 회사명부터 철저히 전략적으로 계산해 지었다. 제1차 세계대전 당시 독일은 영국의 적이었으므로 독일인이 투자했다는 사실을 반드시 숨겨야 했다. 그렇게 승전의 주역인 영-미 연합군의 이미지를 떠올리게끔 '앵글로 아메리칸'이라는 이름을 붙인 것이다. 결국 에르네스트는 1927년 드비어스의 대주주가 되었고, 1929년에는 드비어스 그룹의 회장직에 오르며 승승장구한다. 그는 독일 태생에 영국 시민권자, 유대인, 남아프리카공화국의 영주권자라는 복잡한 신분과 배경을 상황에 따라 영리하게 활용했다. 세실 로즈가 신디케이트와 함께 다져놓은 다이아몬드의 독과점 공급 및 판매 시스템을 유지하고 발전시킨 것도 바로 그였다. 에르네스트의 주도 아래 드비어스는 회사의 근간이 된 사이트홀더sightholder 제도(까다로운 심사를 거쳐 선발된 업자들에게만 원석을 공급하는 제도)를 마련해 생산, 유통, 재고 관리, 판매의 모든 과정을 장악했다. 일종의 공급자 카르텔이었던 것이다.

1957년 에르네스트가 죽고 아들 해리가 회사를 물려받은 후에도 드비어스는 생산자협회를 통해 공급량을 조절하고 중앙 판매 조직에서 가격을 통제했다. 시간이 흐르면서 판매 조직의 이름만 바뀔 뿐이었다. 신디케이트LDS는 후에 중앙판매기구CSO: Central Selling Organization로, 2000년에는 다이아몬드 트레이딩 컴퍼니DTC: Diamond Trading Company로 변경해 폐쇄적인 구조로 원석의 판매를 전담했다. 드비어스는 직간접적으로 남아프리카의 모든 광산을 소유하거나 통제했을 뿐 아니라 영국, 포르투갈, 이스라엘, 벨기에, 네덜란드, 스위스의 다이아몬드 거래 회사들을 소유했다. 물론 제2차 세계대전 이후에는 세계적인 다이아몬드 프로모션까지 주도했다.

드비어스는 오늘날까지 DTC를 통해 제한된 수의 지정 회원인 '사이트홀더'에게만 다이아몬드를 독점적으로 공급하고 있다. 물론 DTC에서 제시하는 수량과 가격으로 불만 없이 '절단도 하지 않은' 원석을 구매해야 하고 이를 거부할 경우 차후 거래는 불가능하다고 봐야 한다. 예를 들면 아프리카에서 채굴된 다이아몬드가 지구를 돌아 다시 아프리카의 사이트홀더에게 팔리는 괴상한 방식이다. 이런 횡포에도 불구하고 높은 중간 도매 마진을 취할 수 있다는 장점으로 인해 드비어스가 다이아몬드 시장을 완전히 장악했을 때는 다들 회원이 되지 못해 안달할 지경이었다.

사이트홀더는 한때 2백 개 사 가까이 되었지만 현재는 약 85개 사 정도로 파악된다. 유대인이 주류를 이루며 인도계도 다수 포함되어 있다. 또한 사이트홀더 제도는 드비어스가 미국 시장에서 독점금지법을 어기지 않고 합법적으로 다이아몬드 시장을 통제할 수 있는 방패막이이기도 했다. 미국의 바이어들은 결국 드비어스가 아닌 런던의 독립 브로커들과 거래하는 셈이었으니 말이다.

다이아몬드는 산업혁명의 수혜자

그렇다면 산업혁명을 거치면서 주얼리 업계는 어떤 변화와 발전을 이루게 되었을까? 가장 큰 혁신은 앞서 언급한 플래티넘을 자유자재로 다룰 수 있게 되었다는 사실이다. 이제는 적은 양의 금속으로도 다이아몬드를 지지할 수 있게 되어 세팅이 더욱 섬세하고 가벼워졌다. 다이아몬드 자체의 광채가 확실히 부각되고 변하지 않는 플래티넘의 뽀얀 색상은 우아함을 더하는 보너스였다.

다이아몬드는 지구상의 광물 중 가장 단단하다고 알려져 있는 만큼 다이아몬드를 연마하고 세팅하는 기술은 늘 산업의 발전과 궤를 같이했다. 1840년에는 다이아몬드 연마에 증기력이 도입되었고(같은 해 수은 도금은 전기 도금으로 대체되었다) 1860년부터는 가스와 증기를 이용한 엔진이 대부분의 공방에서 보편화되었다. 물리학과 광학에 대한 이해가 높아지면서 다소 뚱뚱한 형태로 연마되던 다이아몬드가 현대적인 비율에 가까워지면서 더욱 환하게 빛났다.

최종 연마 형태도 다양해졌다. 사실 1900년 이전까지는 로즈 컷이나 올드 마인 컷, 오벌 컷, 페어 컷이 대부분이었다. 그런데 1903년 이후 영국의 에드워드 7세를 비롯해 상류층에서 심취해 있던 요트 경기를 연상케 하는 배 모양의 마르키즈 컷이 인기를 끌기 시작한다. 직사각형의 에메랄드 컷과 바게트

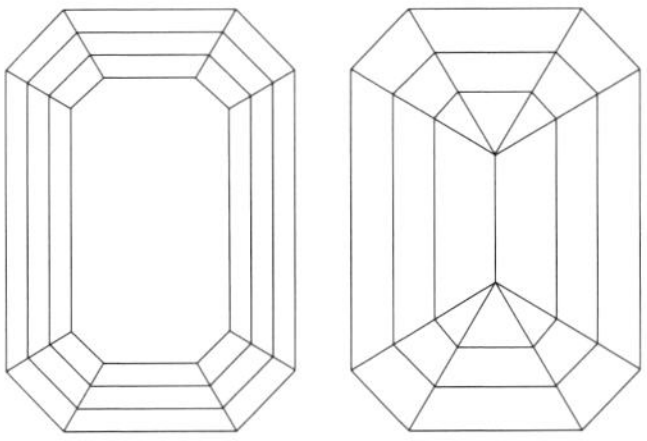
1

2

1 에메랄드 컷의 형태.

2 에메랄드 컷 다이아몬드.

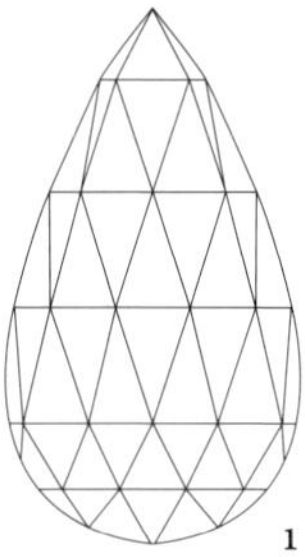

1

2

3

1 브리올레트 컷의 형태.

2 브리올레트 컷 다이아몬드.

3 아래에 매달린 보석들이 브리올레트 컷으로 세팅된 것이다. ©FD Gallery

컷도 새로 개발되었고 삼각형, 연kite 모양 등 기하학적인 형태도 등장했다. 낮은 품질의 다이아몬드라도 최대한 광채를 띠도록 개량한 브리올레트briolette 컷도 갈란드 양식의 다이아몬드 주얼리에는 필수적인 커팅 기술이 되었다. 흔하지는 않았지만 옐로, 핑크, 블루 같은 팬시 컬러 다이아몬드도 쓰였다.

제2차 산업혁명은 전기와 화학 분야에도 눈부신 발전을 가져왔다. 19세기 후반은 거리의 조명이 가스등에서 전등으로 바뀐 시기다. 당시의 대중에게 예술과 산업 전반에 걸쳐 기술의 혁신을 보여주는 중요한 창구를 담당한 곳은 만국박람회였다.

아메리카 대륙 발견 4백 주년 기념으로 1893년 시카고에서 개최된 만국박람회(세계 콜럼비아 박람회)의 하이라이트는 단연 전기였다. 1879년 토머스 에디슨이 전기를 이용한 백열전구를 발명하면서 관람객들은 티파니Tiffany & Co.와 고르햄Gorham 같은 미국 주얼리 회사의 부스를 환하게 밝힌 조명에 눈이 휘둥그레졌다. 희미한 가스등 아래에서 보던 다이아몬드와 전깃불을 환히 밝힌 장소에서 보는 다이아몬드 주얼리는 확연히 달랐다. 가스등을 켜던 시대에는 다이아몬드의 반짝거림을 극대화하기 위해 작은 스톤들을 많이 뭉쳐서

1893년 시카고 만국박람회. 그해 만국박람회의 주인공은 단연 빛이었다.

세팅해야 했지만, 새로운 전기 조명은 주얼러들에게 광채의 디테일을 살릴 수 있는 실험적이고 독특한 커팅을 시도하게 했다.

이렇듯 다이아몬드와 최상의 궁합인 플래티넘의 정복, 연마 기술의 발전, 백열등의 등장과 함께 주얼리는 세련되고 가볍게 변모해 갔다. 무거운 브로치는 작은 핀 브로치로 대체되었고, 다이아몬드 귀걸이도 귀에 딱 붙는 스터드형이 큰 인기를 끌었다.

산업혁명으로 생활은 한층 편리해졌지만, 어슴푸레한 가스등 아래에서 부드럽게 빛나던 앤티크 다이아몬드의 낭만은 역사 속으로 사라졌다. 세상이 바뀌면서 막심 레스토랑을 시끌벅적하게 만들던 매혹적인 여인들은 대부분 비참한 말년을 맞이했다. 부유한 애인에게 버림받은 여인도 있었고, 오테로처럼 도박과 사치로 전 재산을 탕진한 여인도 있었다. 대중의 관심으로 먹고살던 그녀들은 세상에서 잊히지 않기 위해, 그리고 이미 맛본 쾌락과 호사의 순간을 조금 더 연장하기 위해 겉으로는 고고하지만 밑으로는 끝없이 발버둥치는 백조처럼 살았다. 그렇게 아름답고 격렬했던 역사의 한 페이지가 넘어갔다.

5

벨에포크 2

‘도금 시대’ 미국 상속녀들의 주얼리

반짝인다고
모두 금은 아니다

"71억 원짜리 황금 변기, 영국 처칠 생가에서 도난당해."

웹 서핑 삼매경에 빠져 있던 어느 날, 영국 블레넘 궁에서 전시 중인 황금 변기가 사라졌다는 헤드라인에 눈길이 멈췄다. 혹시 하는 마음으로 스크롤을 내려보니 역시나 마우리치오 카텔란의 작품 〈아메리카America〉였다.

2017년 6월, 나는 이 18캐럿 골드로 만든 변기를 보기 위해 뉴욕 구겐하임 미술관으로 향했다. 나선형으로 이어진 복도를 따라 30분 동안 줄을 선 끝에 마침내 5층 구석에 있는 일인용 화장실에 '입성'할 수 있었다. 시트부터 물을 내리는 레버까지 온통 금색으로 번쩍이고 있는 변기는 날 반갑게 맞아주는 듯했다. 거울 옆에 "변기 시트를 올리지 마시오"라고 크게 적혀 있는 것을 보니 사람들이 어지간히도 만져대는 모양이었다.

〈아메리카〉는 실제 사용할 수 있도록 금빛 배관에 연결되어 있었지만 나는 이토록 발칙한 이름을 가진(게다가 71억 원이라니!) 변기를 차마 '사용'할 용기

마우리치오 카텔란, 〈아메리카〉, 2016년.
구겐하임 미술관에서 찍은 사진.

는 나지 않았다. 내 앞사람이 물을 두 번 내리는 것도 다 들릴 정도로 사람들이 문 밖에 바짝 붙어 있기도 했고…….

경사진 복도에서 지루하게 차례를 기다리느라 기운이 빠진 나머지 잠시 엉덩이를 붙여볼까도 싶었지만 결국 나는 '변기 위에 앉고, 볼일을 보는' 과정을 생략하기로 했다. 그저 황금빛 레버를 내리며 변기 속으로 빨려 들어가는 황금빛 물 소용돌이를 멍하니 바라보았다. 그런데 이 장면은 내가 평생 목격한 것과 별 다를 바가 없지 않은가. 그제야 "무엇을 섭취하건 그 결과는 배설로 귀결된다"는 작가의 의도를 조금은 이해할 수 있었다. 103킬로그램의 금으로 된 변기에 앉는 순간 아이러니하게도 만인은 평등하다는 결론에 도달했다면 그는 아마도 시원한 배설의 쾌감을 느낄지도 모르겠다는 생각과 함께.

작가는 변기를 통해 인간의 탐욕과 과도한 부를 조롱하면서 경제적 불균형이 심한 '아메리칸 드림'을 풍자하고 싶었다고 했다. 순간 내 머릿속에는 '도금 시대(1865~1900년)'가 떠올랐다. 미국이 기회의 땅으로 부상하며 국제적으로 위상을 높여간 시절 말이다. 대자본가가 등장한 이래 빈부 격차가 문제되지 않은 적은 없었지만 도금 시대가 펼쳐진 뉴욕은 그 어느 때보다 불균형했고 겉과 속이 극명하게 달랐다. 그러고 보니 이 변기가 설치된 곳도 뉴욕 5번가가 아닌가? 이쯤 되니 1870년대 뉴욕 상류층을 배경으로 한 소설 『순수의 시대The Age of Innocence』를 소환하지 않을 수 없었다.

이디스 워튼Edith Wharton의 장편소설 『순수의 시대』는 도금 시대의 뉴욕을 배경으로 엘렌, 아처, 메이라는 세 남녀의 엇갈린 사랑을 통해 기존의 인습과 사회 질서에 대립하는 개인의 자유와 자기 성숙의 과정을 보여준다. 이 책에서 불행한 결혼을 끝내기 위해 뉴욕으로 돌아온 용감하고 독립적인 여성 엘렌 올렌스카 백작부인은 가문의 명예에 누를 끼친 존재로 전락하고 주변 사람들은 그녀를 교묘하게 왕따시킨다. 마치 죄인을 대하는 듯한 경멸적인 시선에 지친 엘렌은 크게 한숨을 내쉬며 나직하게, 하지만 또렷이 말한다.

"뉴욕이 자유를 주리라고 생각했어요. 모두 친절하고 숨 막힐 정도로 나를 반기는 것 같았지요. 하지만 처음의 신선함이 지나고 나니, 사교계가 신경 쓰는 것들을 고민하는 것 자체가 너무 힘겨워졌죠. 사교계라는 것이 지겨워졌어요."

위선과 모순으로 가득 찬 그들의 세계에서 '훌륭한' 여자는 아무리 힘들어도 개인의 '자유' 같은 것을 외쳐서는 안 되었던 것이다. 희미한 암시와 미묘한 세심함이 중시되는 '도금 시대'에는 이처럼 상류층의 점잔 빼는 문화와 엄격하고 보수적인 도덕률 아래에서 위선과 억압의 기제가 작동했다. 엘렌과 사랑에 빠지는 아처의 억제된 욕정, 엘렌의 사촌이자 아처의 약혼자인 메이의 '계산된' 순수함이 얽히고설킨 이 소설은 도금 시대의 사회상을 현미경으로 보듯 세밀하게 풀어간다.

전통 부자 vs 신흥 부자, 도금 시대의 승자는?

도금 시대Gilded Age는 미국 역사에서 남북전쟁이 끝난 1865년부터 비약적인 경제 성장을 이룬 1900년까지를 일컫는다. 마크 트웨인과 찰스 두들리 워너가 합작해 1873년에 발표한 풍자소설 『도금 시대: 오늘날의 이야기The Gilded Age: A Tale of Today』에서 따온 명칭이다. 하지만 실제로 그렇게 부르기 시작한 것은 1920년대부터다. 두 작가는 남북전쟁 이후 미국이 농업국에서 공업국으로 변신하는 과정에서 물욕에 사로잡혀 각종 부정과 부패가 속출한 시대를 나무나 금속 위에 얇게 금을 입힌 도금에 빗대었다. 황금처럼 번쩍거리는 겉모습에 가려져 있는 심각한 사회 문제를 통렬한 필치로 비판했으니, '도금 시대'란 빈부 격차가 극심했던 당시에 횡행한 배금주의를 경멸하는 표현이라 할 수 있다.

이 시기는 영국의 빅토리아 시대, 프랑스에서는 벨에포크에 해당된다. 미국 내에서도 재건 시대(1865~1877년)와 겹치고 진보 시대(1897~1920년)

초기까지 걸친 중요한 때였다. 미국 최초로 대륙 횡단 철도가 개통된 시점이 1869년이니 철도왕이자 해운왕으로 불린 코닐리어스 밴더빌트Cornelius Vanderbilt를 비롯해서 석유왕 존 디 록펠러John D. Rockefeller, 철강왕 앤드루 카네기Andrew Carnegie, 금융가 제이 피 모건 등 우리에게 익숙한 재계의 거물들이 대거 등장한 시절이었다. 당시 미국 내에서 백만장자라고 부를 수 있는 자수성가한 '슈퍼 히어로'들은 천 명에 달했다. 그중 뉴욕에만 3백 명이 거주했다.

이 시기 미국은 산업혁명에서도 영국을 뛰어넘기 시작한다. 기술자의 임금이 유럽보다 높다 보니 유럽에서 수백만 명의 이민자들이 쏟아져 들어와 산업혁명이 빠른 시간 내에 확산된 것이다. 1860년에서 1890년 사이에만 임금이 60퍼센트나 올라 인력 시장이 크게 확대된다. 우리에겐 영화로 더 익숙한 소설 『바람과 함께 사라지다』에서도 미국이라는 새로운 기회의 땅에서 유럽 사회의 신분 계층이 무너지고 새로운 피가 수혈되는 역동성을 보여준다. 동시에 가난한 국가에서 유입된 수백만 명의 이민자들이 사회 속에 뒤섞이며 불평등의 시대가 열리게 된다. 노동자들이 한 주에 8~10달러를 버는 동안 부호들은 1분에 8~10달러를 버는 시대였지만 노동자를 보호하는 법 따위는 없었다.

미국의 여성 잡지 『레이디스 홈 저널The Ladies' Home Journal』 표지, 1899년 1월 호.
도금 시대 상류층의 무도회 장면을 실었다.

도금 시대의 산업가들은 빠른 시간 내에 축적한 부를 과시하는 도구로 주얼리에 주목했다. 『순수의 시대』에서 뉴욕에 막 도착한 엘렌이 다음 날 오페라 〈파우스트〉를 관람하는 첫 장면에 등장하는 뉴욕의 상류층을 떠올리면 된다. 사각거리는 공단 드레스로 한껏 차려입은 여인들

〈다이아몬드 티아라〉, 플래티넘, 올드 컷 다이아몬드, 천연 진주, 밀그레인 세팅, 까르띠에 파리, 1907년. Nils Herrmann, Collection Cartier ©Cartier

은 머리에는 다이아몬드 티아라를, 목에는 다이아몬드와 진주 초커를 착용하고 장갑을 낀 손에는 독수리 깃털이 달린 커다란 부채를 쥐고 있다. 신사들은 오페라글라스 너머로 틈틈이 그녀들을 관찰하면서 은밀하지만 혹독하게 품평한다.

실제로 1883년에 문을 연 뉴욕 메트로폴리탄 오페라하우스 2층의 특별석은 '다이아몬드 말발굽'이라는 별명이 붙을 정도로 사치와 허영의 집결지였다. 상류층 부인들은 티파니, 마커스Marcus & Co., 드레이서Dreicer & Co. 매장에서 다이아몬드와 진주, 에메랄드가 장식된 최신 유행의 주얼리를 주문했다. 심지어 까르띠에가 뉴욕에 지점을 내기 전까지는 대서양 건너 파리의 유명 보석상을 직접 찾아가는 극성스러운 부류도 있었다.

가문들 사이의 보이지 않는 알력도 상당했다. 원래 도금 시대 이전까지 뉴욕의 상류층을 주도한 사람은 애스터 가문의 안주인 캐럴라인Caroline Schermerhorn Astor이었다. 그녀의 손에 뉴욕의 최고 사교계 4백 인의 명부가 달려 있었기 때문이다. 애스터 부인은 소위 '가문' 연구의 권위자인 새뮤얼 워드 맥앨리스터Samuel Ward McAllister의 도움으로 '성씨'의 뿌리와 혈통을 따져가며 상류층에 적합한 '전통 부자' 여부를 평가했다. 돈이 아무리 많아도 출신 성분이 낮고 교양이 없다는 이유로 받아주지 않을 정도로 신분에 높은 벽을

카롤루스 뒤랑, <애스터 부인>, 1890년, 메트로폴리탄 미술관, 뉴욕.

세웠다. 하지만 산업혁명으로 새로운 백만장자들(오늘날 '억만장자' 급)이 만만치 않은 사회 유력 세력으로 부상하다 보니 명부에도 수정이 필요해졌다. 결국 애스터 부인은 이 '신흥 졸부들'을 인정할 수밖에 없었으니 대표적인 가문이 그 유명한 밴더빌트다.

'상류층 4백 인' 명부에 오르기 위해 밴더빌트 가의 안주인 알바 밴더빌트Alva Vanderbilt가 1883년 호화판 가장무도회를 개최한 것은 유명한 일화다. 무도회를 앞두고 밴더빌트 부인은 뉴욕 사교계의 모든 결혼 적령기 여성들에게 초대장을 보냈다. 하지만 단 한 사람, 애스터 가문의 딸 캐리만 제외했다. 사교댄스까지 연습하며 초대장을 눈 빠지게 기다리고 있던 캐리는 크게 실망한 나머지 어머니에게 하소연한다. 이 소식을 들은 밴더빌트 부인은 지극히 고전적인 방식으로 측근을 통해 의중을 전한다.

"안타깝게도 이번 무도회에 애스터 가의 따님은 초대할 수가 없네요. 그 댁 사모님께서 저희 집과 자리를 함께하시지도 않는데 덜컥 초대장을 보낸다면 큰 결례가 되겠지요."

아니, 이것은 (혹여 전달자가 순화시킨 것이라 해도) 빈정거림이 뚝뚝 묻어나는 말투가 아닌가? 애스터 부인은 속이 부글부글 끓었지만 이 막돼먹은 밴더빌트 가를 4백 인 명부에 포함시켜야만 했다. 철도 사업으로 일약 큰 부자가 된 밴더빌트 가문을 경멸과 무시로 일관하던 애스터 부인의 일방적인 패배였다. 그제야 밴더빌트 부인은 애스터 가의 저택으로 무도회 초대장을 보냈다. 적어도 한 사람에게는 매우 유익한 거래였다.

밴더빌트 부인은 무도회 하나도 전략적으로 세세하게 계획했다. 일단 기자단부터 대거 초대했다. 화려한 인테리어와 각종 장식을 언론에 실어 관심과 흥분을 고조시키기 위해서였다. 이날을 위해 특별히 깔아놓은 호화로운 카펫 위에 관능적인 와인색 벨벳이 씌워진 의자가 놓였고, 고급 도자기로 만든 촛대에 꽂힌 봉헌용 초들은 하얀 빛을 일렁이며 방 안을 은은하게 비추었다. 총 천2백 명의 상류층이 참여한 이 무도회에 밴더빌트 부인이 쓴 비용은

1

2

1　1883년 가장무도회에서 밴더빌트 부인이 입은 〈일렉트릭 라이트 드레스〉, 뉴욕 시 박물관, 뉴욕.
찰스 프레더릭 워스Charles Frederick Worth가 설립한 오트쿠튀르 브랜드인 하우스 오브 워스House of Worth의 장-필리프 워스Jean-Phillippe Worth가 제작했다.

2　1883년 가장무도회를 주최한 밴더빌트 부인, 뉴욕 시 박물관, 뉴욕.

요즘 가치로 6백만 달러(한화 약 72억 원)나 되었다. 심지어 그녀는 건전지가 연결된 스위치를 누르면 금색 은색으로 번쩍거리는 '전깃불 드레스'를 입고 나타났다. 차기 뉴욕 상류층의 권좌를 차지할 호스트답게 그녀가 주최한 이 기상천외한 무도회는 세상의 이목을 집중시키는 데 완벽하게 성공했다.

스스로를 대중과 철저히 분리한 뉴욕의 상류층은 자기들만의 사회에서 인정받는 것을 넘어 귀족 작위를 열망하기 시작했다. 그 결과 미국의 상속녀들은 유럽의 귀족들과 정략결혼을 감행한다. 자신의 영토만 겨우 소유하고 있던 유럽 귀족들의 입장에서는 현금 유동성을 확보할 수 있는 절호의 기회였다. 이때 티아라는 '돈만 있는' 불안한 신분과 미심쩍은 혈통을 숨길 수 있는 유용한 필수품이었다. 『순수의 시대』에서도 갈등의 시발점은 뉴욕 최고 상류층의 딸 엘렌이 유럽으로 시집가서 폴란드 백작의 부인이 되지만 불행한 결혼 생활로 인해 친정으로 되돌아오는 사건이다. 실제로 밴더빌트 부인은 딸 콘수엘로를 영국의 9대 말버러 공작인 찰스 스펜서 처칠(윈스턴 처칠의 사촌

<콘수엘로 밴더빌트 '말버러 공작부인'>, 1902년.
콘수엘로는 진주를 매우 좋아한 것으로 알려져 있다. 15줄짜리 초커와 소투아르 목걸이, 티아라, 벨트에도 진주와 다이아몬드가 세팅되어 있다.

형)과 결혼시켜 말버러 공작부인으로 만들었다. 하지만 사랑 없이 돈과 작위를 거래한 미국의 상속녀 중 상당수는 『순수의 시대』의 엘렌처럼 별거와 이혼을 거듭했다. 콘수엘로 역시 예외는 아니었다.

이처럼 미국은 남북전쟁 후 불과 30년 만에 경제 대국으로 우뚝 섰다. 농부들이 개척한 땅은 산업혁명을 거치면서 도시 중심의 강대국으로 탈바꿈했다. 이 거대한 나라를 촘촘하게 연결해 바느질한 일등 공신은 다름 아닌 철도였다. 기차는 와이오밍에서 석탄을, 오리건에서 목재를, 네바다와 콜로라도에서 은을, 몬태나에서 구리를 실어 날랐다. 철도 덕분에 상인, 제조업자, 산업가들은 주州 단위가 아니라 전국적으로 사업을 추진하기 시작했다. 과거 노예였던 흑인들도 시골의 농장을 떠나 새로운 기회를 꿈꾸며 기차를 타고 도시로 몰려들었다.

철로의 확장은 주얼리 업계에도 영향을 미쳤다. 고품질의 '메이드 인 아메리카' 주얼리에 대한 자부심이 고양되면서 미국 내에서 채굴된 보석의 유통에도 탄력이 붙은 것이다. 이미 1820년대 초 메인 주의 미카 산Mountain Mica에서 투르말린이 산출되었고, 미국산 라피스라줄리와 자수정은 프랑스로 수출될 정도로 양이 풍족했다. 콜로라도는 아콰마린, 토파즈, 로즈쿼츠, 지르콘의 주요 산지였고, 1894년 몬태나의 요고 걸치Yogo Gulch에서는 페리윙클periwinkle 색의 사파이어가 채굴되었다.

남북전쟁 이후 미국 주얼리 업계의 대표 주자로 우뚝 선 티파니는 캘리포니아의 골드러시(1848~1855년) 시기부터 금과 은을 미국 내에서 조달했고, 메인 주의 투르말린, 몬태나의 사파이어뿐 아니라 1850년대에는 담수 진주까지 미국산 보석을 본격적으로 사용했다. 티파니의 이런 전략은 미국인들의 애국심을 자극해 1870년에는 뉴욕 유니언 스퀘어에 대형 매장을 열기에 이른다.

누가 프랑스의 왕실 주얼리를 미국으로 옮겼는가?

1878년, 프랑스로 망명한 스페인 왕비 이사벨라 2세의 주얼리 경매가 파리에서 열렸다. 이때 주요 낙찰자 중 한 명이 티파니의 창업자인 찰스 티파니였다. 같은 해 티파니는 그 유명한 128.54캐럿의 '티파니 옐로 다이아몬드'를 1만 8천 달러에 구입했다. 파리 만국박람회(1878년)에서는 일본에서 영감을 받은 은제품을 전시해서 미국 주얼러로서는 최초로 그랑프리를 수상했다.

티파니의 심상찮은 행보는 이후에도 계속되었다. 1887년 5월에는 프랑스 정부가 왕실 주얼리를 분해해서 경매에 부쳤는데, 총 69개 품목 중 티파니에서만 24개 품목을 낙찰 받은 것이다. 이를 위해 티파니가 쓴 48만 7천 달러는 당시에도 천문학적인 금액이었다. 티파니가 미국으로 가져온 왕족의 역사가 깃든 주얼리는 도금 시대 미국의 상속녀들이 목말라한 취향과 욕구를 완벽하게 충족시켜주었다(운명이었을까? 프랑스 왕실 주얼리의 최대 낙찰자였던 티파니는

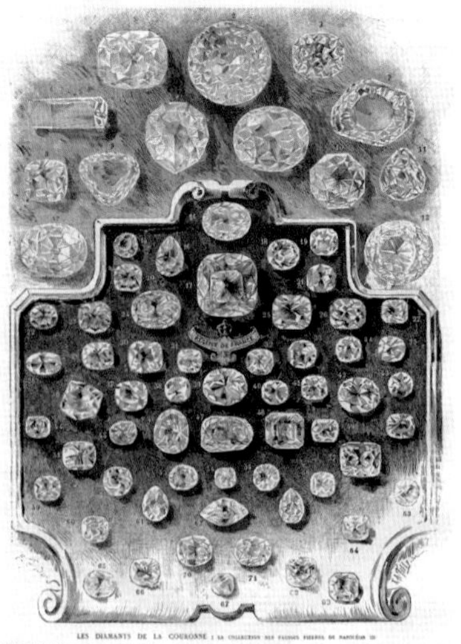

1887년의 프랑스 왕실 주얼리 경매 도록. 왼쪽 페이지 한가운데의 브로치에 달린 진주가 '라 레장' 진주다.

〈티파니 옐로 다이아몬드〉. ⓒTiffany & Co.
티파니의 디자이너였던 장 슐럼버제의 '바위 위의 새'(1995년) 버전이다.

2020년을 기점으로 LVMH에 인수되어 프랑스 럭셔리 그룹의 우산 아래에 놓이게 되었다).

프랑스에서 '왕실 주얼리 컬렉션'이 제정된 것은 프랑스의 예술과 문학을 재정비한 프랑수아 1세 때였다. 그는 1525년 2월 24일 이탈리아에 대한 주도권을 놓고 신성로마제국의 황제 카를 5세의 군대와 파비아에서 전투를 벌인다. 이 전투에서 프랑스군은 대패했고, 프랑수아 1세는 포로가 되어 마드리드로 호송되는 치욕을 겪는다. 이듬해 프랑수아 1세는 밀라노 땅에 대한 권리를 포기했을 뿐만 아니라 값비싼 보석을 갖다 바치고 나서야 겨우 풀려날 수 있었다. 동시대의 라이벌인 카를 5세에게 씻을 수 없는 수모를 당하고 돌아온 프랑수아 1세는 다시는 이런 비극이 생기지 않도록 왕실 소유의 주얼리 컬렉션을 제정하기로 결심했다. 왕실 컬렉션은 제아무리 왕이라도 함부로 처분할 수 없기 때문이다. 이후 프랑스에서는 왕이 바뀔 때마다 1그램까지 정확히 측정하고 목록을 체계적으로 관리하기 시작했다.

프랑스 제2제정기의 나폴레옹 3세는 왕실 주얼리 컬렉션을 크게 확장시키지는 못했지만 원래의 보석을 리세팅하는 데에는 매우 적극적이었다. 그 배경에는 주얼리 애호가였던 외제니 황후의 역할이 컸다. 그녀는 나폴레옹 1세의 황후인 마리-루이즈의 주얼리와 앙굴렘 공작부인의 주얼리를 재활용해 티아라로 만들었다. 또 302.68그레인(약 98캐럿)의 라 레장 진주La perle Régente(혹은 나폴레옹 진주La perle Napoléon라고도 부른다)도 그녀의 요청으로 브로치 한복판에 세팅되었다.

1855년 프랑스에서는 처음 열린 만국박람회에서 나폴레옹 3세는 프랑스 주얼리의 기술력을 과시할 목적으로 왕실 컬렉션을 대대적으로 전시했다. 그때 화제를 불러일으킨 황후의 제국관은 2,490개의 다이아몬드와 56개의 에메랄드로 제작되었다. 한편 루이 15세와 16세의 대관식 왕관, 나폴레옹 1세의 검, 루이 18세와 샤를 10세의 왕관에 세팅되었던 그 유명한 레장 다이아몬드Diamant Régent도 나폴레옹 3세의 왕관을 장식했다가 외제니 황후의 티아라에 안착되었다. 이 보석들은 오늘날 루브르 박물관의 소장품 중에서 가장 귀

1

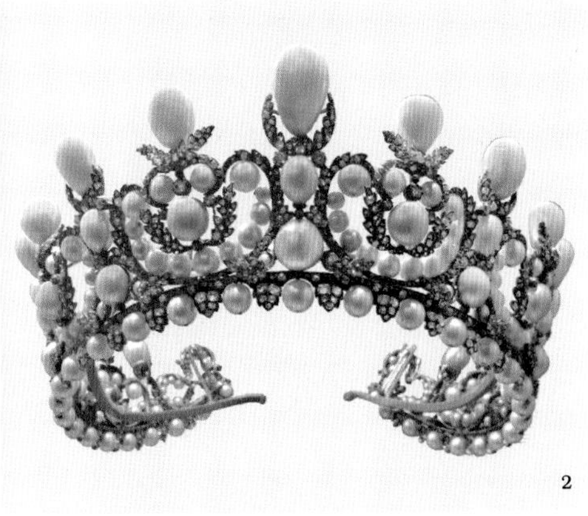

2

3

1 프란츠 사버 빈터할터, 〈외제니 황후〉, 1855~1870년, 퐁피에뉴 성.
왕실 주얼러 알렉상드르-가브리엘 레모니에Alexandre-Gabriel Lemonnier가 제작한 진주 티아라를 쓰고 있다.

2 〈외제니 황후의 진주 티아라〉, 알렉상드르-가브리엘 레모니에 제작.
독일의 트룬운트탁시스Thurn-und-Taxis에 팔렸다가 1992년에 루브르 박물관에서 사들였다.

3 〈외제니 황후의 제국관〉, 알렉상드르-가브리엘 레모니에 제작, 1855년, 루브르 박물관, 파리.
2,490개의 다이아몬드와 56개의 에메랄드가 사용되었다.

1

2

3

1 1887년의 프랑스 왕실 주얼리 경매 도록.
가운데의 코사지 브로치에 매달린 큰 진주가 라 레장 진주다. 나머지 네 개의 브로치는 어깨에 꽂는 용도였다.

2 라 레장 진주.
'비둘기 알'이라는 별명이 붙을 정도로 세계에서 다섯 번째로 큰 천연 진주다. 원래는 나폴레옹 1세가 두 번째 황후 마리-루이즈에게 선물로 준 티아라에 세팅되었다가 1853년 나폴레옹 3세의 황후 외제니가 브로치로 리세팅해서 착용했다. 1887년의 왕실 주얼리 경매에서 자크 로셀Jacques Rossel이라는 보석상이 파베르제를 대신해서 러시아의 귀족 니콜라이 유소포프를 위해 17만 6천 골드 프랑에 낙찰 받았다. 니콜라이는 외동딸 제나이드 공주에게 물려주었고, 제나이드는 1914년 아들 펠릭스가 결혼할 때 부인 이리나 알렉산드로브나 공주에게 결혼 선물로 주도록 허락했다. 하지만 1917년 혁명 때 볼셰비키에게 압수된 후 행방이 묘연해졌다. 그러다가 1987년에 크리스티 뉴욕, 1988년에 크리스티 제네바에 매물로 등장했고, 2005년에는 크리스티 제네바에 다시 나와 250만 달러에 팔렸다.

3 작자 미상, 〈외제니 황후〉, 1869~1870년.
라 레장 진주를 검정색 초커에 부착해서 색다르게 착용했다.

한 보석으로 꼽힌다.

1870년 프로이센-프랑스 전쟁 기간에 왕실 주얼리는 박스째로 보트에 숨겨진 채 브레스트 항구에 보관되었다. 프랑스에 제3공화국이 들어선 후에는 1878년 만국박람회에서, 1884년에는 루브르 박물관에서 대중에게 선보이며 성황리에 전시를 마쳤다.

그런데 정권을 잡기는 했지만 힘이 약했던 제3공화국은 부르봉이나 오를레앙, 보나파르트 왕가의 일원이 왕권을 주장할까 봐 늘 노심초사하고 있었다. 사실 프랑스의 왕실 주얼리는 오랜 역사와 함께 강력한 군주제의 상징 그 자체였다. 결국 정부는 그 존재를 처분해서 없애버리는 쪽으로 결단을 내린다. 이에 프랑스의 주얼러들이 크게 반발하자 역사적인 스토리가 강력하거나 보석학적으로 특별한 가치가 있는 몇 점은 남기기로 했다. 덕분에 104.64캐럿의 '레장 다이아몬드'와 '코트 드 브르타뉴Côte-de-Bretagne' 레드 스피넬, 그리고 '마자랭 다이아몬드' 중 두 점이 박힌 외제니 황후의 브로치 등은 루브르

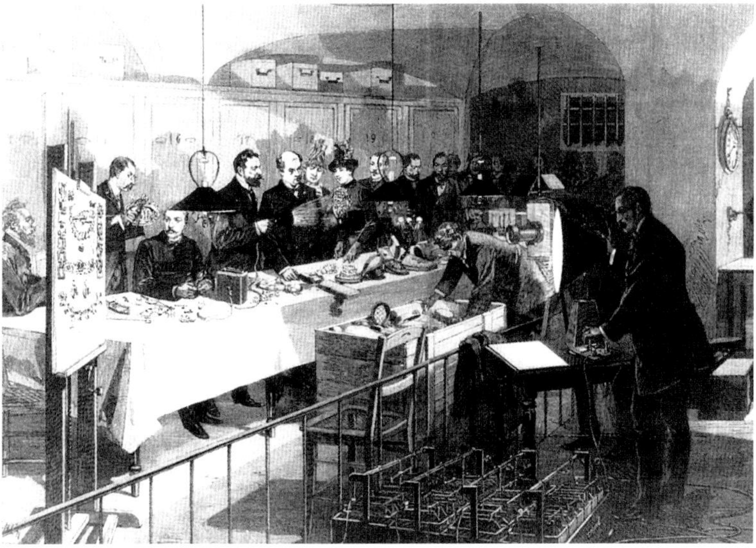

1887년의 왕실 주얼리 경매 도록을 제작하는 과정을 묘사한 일러스트.

왕실 주얼리 경매 도록에 실린 외제니 황후의 '까치밥나무 잎사귀' 다이아몬드 브로치 세트. 왕실의 다이아몬드를 사용했다. 프랑스의 왕실 주얼러 알프레드 밥스트Alfred Bapst가 1855년에 제작한 것으로, 엮어서 목걸이로 착용할 수도 있었다. 1887년 경매에서 티파니가 두 점을 낙찰 받았는데, 그중 도록의 오른쪽 상단 브로치(오른쪽 확대 이미지)는 애스터 부인이 구입해서 오페라 가수 루크레치아 보리에게 선물했다. 이 브로치는 2014년 11월 크리스티 제네바 경매에 등장해서 225만 5천 스위스 프랑에 팔렸다.

박물관에서 보존할 수 있었다. 프랑스 자연사 박물관과 파리의 명문 공대인 에콜 데 민Ecole des Mines de Paris에서도 몇 점을 소장하고 있다.

마침내 1887년 5월, 프랑스 정부는 왕실의 컬렉션 중 큰 주얼리는 해체하고 세트는 낱개로 쪼개서 경매에 부쳤다. 사실 실물 크기의 사진이 실린 경매 도록이 발간되었을 때부터 다이아몬드 딜러뿐 아니라 티파니, 파베르제, 개러드Garrard, 부쉐론, 밥스트 등 세계의 유명 주얼러들 사이에서 치열한 접전이 예견되었다. 심지어 제3공화국이 두려워하던 오를레앙 왕가의 후손도 응찰에 참여했다. 하지만 어마어마한 현금력을 동원한 보석상들을 꺾을 수준은 아니었다. 결국 최고 승자는 경매에 나온 보석 중에서 3분의 2가량을 낙찰 받은 미국의 티파니였다. 외제니 황후의 '까치밥나무 잎사귀Feuilles de Groseillier'

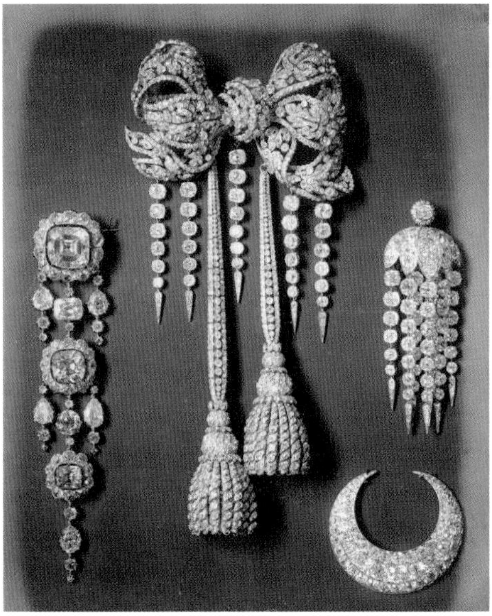

왕실 주얼리 경매 도록에 실린 외제니 황후의 다이아몬드 브로치.(왼쪽)
이 경매의 하이라이트 중 하나가 바로 외제니 황후의 다이아몬드 보우 브로치(가운데)다. 원래 프랑수아 크레이머François Kramer가 벨트 버클로 제작했는데 훗날 큰 다이아몬드 태슬 두 개와 다섯 개의 다이아몬드 술장식을 더해 다시 디자인했다. 또 다른 유명 주얼러인 밥스트는 1860년경 외제니 황후의 초승달 브로치(우측 하단)를 제작했다. 우측 상단의 다이아몬드 어깨 장식은 보닝Bonynge이 25,100프랑에 구매했는데 영국 빅토리아 여왕의 대리인이었을 것으로 추정된다. 한편 왼쪽의 화려한 다이아몬드 브로치는 호른의 남작이 구매했는데 그는 당시 여러 점의 주얼리를 함께 낙찰 받았다.

외제니 황후의 <다이아몬드 보우 브로치>.(오른쪽)
1887년 경매 때 프랑스 주얼러 에밀 슐레징거Emile Schlesinger가 낙찰 받아 미국 도금 시대 사교계의 일인자였던 캐럴라인 애스터에게 팔았다. 현재는 루브르 박물관에서 소장하고 있다.

다이아몬드 브로치 세트 중 두 점도 티파니의 금고로 들어갔다. 한동안 전 세계의 다이아몬드 시장이 휘청거릴 정도로 가공할 만한 위력을 보여준 역대급 경매였다.

이후 루브르 박물관에서는 뿔뿔이 흩어진 왕실의 주얼리를 되찾아 오기 위해 각고의 노력을 기울였다. 하지만 아쉽게도 지난 133년 동안 그 보석들이 세상에 모습을 드러낸 적은 몇 번 없다. 1930년대에 외제니 황후의 '까치밥나무 잎사귀' 브로치 중 일부가 뉴욕에서 매물로 나온 적이 있는데, 주인이 여

1

2

3

루브르 박물관에 전시된 프랑스의 왕실 주얼리.

1 마리-아멜리 왕비의 스리랑카 사파이어와 다이아몬드 주얼리 세트, 루브르 박물관, 파리.
루이 필리프가 1821년 나폴레옹의 첫 부인인 조제핀의 딸 오르탕스에게서 구입해 재연마했다.

2 루이 에르장, 〈마리-아멜리 드 부르봉의 초상〉, 1836년, 베르사유 궁.
사파이어와 다이아몬드 주얼리 세트를 착용하고 있다.

3 앙굴렘 공작부인의 루비 팔찌, 1816년, 루브르 박물관, 파리.

4

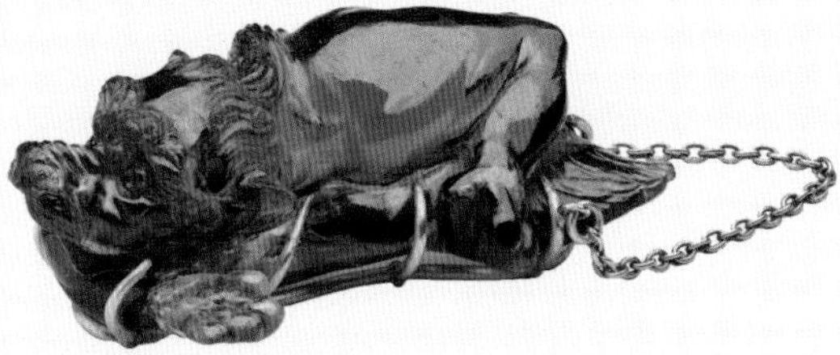

5

4 마리-루이즈 황후의 에메랄드 주얼리 세트, 1810년, 루브르 박물관, 파리.

5 코트 드 브르타뉴 레드 스피넬. 1750년에 자크 과이Jacques Guay가 재연마했다.
'브르타뉴의 앤'의 컬렉션으로 한때 루비로 알려지기도 했다. 루이 15세 시절 불을 뿜는 용의 모습으로 재연마했고, 다이아몬드 장식과 함께 황금양털기사단 훈장에 세팅했다. 원래 보석 중량의 절반을 잃었으나 연마 차원에서는 훌륭하다는 평가를 받았다.

러 번 바뀐 후 2014년 크리스티 경매에 출품되었을 때 개인 컬렉터가 구입했다. 2008년에는 뉴욕의 애스터 부인이 구매했던 외제니 황후의 보우 브로치가 크리스티 뉴욕에 등장했는데 이때 '비공식 판매'(일반 경매와 달리 1:1로 흥정하는 방식)를 통해 루브르 박물관에서 1천1백만 달러에 되찾아 왔다. 당시에 전 세계로 흩어진 주얼리들은 지금 도대체, 어디에 있는 것일까?

진주 두 줄과 맞바꾼 뉴욕 5번가 까르띠에 부티크

제1차 세계대전이 중후반으로 치달을 즈음인 1917년, 미국에는 무기 생산과 제조업으로 돈이 흘러넘쳤다. 특히 뉴욕 5번가에 대저택을 소유한 신흥 부유층은 사회에 큰 영향력을 행사하며 풍요로운 나날을 보내고 있었다. 그들의 주얼리 컬렉션은 어느덧 유럽의 왕족이나 인도의 마하라자(인도 문화권의 군주) 못지않은 수준이 되었다.

남아프리카 다이아몬드 광산의 대규모 개발로 다이아몬드가 가장 희귀한 보석이라는 인식이 잠시 흐릿해진 틈을 타서 보석의 여왕으로 부상한 것은 바로 천연 진주였다. 20세기 초에 상질의 동그란 진주는 같은 중량의 다이아몬드보다 네 배나 비쌌고 당시 렘브란트 그림보다도 비싼 것이 진주 목걸이였다.

1909년에 까르띠에가 뉴욕에 진출했을 때 미국은 풍족한 상류층 덕분에 벨에포크 주얼리의 수요가 엄청났다. 여인들은 저녁마다 가볍고 고급스러운 시폰이나 새틴 직물에 레이스와 비드가 수놓아진 드레스를 입고 긴 장갑으로 팔을 감쌌다. 물론 그 위에 주얼리를 빼곡히 걸쳤고, 틀어올린 머리에도 각종 주얼리와 깃털을 꽂기 바빴다. 특히 진주와 다이아몬드로 섬세하게 디자인한 주얼리는 그녀들의 우아함을 더욱 돋보이게 했다. 당시 까르띠에는 희소성 높은 보석을 열성적으로 구입했는데 고품질의 천연 진주 또한 페르시아 만에서 수년에 걸쳐 수집하고 있었다.

그리고 8년 뒤인 1917년, 뉴욕에서 전설적인 '부동산-주얼리' 거래가 이뤄진다. 이른바 플랜트 시스템이라 불리는 미국 남부의 철도와 증기선 네트워크를 건설한 헨리 브래들리 플랜트Henry Bradley Plant의 아들 모턴 프리먼 플랜트Morton Freeman Plant는 상속받은 아버지의 재산을 부동산 사업으로 두 배나 불려 뉴욕에 부동산 제국을 건설할 만큼 거물급 재벌이 된다. 그런 그가 뉴욕 5번가의 맨션을 매물로 내놓은 것이다. 마침 플래그십 스토어 부지를 찾고 있던 피에르 까르띠에는 모턴의 맨션을 본 순간 환호성을 질렀다.

"그래 바로 이 맨션이야!"

건물의 멋진 외관은 그대로 두고, 52번가 쪽에 있는 입구를 유동 인구가 많은 5번가 쪽으로 옮

알폰스 융어, <메이지 플랜트의 초상>.
메이지가 걸고 있는 두 줄짜리 진주 목걸이를 위해 까르띠에는 특별히 박스까지 14K 골드와 마르키즈 컷 다이아몬드로 제작했다. 이 초상화는 현재 까르띠에 뉴욕 맨션 안에 걸려 있다.

1909년에 오픈한 까르띠에 뉴욕 5번가 부티크. Cartier Archives, New York ©Cartier

긴다면 환상적인 부티크로 변신할 수 있으리라는 확신이 든 것이다. 당시 피에르는 각각 55개와 73개의 크고 영롱한 광택의 천연 진주로 엮은 목걸이 두 줄(모두 마르키즈 컷 다이아몬드 잠금 장식이 달려 있었다)을 수년에 걸쳐 완성한 상태였다.

그는 예순한 살의 모턴 플랜트보다 서른 살이나 어린 두 번째 부인 매 콜드웰 맨워링Mae Caldwell Manwaring(메이지 플랜트)에게 목걸이부터 보여주었다. 처음 본 순간부터 이 진주 목걸이에 매료된 메이지는 그날부터 까르띠에 매장을 거의 매일 방문하다시피 했다. 어느 날 식사 자리에서 메이지와 피에르가 나란히 앉았을 때 그녀는 다시 한 번 까르띠에의 진주 목걸이를 극찬했다.

"저는 그 목걸이가 정말 맘에 들어요. 하지만 겨우 목걸이에 그만한 거금을 쓸 수는 없어요."

"그럼 맨션을 넘기시죠."

당시 목걸이의 가격은 1백만 달러가 훌쩍 넘었고(현재 가치로 2천4백만 달러), 맨션의 당시 시세는 그에 못 미치는 95만 달러였다.

건물과 목걸이의 맞교환이라는 이 '신박한' 아이디어는 급물살을 타고 추진되기 시작했다. 파리에서 피에르의 형이자 까르띠에의 수장인 루이 까르띠에가 날아와 협상 테이블에 앉았다. 당시 모턴의 맨션은 밴더빌트와 애스터의 저택 옆에 나란히 있었지만 모턴은 그 서클 안에 남는 것을 대수롭지 않게 여기던 차였다. 오히려 뉴욕 5번가가 상업적으로 변하는 상황이 마음에 들지 않아서 북쪽에 맨션을 신축하고 있었다. 무엇보다 모턴은 젊은 부인을 기쁘게 해주는 것을 즐기는 애처가였으므로 목걸이와 맨션을 교환하는 것에 흔쾌히 응했다. 결국 두 줄짜리 진주 목걸이와 현금 1백 달러에 거래가 성사되었다. 까르띠에는 뉴욕 한복판, 그것도 완벽한 황금 땅에 플래그십 스토어를 갖게 되었고 모턴 부인은 희소성이

까르띠에 뉴욕 5번가 맨션의 현재 모습. ©Cartier

높은 천연 진주 두 줄을 소유하게 되었으니 서로에게 윈윈이 된 거래였다.

더욱 흥미로운 것은 그 시점이 천연 진주 시장이 무너지기 일보 직전이었다는 사실이다. 다름 아닌 양식 진주 때문이었다. 일본의 미키모토 고키치御木本幸吉는 이미 1893년에 양식 진주 제조 기술을 개발했다(이때만 해도 양식 진주는 아직 반구 형태였다).● 인공적으로 핵을 주입해서 조개를 자극하면 진주층이 분비되어 핵을 코팅하는 원리를 이용한 것이다. 새롭게 등장한 양식 진주는 천연 진주와 육안으로는 식별이 어려울 만큼 유사해서 모두를 깜짝 놀라게 하기에 충분했다. 설상가상으로 1921년 미키모토가 완벽한 구형의 양식 진주(아코야 진주)를 개발해 시장에 내놓는다. 이 여파로 쿠웨이트와 바레인에서는 천연 진주 산업이 무너져 내렸다(바레인에서는 진주를 채취하는 잠수부를 새로 들어선 정유공장에 뺏겼다). 그사이 양식 진주는 큰 이득을 보았고 대공황으로 월가가 붕괴된 1930년에는 하룻밤 사이에 천연 진주의 가격이 85퍼센트나 폭락하는 사태가 발생한다. 제2차 세계대전이 끝난 후에야 엑스레이를 통해 천연 진주와 양식 진주의 구별이 가능하게 되었지만 이미 천연 진주 시장은 심각하게 타격을 입은 뒤였다. 급기야 진주 씨가 아예 말라버리

● 미키모토 이후 니시카와 도키치西川時吉와 미세 다쓰헤이三瀬達平가 각각 양식 진주 개발에 뛰어들었는데, 1907년 미세 다쓰헤이가 일본인 최초로 구형 양식 진주의 생산 방식 특허를 받았다. 한편 1908년 비슷한 방법으로 특허를 받은 미키모토는 미세-니시카와의 방법을 응용해서 1916년 오늘날의 구형 양식 진주의 원형을 개발하고 미국 시장에서도 특허를 취득했다. 그 기술을 개량해서 시장에 내놓은 것이 1921년이다.

는 사태도 벌어지는데, 잇단 전쟁과 석유 개발로 페르시아 만의 바다가 오염되었기 때문이다(진주 대신 석유를 얻었으니 전화위복인가).

1957년 뉴욕의 파크-버넷 경매장(뉴욕 소더비의 전신)에 두 줄짜리 천연 진주 목걸이가 출품되었다. 바로 모턴 플랜트가 맨션과 맞바꾼 까르띠에의 목걸이였다. 경매에 출품할 당시는 로벤스키 부인 컬렉션으로 발표되었는데, 메이지가 1956년 사망할 때는 존 에드워드 로벤스키John Edward Rovensky와 네 번째 결혼한 상태였기 때문이다. 그런데 어이없게도 그 목걸이는 겨우 16만 5천 달러에 팔리고 만다. 그리고 60여 년이 지난 지금까지 한 번도 경매에 등장한 적이 없다.

하지만 오늘날 천연 진주를 향한 열기는 그 어느 때보다 뜨겁다. 지난 십 년간 중동과 인도의 컬렉터들을 중심으로 가격도 큰 폭으로 상승하고 있는 양상이다(이슬람 전통에서 천연 진주는 신의 선물로 간주된다). 만약 그 목걸이가 지금 나왔다면 수천만 달러는 받을 수 있을 텐데 1950년대만 해도 신기술의 '뉴 페이스'로 각광받던 양식 진주가 시장을 장악하는 바람에 오히려 천연 진주의 가치가 저평가된 상태였던 것이다. 참으로 인생은, (그리고 보석도) 타이밍이다!

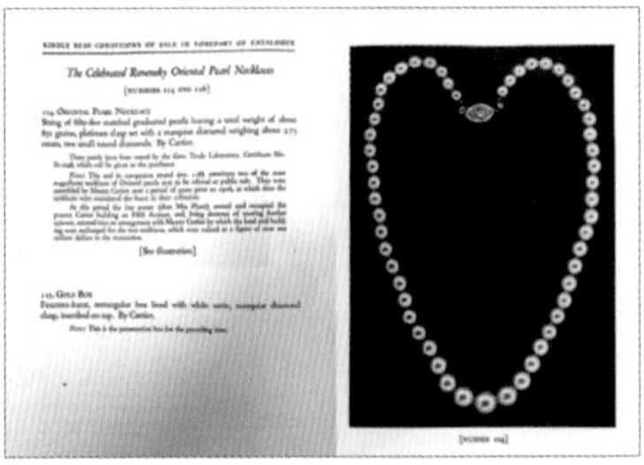

1957년의 파크-버넷 경매 도록.

르네 부아뱅René Boivin이 디자인한 <천연 진주 초커>. ©FD Gallery

미네타니의 <양식 진주 목걸이>. ©Minetani

6

벨에포크 3

제1차 세계대전이 갈라놓은 주얼리의 역사

합스부르크, 로마노프, 윈저 가문의 엇갈린 운명

"우리가 굳게 뭉친다면 코로나19를 반드시 이겨낼 수 있습니다."

코로나19가 유럽을 강타한 2020년 4월 영국의 엘리자베스 2세는 윈저 성에서 초국가적인 단합을 강조하는 대국민 연설을 했다. 사실 여왕이 공식 석상에 등장할 때마다 나는 주얼리를 관찰하느라 바빠진다. 이날도 내 눈을 사로잡은 것은 녹색 원피스의 왼쪽 상단에 꽂은 하늘색의 터키석 브로치였다. 19세기의 빅토리아 여왕 이후 영국 왕실에서 주얼리에 특별한 의미를 부여하는 것은 전통이 되었다. 특히 엘리자베스 여왕은 단 한 점도 허투루 착용하는 법이 없다.

그런데 자세히 보니, 저것은 여왕의 할머니인 메리 왕비의 브로치가 아닌가. 여왕은 중요한 국가 행사가 있을 때마다 메리 왕비가 물려준 주얼리를 착용했다. 이 주얼리가 팬데믹 한복판에 등장한 것이 당연하게 느껴질 정도로 메리 왕비는 스페인 독감과 제1차 세계대전, 대공황이라는 역사의 대재앙을 재위 기간(1910~1936년) 동안 정통으로 맞고도 윈저 왕가를 살려냈다. 동시대에 몰락한 다른 왕조들과 달리 시대의 흐름을 제대로 파악했던 것이다. 여왕

2020년 4월 5일 윈저 성에서 대국민 연설을 하는 엘리자베스 여왕, BBC 방송 캡처 이미지.
메리 왕비가 물려준 터키석 브로치를 착용하고 있다. 이 브로치는 메리가 시부모인 에드워드 7세와 알렉산드라 왕비로부터 결혼 선물로 받은 것이다. 터키석의 블루는 힐링과 평화를 상징한다.

이 그녀의 주얼리를 착용했다는 것은, 왕실의 위기 속에서도 정도를 걷고 영국을 하나로 통합한 강인한 할머니의 발자취를 따르겠다는 의지의 표명이었다.

지난 수십 년간 영국의 윈저 왕가는 과거와 달리 친근하고 캐주얼한 분위기로 변신하고 있는 모습이다. 왕실의 '홍보대사'가 다이애나 스펜서에서 케이트 미들턴으로 옮겨가면서 전형적인 '동화 속 공주'도 21세기의 스타일로 진화하고 있다. 우리는 치밀한 계산 끝에 완벽하게 단장한 왕녀들이 차에서 내리는 순간의 모습이 파파라치의 카메라를 통해 1분 안에 전 세계에 전송되는 세상에 살고 있다. 그러다 보니 공주들 또한 패스트 패션 브랜드의 옷을 자주 입고 소박한 런치 박스를 든 모습으로 대중에게 한 발자국 더 가까이 다가온다. 하지만 주얼리만큼은 여전히 클래식 버전을 고수하며 전통의 서사를 이어가는 중이다. 바꿔 말하면 영국 왕실의 주얼리에는 언제나 특별한 메시지가 담겨 있다.

대표적인 것이 '케임브리지 연인의 매듭 티아라The Cambridge Lover's Knot tiara'다. 1913년 메리 왕비가 주문한 것으로 훗날 엘리자베스 여왕이 물려받았다.

케임브리지 연인의 매듭 티아라.

'케임브리지 연인의 매듭 티아라'를 착용한 메리 왕비.
메리 왕비는 외할머니인 케임브리지 공작부인의 '연인의 매듭 티아라'(1818년 제작)를 동경해 비슷한 디자인의 티아라를 주문한 후 똑같은 이름을 붙였다.

우리는 언론을 통해 여왕뿐 아니라 다이애나 스펜서와 케이트 미들턴이 공식 석상에서 이 티아라를 착용한 모습을 볼 수 있었다. 여왕은 이 티아라를 손자며느리인 케이트에게 빌려줌으로써 전 세계의 사랑을 받았던 다이애나를 연상하게 했고, 세 명의 여인들이 모두 윈저 가문의 일원임을 확인시켜주었다(게다가 케이트의 공식 타이틀도 '케임브리지 공작부인'이다). 이 티아라가 전하는 메시지는 윈저 왕가의 연결과 지속성이었다.

아버지가 독일 혈통의 테크 공작Duke of Teck이었기에 '테크의 메리'로 통하는 메리 왕비는 유럽의 주얼리 역사에서 매우 중요한 인물이다. 영국 왕실의 주얼리는 메리 왕비의 보석함에서 나왔다고 할 정도로 왕실 컬렉션을 크게 늘린 장본인이기도 하다. 주얼리뿐 아니라 가구, 시계, 소품 등 아름다운 것이라면 다 손에 넣어야 직성이 풀리는 성격이다 보니 그녀가 미친 영향력은 왕실 곳곳에 스며들어 있다. 무엇보다 왕비로 재위하는 동안 겪은 제1차 세계대전은 주얼리 역사에 거대한 폭풍우를 몰고 왔다. 이때 메리 왕비는 런던으로 망명한 황족들과 귀족들의 주얼리를 대거 매입했고 불어난 컬렉션만큼 혹독한 루머에 시달리게 된다.

제1차 세계대전이 바꾼 주얼리의 역사

영국의 에드워드 그레이 외무장관은 어슴푸레하게 어둠이 깔린 1914년 8월 3일 저녁, 집무실 창밖을 내다보며 이렇게 말했다.

"유럽 전역에서 등불이 꺼져가고 있다. 우리는 등불이 다시 켜지는 것을 생전에 다시 보지 못할 것이다."

그날은 독일 제국이 프랑스에 선전포고를 한 날이었다.

어둠이 물러가고 아침이 밝아오자 영국도 독일 제국에 선전포고를 했다. 마침내 제1차 세계대전의 본격적인 서막이 올랐다.

'해가 지지 않을' 정도로 19세기 내내 전 세계를 호령한 영국은 20세기에 들어서도 십수 년간 강대국으로서의 위상에 변함이 없었다. 주얼리도 마찬가지였다. 그 어떤 때보다 많은 주얼리를 제작하고 소비한 나라도 영국이었다. 그러나 전 세계는 사실상 위태로운 폭풍 전야처럼 전운이 감돌고 있었다. 알고 보면 '땅 따먹기'에 불과한 제국주의자들의 팽창 정책의 여파로 제1차 세계대전이 발발하고 연이어 러시아에서 혁명이 터지고 나서야 마침내 세상 사람들은 이제 새로운 세기가 시작되었다는 것을 체감할 수 있었다.

전쟁은 모든 것을 급작스럽게 바꾸어놓았다. 갈라 디너, 무도회, 각종 공식 행사가 한순간에 사라졌고, 귀부인들의 머리끝부터 발끝까지 찬란하게 휘감겨 있던 주얼리는 금고 속으로 속속 자취를 감췄다. 장인들은 주얼리를 만들던 섬세한 손을 군수 물자 생산에 보태야 했고, 애국심에 고취된 이들은 아예 전쟁터로 뛰어들었다.

주얼리의 소재 공급에도 차질이 생겼다. 특히 플래티넘은 군수 물자로 공출되면서 주얼리에 사용하는 것이 전면 금지되었고, 전쟁 자금을 마련하기 위해 금으로 된 주얼리를 국가에 기부하는 사람들도 늘어갔다. 프랑스에서는 독일의 폭격으로 화염에 휩싸인 랭스 대성당의 스테인드글라스 조각으로 만든 펜던트나 75밀리미터 구경의 야포에 사용된 청동으로 만든 반지가 전리품처럼 팔렸다. 전쟁은 새하얗게 반짝이던 벨에포크 스타일을 강제로 종료시켰다. 대신에 그 자리엔 기계 시대에 걸맞은 모더니즘의 미학이 부상했다.

낭만적인 생각으로 제1차 세계대전에 자원한 유럽의 젊은이들을 기다리고 있던 것은 참호, 철조망, 기관총이라는 3대 '킬링 존killing zone'이었다. 산업혁명으로 급성장한 문명의 이기를 이용해 서로 죽이고 죽은 결과 전사자만 천만 명에 달했다. 이렇게 처참한 비극으로 막을 내린 제1차 세계대전은 군주제의 몰락으로 이어져 러시아, 오스트리아-헝가리, 독일, 오스만의 네 개 제국이 해체되었다.

그런데 유럽을 휘두르던 로마노프, 합스부르크, 비텔스바흐 등 강력한 왕조들이 무너진 와중에도 가문의 이름까지 바꿔가며 살아남은 왕실이 있었으니 바로 영국의 윈저다. 이들 왕조의 운명이 극과 극으로 갈리게 된 이유를 알려면 제1차 세계대전의 도화선이 된 오스트리아 황태자 부부 암살 사건으로 시곗바늘을 돌려야 한다. 오스트리아-헝가리 제국을 다스린 합스부르크 왕가는 당시 어떤 상황이었을까?

오스트리아 마지막 황후의 '다이아몬드 별'

합스부르크 왕가는 중세 이래 수백 년 동안 프랑스를 제외한 대부분의 유럽을 자신의 영향력 아래에 둔 강력한 제국으로 그 이름을 떨쳤다. 그런데 오스트리아-헝가리 이중제국 시절인 1889년, 프란츠 요제프 황제의 외아들 루돌프 황태자가 자살하고 1898년에는 엘리자베트 황후까지 피살당하는 비극이 잇달아 터진다. 설상가상으로 새로운 황태자 프란츠 페르디난트 부부마저 암살당하는데, 이를 빌미 삼아 아슬아슬한 동맹으로 얽혀 있던 열강들이 마침내 전쟁이라는 극단으로 치달은 것이 제1차 세계대전이다.

암살당한 프란츠 페르디난트는 원래 황위 계승자가 아니었다. 루돌프 황태자가 자살했을 때 엘리자베트 황후는 이미 오십 대였으므로 후계자를 낳을 수도 없었다. 결국 공석이 된 자리에 황제의 동생 카를 루트비히 대공이 올랐다. 하지만 그 역시 1896년에 위장병으로 사망하면서 차기 황태자로 책봉된 인물이 카를의 아들 프란츠 페르디난트 대공이었다. 황태자가 된 페르디난트는 후계를 위해 결혼 중매를 여러 차례 받는데 그가 택한 여인은 뜻밖에도 테셴 가문의 프리드리히 대공비의 '레이디 인 웨이팅lady-in-waiting'● 이던 조피 초테크 폰 초트코바Sophie Chotek von Chotkow였다. 백작 가문의 영애이긴 해도 왕족이 아닌 여인과의 결혼은 황실 가족의 극심한 반대에 부딪혔다. 하지만 페르디난트는 뜻을 굽히지 않았고, 결국 프란츠 요제프 황제는 결혼을 허락할 수밖에 없었다. 하지만 귀천상혼貴賤相婚한 그들의 자녀들은 황족으로 대우받지 못해 황위 계승자가 될 수 없었고, 황태자비가 된 조피 역시 공식석상에서는 황태자와 마주할 수 없었다.

자신의 아내가 황태자비로 대중 앞에 당당히 서기를 바랐던 페르디난트는 조피를 대동하고 1914년 6월 육군 훈련을 참관하기 위해 보스니아의 사라예보를 방문한다. 그리고 그곳에서 세르비아계 보스니아 청년이 쏜 두 발의 총탄에 목숨을 잃는다. 이 테러 사건은 누구나 알다시피 세계대전으로 비화된다. 결국 루돌프 황태자의 자살은 650여 년을 이어온 합스부르크 왕가의

● 우리가 흔히 생각하는 시녀나 궁녀가 아니라 왕족의 말동무나 비서 역할을 하는 명예직으로, 대부분 귀족 자제만 할 수 있었다.

프란츠 사버 빈터할터, 〈엘리자베트 황후〉, 1865년.
허리까지 내려오는 풍성한 머리와 드레스 곳곳에 수놓아져 있는 별은 각각 8개에서 10개의 포인트로 구성되었다. 다이아몬드와 진주가 세팅된 다양한 별 주얼리는 그녀의 아름다움을 상징하는 아이콘이다. 쇤부른 궁전에서 한 점이 도난당한 적도 있다.
초창기인 1860년대의 별은 단순하고 납작한 편인데 19세기 말로 갈수록 입체적이고 정교하게 바뀐다.

몰락과 제1차 세계대전이라는 나비 효과를 불러온 셈이 되었다.

한편 엘리자베트 황후는 "오스트리아를 먹여 살린다"는 우스갯소리가 있을 정도로 오스트리아 역사를 통틀어 가장 큰 사랑을 받고 있는 인물이다. 그녀는 뮌헨을 수도로 한 비텔스바흐 왕가의 방계 혈족으로 아이러니하게도 합스부르크 왕조가 쇠락의 길로 들어선 시기에 황후가 되었다. 본명보다 '시시Sissi'라는 애칭으로 널리 알려져 있는데 오늘날 호프부르크 왕궁 한쪽에 그녀의 이름을 딴 박물관이 있을 정도로 파란만장했던 삶과 전설적인 아름다움으로 유명하다. 특히 탐스러운 갈색 머리 위를 수놓은 '시시의 별Sissi Stars'이

아만다 베리스테트, 〈엘리자베트 황후의 초상〉, 1855년.
결혼한 직후의 엘리자베트 황후.

라 불리는 별 모양의 주얼리는 그녀의 미모를 대변하는 불멸의 아이콘으로 영원히 빛나고 있다.

원래 프란츠 요제프 황제는 엘리자베트의 언니 헬레네와 약혼한 사이였다. 그러나 엘리자베트에게 첫눈에 반해 청혼한다. 이종사촌 간인 두 사람은 1854년에 결혼했다. 이후 엘리자베트는 'The most beautiful woman alive', 'Fairy Queen'이라는 별칭이 붙을 정도로 뛰어난 미모와 화려한 패션으로 대중을 사로잡았다. 영국의 다이애나 왕세자비 수준으로 파파라치가 따라다녔고 빈의 언론은 그녀의 일거수일투족을 포착하느라 바빴다.

하지만 그녀는 자유로운 분위기의 친정과 달리 엄격하고 법도에 얽매인 빈의 궁정 생활에 적응하지 못했다. 남편은 드센 성격의 어머니 조피 황태후

(심지어 엘리자베트의 친이모다!)의 통제에 휘둘린데다 지독한 일 중독자였다. 바쁜 와중에 다른 여자와 바람도 피웠다. 결국 엘리자베트는 외모를 가꾸는 데 모든 에너지를 쏟기 시작했다. 하루에 세 시간 이상 머릿결에 공을 들이고 피부와 몸매 관리로 우울함을 달랬다. 몸무게를 하루에 세 번씩 재면서 지독한 다이어트를 이어갔다. 덕분에 평생 172센티미터에 50킬로그램, 허리는 20인치를 넘지 않는 가냘픈 몸매를 유지했다. 동화처럼 시작된 결혼이었지만 어느덧 그녀는 현실을 벗어나기 위해 생사의 절벽에서 발버둥 치고 있었다.

그토록 허망한 삶을 이어가던 그녀가 밤하늘에 빛나는 별을 자신의 아이콘으로 삼게 된 계기는 무엇일까? 결혼하고 얼마 지나지 않았을 때 모차르트의 오페라 〈마술 피리〉를 관람하고 나온 황후는 극 중 '밤의 여왕'이 입은 드레스에 흠뻑 빠져들었다. 드레스에 수놓인 반짝이는 별을 바라보는 순간만큼은 현실의 괴로움을 잊을 수 있었기 때문이다. 그 사실을 알게 된 프란츠 요제프 황제는 결혼 일주년을 기념하기 위해 별 모티프의 주얼리 27점을 몰래 주문한다.

절정에 이른 그녀의 미모와 어우러져 더욱 시너지 효과를 발휘한 별 브로치는 프란츠 요제프 황제가 빈터할터에게 주문한 초상화에서 확인할 수 있다.(162쪽) 황후는 당대 최고의 디자이너로 꼽힌 찰스 프레더릭 워스가 제작한 흰색 새틴 드레스를 입고 있는데, 안개처럼 펼쳐진 레이스가 일품이다. 별 브로치는 황후의 탐스러운 갈색 머리 곳곳에서 은하수처럼 빛나고 있다. 별들을 엮으면 머리 장신구로 착용할 수 있고 각각 브로치로 사용하거나 목걸이 혹은 티아라에 꽂을 수도 있다. 자세히 보면 여러 디자인이 섞여 있는데 그중 진주가 세팅된 커다란 별 10개는 황실 주얼러 가문의 일원인 알렉산더 에마누엘 쾨헤르트Alexander Emmanuel Köchert의 작품이다. 크고 작은 다이아몬드가 세팅된 10포인트 별은 황실 궁정에 주얼리를 납품하던 로제트 & 피슈마이어Rozet & Fischmeier가 제작했다.

오늘날 황후의 오리지널 별 주얼리는 8점이 남아 있다. 큰 별 한 점은 황

1

2

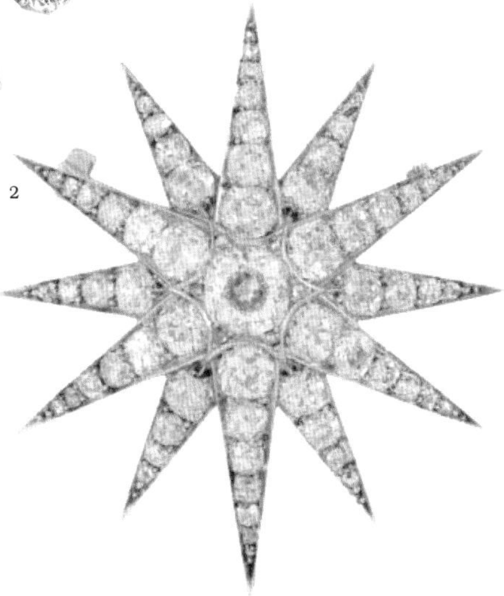

3

1 〈다이아몬드 별 브로치〉, 19세기 중후반. ©Bentley & Skinner

2 〈다이아몬드 별 브로치〉, 1870년. ©Bentley & Skinner

3 다이아몬드 별 모티프가 새겨진 〈가넷 펜던트〉, 1860년. ©Bentley & Skinner

후의 직계 후손이, 나머지 7점은 평생 개인 비서로 함께한 시녀장 마리아 페스테틱스Maria Festetics 백작부인의 후손이 소장하고 있다. 황후는 우울할 때마다 곁에 있어준 사람들에게 값비싼 주얼리를 기꺼이 나눠 주었다.

1860년대부터 별 주얼리가 유럽 상류층 여인들의 애장품이 된 데에는 전적으로 엘리자베트 황후의 영향이 컸다. 이후 스페인, 독일, 영국 왕실의 여인들은 모두 별 주얼리를 착용했다. 그들의 브로치, 머리 장식, 로켓, 팔찌, 티아라에 진주나 다이아몬드 또는 에나멜로 제작한 별이 장식되었다. 가넷이나 자수정 같은 유색 카보숑 컷 보석에도 별을 새겼다.

한편 빛나는 별과 달리 엘리자베트의 삶은 마음 붙일 곳 없는 외로운 나날이 이어지며 점점 어둠 속으로 가라앉았다. 결정적으로 외아들 루돌프 황태자가 어린 딸과 아내를 남겨두고 애인과 동반자살한 뒤로는 가슴을 에는 슬픔을 잊기 위해 검은 상복을 입고 유럽 각지를 떠돌아다녔다. 황태자가 사망하고 9년 뒤 그녀는 제네바에서 이탈리아 출신 무정부주의자의 칼에 피습당해 사망한다. 프란츠 요제프 황제는 비통한 마음을 억누르며 "내가 얼마나 그녀를 사랑했는지 모를 거야"라고 되뇌었다. 하지만 되돌리기에는 이미 늦은 후였다. 아름답고 자유분방한 여인을 사랑해서 청혼했지만, 난제가 쌓여 있던 제국을 돌보느라 고부 갈등을 중재하지 못했고 아내를 따뜻하게 품지도 못했다.

시어머니의 간섭과 통제, 온갖 규율로 칭칭 감긴 감옥 같은 황실 생활에서 벗어나 절박하게 자유를 갈망한 황후는 오랜 방랑 끝에 허망한 죽음을 맞았다. 어떻게 보면 황후는 모순으로 가득한 삶을 살았다. 코르셋으로 허리를 졸라맸지만 말을 타고 알프스 산을 오르는 것도 마다하지 않는 험난한 여행을 감행하곤 했으니 유럽에서 가장 앞서가는 여인이 아니었겠는가? 외아들과 부인을 잃고 쇠락해가는 제국을 떠받들다가 제1차 세계대전을 일으킨 프란츠 요제프 황제는 1916년 전쟁이 끝나기도 전에 폐렴으로 사망했다. 내외적으로 불행을 연달아 겪으며 노쇠한 오스트리아-헝가리 이중제국은

프란츠 사버 빈터할터, 〈엘리자베트 황후〉, 1864년.
프란츠 요제프 황제가 가장 좋아한 초상화로 알려져 있다.

1918년 종전과 함께 공중 분해되었다.

오늘날 오스트리아의 '시시 마니아' 또는 '시시 컬트'는 가공할 만한 수준이다. 젊음과 미모에 집착하며 나이 든 모습의 초상화는 결코 남기지 않았기에 '최고의 아름다운 모습으로만 기억되는 여인', '불행한 결혼으로 외로웠던 여인'에게 그들은 안타까운 연민과 선망이 뒤섞인 감정을 느낀다. 결혼 초 그녀가 쓴 시를 보면 오스트리아의 영원한 별이 된 황후의 인생이 선명하게 그려질 것이다.●

● 오스트리아의 마지막 황제 카를 1세의 아내 지타가 오스트리아의 마지막 황후이지만 그녀는 2년 만에 쫓겨난 터라 엘리자베트가 '저물어가는 거대 제국의 마지막 황후'라는 인상이 강하게 남아 있다.

정신 차려보니 나는 감방에 있네.
족쇄가 무겁게 나를 내리누르네.
나 이루 발할 수 없이 열망하네.
자유를, 내팽개쳐버렸던 그것을!

주얼리에 집착한 영국의 메리 왕비

오스트리아에서 합스부르크 왕조가 위기를 겪고 있는 와중에 러시아에서는 한층 더 심각한 사건이 터졌다. 제1차 세계대전에서는 중간에 발을 뺐지만 국내에서 볼셰비키 혁명이 발발해 1917년 3월 로마노프 왕조의 차르인 니콜라이 2세가 퇴위당한 것이다. 이는 전 세계 군주 사회가 입은 첫 번째 대타격이었다. 불안에 휩싸인 차르 일가는 니콜라이 2세의 이종사촌인 조지 5세가 집권하고 있던 영국으로 망명하기를 희망했다. 니콜라이 2세와 조지 5세

니콜라이 2세(왼쪽)와 조지 5세(오른쪽), 1913년.

러시아의 마리아 표도로브나, 1881년.(왼쪽)

알렉산드르 3세의 가족사진, 1893년.(오른쪽)
왼쪽부터 차례대로 장남 니콜라이, 3남 조지, 마리아 표도로브나 황후, 차녀 올가, 장녀 제니아, 4남 미하일, 알렉산드르 3세.

는 얼굴이 쌍둥이처럼 닮아서 친척들도 구분하기 어려울 정도였다고 한다. 게다가 서로를 '영혼의 단짝'이라 부를 정도로 친밀했다. 하지만 영국 왕실은 차르 일가가 영국에 체류하게 되면 왕정을 반대하고 러시아 혁명을 지지하는 대중이 분노할 것을 우려했다. 결국 조지 5세는 왕실의 생존을 위해 그들의 망명을 거부, 아니 철회하고 만다. 차르 일가는 이듬해 처절하게 몰살당했다.•

1919년 영국 왕실은 드디어 차르의 어머니인 마리아 표도로브나 황태후와 두 딸 제니아와 올가의 망명을 허락했다. 혁명으로 아들과 며느리, 다섯 명의 손주를 잃은 마리아 황태후는 충격에 휩싸여 러시아를 떠나지 않으려 했다. 하지만 조지 5세는 사촌을 무자비하게 버렸다는 죄책감 때문이었는지 군함을 보내 이모와 사촌들을 영국으로 데려와 극진히 예우해주었다. 메리 왕

• 이와 관련한 이야기는 전작 『세계를 움직인 돌』 19장에서 자세히 다룬 바 있다.

비의 본격적인 황실 주얼리 매입이 시작된 계기였다(올가가 어머니의 주얼리를 깡통에 담아서 바닷가 바위틈에 숨겨놓았다가 런던으로 가져왔다).

메리 왕비는 주얼리 역사에서 소위 '티아라의 시대'를 연 장본인이었다. 1893년 결혼과 함께 왕세자비로서, 이후에는 영국의 왕비이자 인도 제국의 황후로서 공식 석상에서 티아라를 쓸 일이 워낙 많기도 했다. 또 선대로부터 물려받은 것도 상당한 수준이었고 외교 선물, 식민지였던 남아프리카 광산의 선물, 친지들로부터 받은 선물 등으로 남다른 컬렉션을 소장할 수 있었다. 남편인 조지 5세와 사적으로 식사하는 자리에서도 티아라를 쓸 정도로 그녀에게 티아라는 가장 중요한 주얼리였다.

메리 왕비는 사물의 가치를 알아보는 안목도 뛰어났다. 아름다운 것을 보면 소유하고 싶어서 심장이 요동쳤으니 눈에 들어온 이상 어떻게든 손에 넣어야 직성이 풀렸다. 때로는 할인을 요구하기도 했고 선물로 받고 싶다는 뜻을 내비친 적도 많았다. 그렇다 보니 보석상들은 그녀가 방문하기 전에 물건들을 금고로 옮겨놓기 바빴다. 그녀가 인도 방문을 좋아한 이유도 그곳의 마하라자들이 보석을 과일 나눠 주듯 선물했기 때문이다. 조지 5세가 사망하고 아들인 에드워드 8세가 즉위했을 때 왕실 주얼리 컬렉션을 넘겨야 하는 상황을 아쉬워했을 정도다.

메리 왕비는 왜 그토록 주얼리 수집에 열정적이었던 것일까? 대부분 여전히 군주제로 통치되고 있던 20세기 초 유럽에서 주얼리를 착용하는 것은 자신의 지위를 정의하는 하나의 행동 양식이었다. 사실 메리 왕비 본인도 신분 상승의 혜택을 누린 인물이었다. 그녀의 부모는 왕족이었지만 오랜 시간 빚더미에 짓눌렸고, 후원자인 빅토리아 여왕을 분노케 해 켄싱턴 궁전에서 쫓겨났다. 하지만 여왕은 강인한 성품을 지닌 메리에게서는 왕비로서의 잠재력을 발견했다. 손자인 조지 왕세자와의 결혼을 적극적으로 추진한 사람도 빅토리아 여왕이었다. 이후 메리는 여왕의 기대를 충족시키고 주변인들에게 완벽한 왕족으로서 위엄을 보이기 위해 주얼리를 적극 활용하기 시작했다. 오래된 주얼리는 지속적으로 리세팅했고 늘 TPO에 맞게 착용했다.

메리 왕비는 매서운 눈썰미로도 유명했다. 대여 후 반납되지 않은 왕실의 물건을 죄다 찾아낼 정도로 '매의 눈'을 자랑했다. 원체 방대한 컬렉션을 소장한 왕실은 무엇이 비어 있는지조차 모를 때가 많았다. 그때마다 왕비는 기록을 뒤져 반납을 독촉하는 편지를 보냈고 사라진 물건들을 적극적으로 찾아서 채워 넣었다.

상속받은 주얼리를 꼭 쥐고 놓은 적이 없었다는 친정어머니를 보고 자란 영향이었을까? 무엇보다 어린 시절 빚쟁이를 피해 전 유럽에 퍼져 있는 친척들의 집을 전전하며 다채로운 문화와 문물을 접한 것이 안목을 키우는 바탕이 되었을지도 모른다. 메리 왕비의 장남 에드워드 8세가 왕위까지 버리고 부인으로 선택한 월리스 심프슨을 수많은 주얼리로 꾸며준 것도 주얼리에 대한 내공이 남다른 어머니를 보고 자란 영향이 컸을 것이다.

망명한 왕족들의 보석을 사들이다

한편 러시아를 빠져나온 마리아 표도로브나 황태후는 1928년 고국 덴마크에서 사망했다. 2년 후 딸 제니아와 올가는 어머니의 주얼리 76점을 런던에서 처분했는데, 이때 상당량을 메리 왕비가 구입했다. 그중에서 사파이어 브로치는 마리아가 언니와 형부(영국의 에드워드 7세와 알렉산드라 왕비)로부터 받은 결혼 선물이었다. 타원형의 카보숑 컷 사파이어 주위를 두 줄의 다이아몬드가 둘러싸고 물방울 모양의 진주 펜던트가 달려 있는 디자인이다. 브로치의 원래 감정가는 2,700~3,250파운드였는데 대공황으로 시세가 폭락해 1930년 당시에는 1,400~1,900파운드로 하락한 상태였다. 하지만 메리 왕비는 기꺼이 2,375파운드를 지불했다(요즘 시세로 13억 4천만 원가량을 지불한 셈이라고 한다). 메리 왕비는 시부모가 시이모에게 선물한 이 브로치를 가보로 여기

1

2

3

1 콘스탄틴 마코프스키, 〈마리아 표도로브나 초상화〉, 19세기.
마리아 표도로브나 황태후가 이 사파이어 브로치를 포함한 사파이어 보석 세트를 착용하고 있다. 러시아 혁명 이후 이 브로치를 목걸이에서 분리했다.

2 마리아 표도로브나 황태후의 사파이어 브로치. 진주는 탈부착이 가능하다.

3 엘리자베스 여왕이 사파이어 브로치를 착용하고 있다.

며 소중히 간직했다고 한다. 이 브로치는 1953년 그녀가 사망한 후 엘리자베스 여왕이 물려받았다.

'티아라의 고수'답게 메리 왕비는 러시아 황실에서 건너온 '블라디미르 대공작부인 티아라The Grand Duchess Vladimir Tiara'도 손에 넣었다. 거대한 크기의 다이아몬드 장식뿐 아니라 15개의 진주 또는 15개의 에메랄드를 번갈아 매달 수 있게 제작된 독특한 디자인이다. 이름에서 알 수 있듯이 원래 티아라는 마리아 파블로브나 '미첸' 블라디미르 대공작 부인Grand Duchess Maria Pavlovna 'Miechen' Vladimir Alexandrovich을 위해 제작된 것이었다. 그녀는 독일 공주였지만 증조모가 엘레나 파블로브나 대공작부인Grand Duchess Elena Pavlovna of Russia이었으므로 로마노프 혈통이기도 하다. 그녀는 1874년 러시아 차르 알렉산드르 2세의 세 번째 아들인 블라디미르 알렉산드로비치 대공과 결혼해 로마노프의 호화로운 주얼리 컬렉션을 소장했다.

러시아 혁명이 발발하자 블라디미르 대공작 부인은 상트페테르부르크를 재빨리 떠나 변두리로 몸을 숨겼다. 주얼리는 가볍게 착용할 수 있는 종류와 진주 목걸이 몇 점만 챙겼다. 물론 진짜 값비싼 '보물'은 블라디미르 궁전 깊숙한 곳에 꽁꽁 숨겨놓은 뒤였다. 그녀가 로마노프 일가 중 마지막으로 러시아를 탈출했을 때, 궁전에 숨겨둔 주얼리는 이미 런던으로 망명한 아들 보리스 대공작의 품에 들어가 있었다. 블라디미르 대공작 부인의 절친한 친구인 영국인 예술품 딜러 앨버트 스토퍼드Albert Stopford가 노동자로 변장한 채 궁으로 들어가 두 개의 여행 가방에 담아 런던으로 빼돌린 것이다(어느 중년 부인이 커다란 챙 모자에 넣고 꿰매서 옮겼다는 설도 있다).

대공작 부인은 1920년 사망할 때 세 아들 보리스, 안드레이, 키릴에게 각각 에메랄드, 루비, 사파이어를, 딸 엘레나에게는 다이아몬드와 진주를 물려주었다. 따라서 이 티아라는 딸 엘레나가 물려받았는데 1921년에 메리 왕비의 소유가 되었다. 그런데 러시아에서 런던으로 몰래 옮겨 오는 동안 일부분이 훼손되었기 때문에 왕비는 영국의 주얼러 개러드에 수리를 맡기면서 진주

1 블라디미르 대공작 부인, 1880년대 후반.
티아라는 그녀가 1874년 결혼할 때 받은 것으로 볼린Bolin이 제작했다. 원형의 고리 속에 진주 펜던트를 탈부착할 수 있다. 이렇게 진주가 없는 버전을 '과부'라 불렀다.

2 에메랄드가 부착된 블라디미르 티아라.

3 블라디미르 티아라(에메랄드 부착)를 착용한 메리 왕비.

4 진주가 부착된 블라디미르 티아라.

5 블라디미르 대공작 부인, 1908년.
진주 펜던트가 달린 블라디미르 티아라를 착용하고 있다.

6 새뮤얼 헨리 윌리엄 르웰린, 〈블라디미르 티아라(진주 부착)를 착용한 메리 왕비〉, 1912~1935년.

7 블라디미르 티아라(진주 부착)를 착용한 엘리자베스 2세, 1959년.

대신에 15개의 케임브리지 에메랄드를 탈부착할 수 있도록 요청했다. 새로 부착된 케임브리지 에메랄드는 원래 메리 왕비의 어머니(케임브리지 공작부인)가 소장하던 것인데, 메리의 오빠가 물려받아 애인에게 선물한 것을 메리 왕비가 되찾아 온 것이다. 친정어머니의 보석이 한낱 정부의 손에서 품위를 잃는 꼴은 볼 수 없었던 모양이다. 러시아를 탈출해 수리까지 받으며 우여곡절을 겪은 블라드미르 티아라는 엘리자베스 2세 여왕이 가장 좋아하는 티아라로 요즘도 공식 석상에서 종종 착용하고 나온다.

블라디미르 대공작 부인의 또 다른 에메랄드 목걸이(1947년 까르띠에 제작)도 유명하다. 그녀가 시아버지인 알렉산드르 2세로부터 결혼 선물로 받은 에메랄드 세트 중 일부인데 역시 런던으로 몰래 들여왔다. 이후 아들 보리스 대공작이 에메랄드 세트 전체를 상속받은 후 1922년 목걸이만 까르띠에에 팔았다.

까르띠에는 이 목걸이에 달린 에메랄드 7점을 긴 목걸이로 세팅해서 존 디 록펠러 시니어의 딸 이디스 록펠러 매코믹Edith Rockefeller McCormick에게 팔았는데, 이디스가 사망하자 1932년에 다시 매입했다. 1936년에는 스물한 살에 억만장자가 된 울워스Woolworth 가의 상속녀 바버라 허턴Barbara Hutton에게 목걸이, 귀걸이, 반지로 제작해서 팔았다. 하지만 제2차 세계대전이 끝난 후인 1947년 그녀는 목걸이를 옐로 골드 프레임에 인도 스타일 티아라로 리세팅해달라고 요청했다. 이제 목걸이는 티아라로도 변신할 수 있는 '트랜스포머' 주얼리가 되었다. 하지만 바버라는 결혼과 이혼을 반복하며 자금난에 처했고, 결국 1966년에 이 목걸이를 반클리프 아펠에게 넘긴다. 목걸이를 매입한 반클리프 아펠에서는 에메랄드를 재연마하고 각각 따로따로 세팅해서 파는 바람에 블라디미르 에메랄드 목걸이는 원형을 잃고 종적을 감춘다. 반클리프 아펠은 마리-루이즈 황후가 나폴레옹으로부터 결혼 선물로 받은 에메랄드 티아라도 그런 식으로 쪼개서 판 전력이 있다.

한편 메리 왕비가 손에 넣지 못한 주얼리도 있었다. 러시아 황실을 파탄낸 그리고리 라스푸틴을 암살한 펠릭스 유스포프가 끝까지 팔지 않고 버틴

1 블라디미르 대공작부인, 1903년.
100캐럿의 육각형 에메랄드가 세팅된 목걸이를 러시아 모자 앞부분에 부착했다. 목에는 예카테리나 2세가 소장했던 107캐럿의 에메랄드 브로치를 착용했다. 에메랄드 브로치는 자금난에 시달린 아들 보리스 대공작이 1927년 까르띠에에 팔았고 훗날 결점 부분을 제거하기 위해 75캐럿으로 재연마한 뒤 존 디 록펠러 주니어에게 팔았다.

2 최초의 블라디미르 에메랄드 목걸이, 19세기 말.

3 바버라 허턴이 소장했던 까르띠에의 블라디미르 에메랄드 목걸이.

4 블라디미르 에메랄드 목걸이를 티아라로 착용한 바버라 허턴. ©Cecil Beaton Studio Archive
러시아의 에메랄드를 인도 스타일로 바꾸게 한 여인이다.

'라 펠레그리나La Pelegrina'('라 페레그리나'와 발음이 비슷하지만 서로 다른 진주다) 진주였다. 발그레한 장밋빛 톤에, 영롱한 오리엔트(진주가 움직일 때 느껴지는 무지갯빛 훈색)를 내뿜는 133그레인(약 43캐럿)의 타원형 진주다.

이 진주의 역사를 거슬러 올라가면 끝에는 스페인의 펠리페 4세가 나온다. 펠리페 4세의 장녀 마리아 테레지아가 프랑스의 루이 14세에게 시집갈 때 가져간 혼수품이었기 때문이다. 하지만 알 수 없는 경로로 러시아에 흘러들어간 뒤 1826년부터 타티아나 공주가 소유했다. 러시아 혁명 당시 유스포프 가문의 주얼리는 대부분 볼셰비키에 몰수당했다. 하지만 이 진주를 비롯해서 폴라 스타Polar Star 다이아몬드, 모로코의 술탄Sultan of Morocco 다이아몬드, 람스 헤드Ram's Head 핑크 다이아몬드, 마리 앙투아네트의 귀걸이를 비롯한 몇 점은 러시아를 탈출하는 데 성공했다.

펠릭스 유스포프는 런던으로 망명한 후 자금난에 처했을 때도 이 라 펠

프랑수아 플라망, <지나이다 N. 유수포바 초상>, 1894년.
가슴에 '라 펠레그리나'를 착용하고 있다.

레그리나 진주만큼은 지켰다. 어머니 지나이다 유수포바도 생전에 이 진주를 처분하는 것에는 끝까지 반대했다. 어머니가 사망한 1939년 이후에도 펠릭스는 진주를 넘기지 않았고 제2차 세계대전 때에는 나치의 이인자 헤르만 괴링의 마수에서도 지켰다. 그러다가 심각한 자금난에 처한 1953년에 어쩔 수 없이 제네바의 보석상 장 롬바드Jean Lombard에게 넘기게 된다.

한편 메리 왕비는 영국으로 망명한 수많은 왕족들의 주얼리를 수집하는 과정에서 '남의 불행을 이용한 냉혈한'이라는 비난을 받기도 했다. 망명한 친척들의 보석을 빼앗다시피 해서 이득을 취했다는 루머가 따라다녔기 때문이다. 그러나 영국으로 망명한 왕족들은 당시 주얼리 외에는 경제적인 수단이 거의 없었다. 탈출하는 과정에서 검문이 두려운 나머지 보석을 삼키기도 했고 풍성한 머리털 속에 숨기거나 옷소매에 넣고 꿰맨 이들도 부지기수였다. 그들에게는 주얼리가 유일한 재산이나 마찬가지였다. 그렇게 밀반출한 보석을 은행 금고에 넣어두거나 보석상들에게 맡겨놨다가 현금화하면서 살아간 것이다. 한때 권력과 지위, 사랑의 상징이던 주얼리가 그들의 목숨을 연명하게 해준 연금이 되다니! 주얼리의 주인이 아닌 볼셰비키 측에서 빼돌린 목걸이 잠금 장식에는 금발 머리카락이 붙어 있는 것도 꽤 있었다고 한다. 처형 후에 목걸이만 무자비하게 낚아챈 흔적이었다. 당시 메리 왕비는 망명한 왕족들을 켄싱턴 궁전, 햄프턴 코트 궁전 등 왕실 소유의 궁전에 거처를 마련해주기도 했다.

세간의 흉흉한 루머에도 불구하고 망명한 왕족들 사이에서는 메리 왕비가 보석을 시세보다 높게 쳐준다고 알려졌고, 그러다 보니 망명자들은 일단 그녀부터 찾아갔다. 그녀가 흥정을 전혀 안 한 것은 아니지만 적어도 현금이 절박한 사람들을 상대로 가격을 냉혹하게 깎지는 않았다고 한다. 물론 왕족들을 구한다는 착한 명분 덕에 세상에서 가장 훌륭한 주얼리 컬렉션을 소유하게 된 것 또한 사실이다.

영국의 군주제를 지켜라

19세기 유럽 왕가들 사이에는 거대하고 촘촘한 네트워크가 존재했다. 특히 '유럽의 할머니'라 불린 빅토리아 여왕과 '유럽의 할아버지'로 통한 덴마크의 크리스티안 9세의 손주들과 증손주들은 결혼을 통해 각 나라의 왕위에 올랐다. 하지만 제1차 세계대전으로 조지 5세의 사촌인 러시아 황제와 독일 황제를 비롯해서 친척 관계인 유럽의 왕가들이 서로 편을 갈라 싸운 결과 아홉 명의 군주가 왕위를 잃었다. 결국 영국에서는 반反독일 폭동이 일어나 독일 이름으로 된 상점에 벽돌을 던지고, 독일과 관계된 것은 심지어 집에서 기르는 닥스훈트까지도 혐오와 공격의 대상이 되었다.

하지만 영국 왕실도 따지고 보면 독일 혈통이었다. 뼛속까지 독일계인 빅토리아 여왕이 독일인 앨버트 공과 결혼했으니 아들인 에드워드 7세도 독일인이었다. 에드워드 7세의 아들인 조지 5세는 독일과 덴마크의 혼혈이었지만 영국인의 피는 한 방울도 흐르지 않았다. 게다가 그는 부계가 독일 혈통인 메리와 결혼했다. 그런 와중에 1917년 6월 13일 런던을 공습한 독일 폭격기의 이름이 하필 '고타Gotha G. IV'였다. 이것은 영국 왕가의 성姓인 작센-코부르크 고타Saxe-Coburg and Gotha를 연상시켰다(앨버트 공으로부터 물려받은 성씨다). 왕실은 그제야 무언가 잘못 돌아가고 있음을 깨달았다. 전쟁이 길어지고 사망자가 증가하면서 국민들은 궁핍과 고통에 시달렸다. 게다가 나라 밖에서는 독립을 요구하는 민족주의 운동이 일어나고 있었다. 영국 내부에서도 여성 참정권 운동을 비롯해서 사회 개혁의 목소리가 높아졌고 노동자들의 시위가 잇따랐다. 러시아처럼 혁명이라도 일어난다면 왕실의 존재 자체가 위험해질 수 있는 일촉즉발의 위기였다. 유럽의 사촌들처럼 몰락하지 않으려면 극단의 조치가 필요했다.

조지 5세와 메리 왕비는 긴급히 군주제 쇄신 작전에 돌입했다. 국민과 유대관계를 쌓기 위해 차에서 내려 직접 국민들을 만나기 시작했고 공장과 탄광촌을 방문해 손을 내밀어 악수를 청했다. 하지만 여전히 그들의 독일계 성姓이 발목을 잡았다. 결국 왕조의 '리브랜딩'이 결정되었다. 새로운 가문명으로 튜더Tudor와 스튜어트Stuart 등이 물망에 올랐지만, 튜더는 헨리 8세와 블러디 메리를, 스튜어트는 참수된 찰스 1세가 연상된다는 이유로 탈락되었다. 고심 끝에 정복왕 윌리엄 1세 시대까지 거슬러 올라가는 왕실 별궁의 이름인 '윈저Windsor'가 낙점되었다. 오랜 역사뿐

레너드 레이븐-힐, 〈거참, 속시원하다!〉, 1917년 6월 27일『펀치Punch』에 개재.
조지 5세가 독일식 흔적을 지우는 모습을 풍자한 그림이다.

아니라 평화롭고 감미로운 풍경이 떠오르는 환상적인 이름이었다.●

이종사촌인 러시아 차르의 망명을 거부한 것도 같은 맥락이지만, 조지 5세는 왕실의 생존을 위협하는 약점을 가차 없이 잘라버렸다. 왕실이 귀족들을 위한 것이 아니라 국민을 위한 것임을 깨달은 국왕 부부는 희생과 의무에 기반을 둔 '정감 있는' 입헌군주제를 표방했다. 군인들을 직접 만나 위로했고 극빈층을 방문하고 해외 순방에 힘쓰며 윈저를 탄탄한 글로벌 브랜드로 올려놓았다. 그 모든 순간 조지 5세의 곁에는 메리 왕비가 있었다. 일찍이 세상이 바뀌고 있으니 영국 왕실도 바뀌어야 한다는 것을 깨달은 메리 왕비는 영국의 입헌군주제를 세계적인 브랜드로 재정립하고, 대중과 지속적으로 교감하며 남편의 국정 운영에 적극 내조했다. 전쟁으로 수많은 왕실이 문을 닫았지만, 전쟁을 뚫고 탄생한 이 윈저 가문은 박수를 받았다.

● 현재 영국 왕실의 가문명은 '윈저', 성씨는 '마운트배튼-윈저Mountbatten-Windsor'를 쓴다.

1911년 12월 12일, 델리의 공원에서 진행된 대관식 행사.
1911년 조지 5세와 메리 왕비는 영국에서 대관식을 몇 달 앞당겨 실행하고, 그해 12월에 인도의 황제와 황후로 선포하기 위해 델리 더르바르Delhi Durbar('더르바르'는 왕궁이란 뜻이다) 행사를 치르기 위해 인도로 갔다.

여섯 명의 자녀를 손수 안아주는 대신 유모들에게 맡기고 왕비로서의 역할에 열정을 쏟은 그녀는 왕실의 평판을 높이기 위해서라면 자식에게도 예외 없이 매정하게 대했다. 장남인 에드워드 8세가 미국인 이혼녀와 스캔들에 휩싸였을 때 그를 퇴위시키는 데 영향력을 행사한 사람도 그녀였다. 오죽하면 에드워드 8세가 메리 왕비의 사망 후 "어머니의 혈관에는 얼음처럼 차가운 피가 흐르는 것 같다"며 아쉬움을 토로했을까. 같은 맥락으로 메리는 '절약 왕비'로도 유명했다. 주얼리에 그토록 집착한 것과는 별개로 왕관을 지키기 위해 버킹엄 궁전의 히터를 끄고 조명의 조도를 낮추었던 것이다.

메리는 대중을 향한 홍보의 중요성을 일찍부터 깨우쳤고 그들을 의식하며 왕실의 메시지를 대대적으로 선전했다. 왕실이 살아남기 위해서는 그 메시지를 노동자층에까지 전달하는 것이 왕비의 의무라고 여겨서 이를 철저하게 수행했다. 물론 대중 앞에서 남편과 함께할 때 그 영향력은 배가되었다. 오늘날 윌리엄 왕자와 케이트 왕세손비가 대중에게 가까이 다가가는 친근한 모습

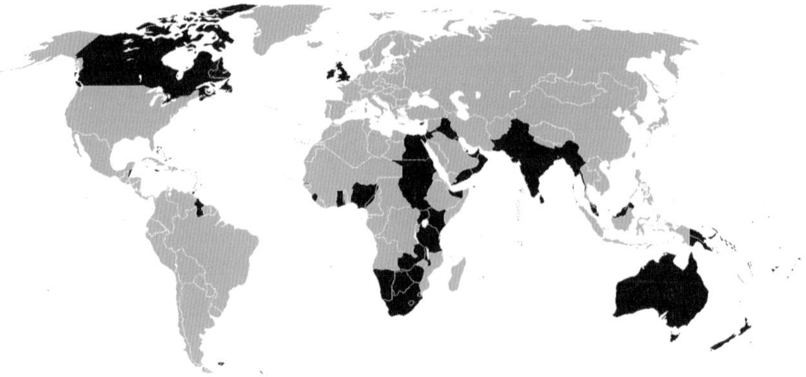

조지 5세와 메리 왕비 시절 영국 제국의 영토(붉은색 부분), 1921년.

을 언론에 자주 노출하는 것도 그 뿌리를 찾아 올라가면 메리 왕비가 있었다.

1914년 사라예보에서 울린 두 발의 총성은 오스트리아 황실을 처절한 비극의 무대에 올려놓았고, 러시아 황실 일가는 혁명까지 겹쳐 피의 숙청으로 사라졌다. 이 와중에 해체된 제국들의 주얼리가 대거 들어온 영국 왕실은 급히 가문의 이름까지 바꾸며 리브랜딩에 성공했다. 이쯤 되면 메리 왕비의 실제 속내가 궁금해진다. 과연 그녀는 목숨을 걸고 빼돌린 친척들의 주얼리를 보며 어떤 생각이 들었을까? 그저 윈저 왕가를 위기에서 구하고 지켜낸 전리품이자 갑옷으로 여긴 것만은 아니었기를 바랄 뿐이다.

7

아르데코 1

파리와 뉴욕,
두 도시 이야기

'잃어버린 세대'의
러브 어페어

나는 1920년대의 열렬한 팬이다. 우디 앨런의 영화 〈미드나잇 인 파리〉에서 주인공 길이 자신이 동경하는 시대가 1920년대라고 밝힌 순간, 하마터면 환호성을 지를 뻔했다. 어떤 스타일의 주얼리를 좋아하느냐는 질문을 받을 때도 주저 없이 '아르데코'라고 답한다. 심지어 같은 전시를 세 번이나 본 적도 있다. 바로 2017년 뉴욕의 쿠퍼 휴이트 스미스소니언 디자인 미술관Cooper Hewitt Smithsonian Design Museum에서 개최한《재즈 시대: 1920년대 미국의 스타일The Jazz Age: American Style in the 1920s》이었다. 나에게 1920년대는 거의 종교적인 부름과 다름없다.

1920년대에 대한 열렬한 사랑이 시작된 시점을 꼽자면 17년 전으로 시곗바늘을 돌려야 한다. 화창한 어느 봄날, 뉴욕 47번가의 아담한 빈티지 상점에서 1920년대의 팔찌 한 점에 시선을 뺏겼다. 약 3센티미터 너비에 네모, 세모, 사다리꼴 같은 기하학적 도형이 사파이어, 에메랄드, 오닉스로 섬세하게 그려져 있었다. 바탕을 촘촘히 채운 하얀색 다이아몬드와 대비되는 강렬한 색채의 하모니가 더없이 세련되고 아름다웠다. 이 팔찌를 고안하느라 디자이너는

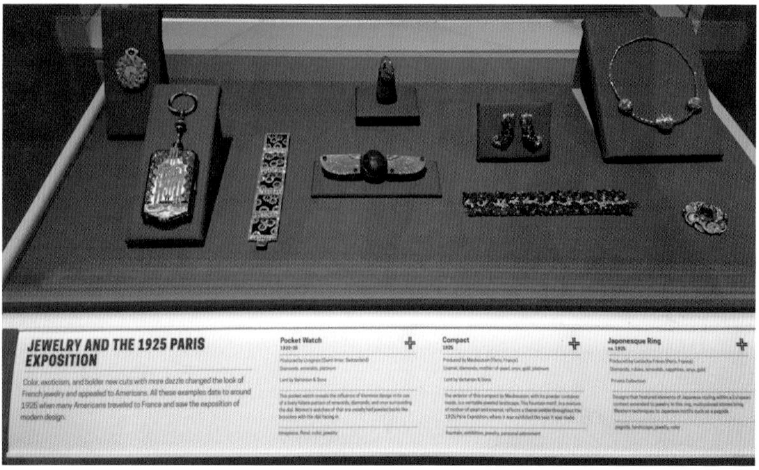

쿠퍼 휴이트 스미스소니언 디자인 미술관에서 열린《재즈 시대: 1920년대 미국의 스타일》전에서 소개된 주얼리. 이 진열장에는 1925년 파리 국제박람회 즈음에 제작된 것들만 모아놓았다.

온갖 수학적인 상상력을 동원했겠지? 가격표를 확인하고서 새어 나오는 한숨을 꾹 누르고 그곳을 나와야 했지만 내 머릿속에는 검정색, 초록색, 파란색 도형들이 둥둥 떠다녔다.

집으로 향하는 버스가 번잡스러운 맨해튼의 도로를 뚫고 나아가는 동안 나는 여느 날처럼 차창에 얼굴을 기대고 밖을 바라보았다. 그런데 매일 마주치던 빌딩숲에서 팔찌 위를 수놓은 그 도형들이 보이는 것이 아닌가! 예리한 모서리의 다각형들과 사방으로 퍼져 나가는 지그재그 패턴…… 그 순간 나는 지금껏 내가 추상적이고 기하학적인 아르데코 양식에 둘러싸여 살고 있다는 것을 깨달았다. 혹시 무의식중에 그 시대의 격동적인 에너지와 열정을 흡수하고 있었던 것은 아닐까? 마치 대단한 발견이라도 한 듯 놀랍고 신기해서 아르데코의 세계를 속속들이 파헤쳐보겠다고 마음먹었다. 주얼리는 이렇듯 시시각각 내게 지적인 자극을 준다!

하지만 1920년대에 대한 로망을 품고 있는 사람이 비단 나와 영화 속의 길뿐만은 아닌 듯하다. 양차 세계대전 사이에 정점을 찍은 아르데코 주얼리는 오늘날 전 세계 주얼러들의 마음을 사로잡으며 수집 열기를 뜨겁게 달구고 있다. 가격 면에서도 미국, 유럽, 아시아를 막론하고 초강세를 이어가는 중이다.

2019년 가을 소더비 뉴욕에 출품된 아르데코 사파이어 팔찌가 관련 부문 신기록을 경신했을 즈음 런던의 유명한 주얼리 딜러인 S. J. 필립스S. J. Phillips와 미팅을 하게 되었다. 쇼룸 투어가 시작되기 무섭게 내가 아르데코 주얼리에 관심을 보이자 쇼룸의 대표는 솔깃해하는 표정으로 물었다.

"혹시 얼마 전에 소더비에 나온 아르데코 사파이어 팔찌 알아요?"

나는 열렬히 고개를 끄덕이면서도 평상시의 무심한 어조로 답했다.

"그럼요, 직접 착용도 해봤는걸요. 요즘 주얼리에서는 그렇게 완벽한 버마 사파이어를 보기 힘들죠. 게다가 양옆의 앤티크 페어 컷 다이아몬드까지 정말 멋졌어요."

까르띠에의 〈아르데코 사파이어 팔찌〉, 1927년.
2019년 소더비 뉴욕에 출품되어 610만 달러에 팔렸다.

내 의견이 뭐 그리 대단한지는 알 수 없었지만 어쨌든 그는 매우 만족스러운 표정을 지었고, 우리는 이후에 제법 길게 대화를 이어나갔다. 아르데코 주얼리가 핫한 아이템이다 보니 가끔은 처음 만난 사이라도 국경을 초월해 어색한 공기를 녹이는 '아이스 브레이커'로도 꽤 유용하다.

사실 역사를 통틀어 그 어느 시대의 주얼리도 이토록 꾸준히 높은 수요를 유지하며 관심을 받은 적은 없었다. 지금 착용해도 어색하지 않은 디자인이나 훌륭한 소재, 완벽한 장인 정신만이 전부는 아니다. 20세기 초의 자유분방한 미술과 디자인, 급변하는 사회적인 풍경, 새로운 과학의 역사가 응집된 아르데코 주얼리는 새롭고 세계적이고 미래적인 것을 지향하며, 다른 문화의 가치를 받아들일 줄 아는 열린 시대정신 그 자체였다. 수집가들은 주얼리 자체의 아름다움뿐만 아니라 주얼리의 역사에서 차지하는 의미와 가치를 더불어 소장하기 위해 아르데코 주얼리에 초미의 관심을 기울인다. 아마도 그 뜨거운 열망은 당분간 꺾이지 않을 듯하다.

파리와 뉴욕 두 도시가 만들어낸 양식, 아르데코

아르데코는 보통 '1925년 양식'으로 통하지만 그 조짐은 이미 1910년 이전부터 나타났다. 기하학적인 선과 엄격한 그리드, 단순한 형태를 지향한 빈 공방의 작품에서도 원형을 찾을 수 있고, 일찍이 입체파 미술이 이끌어낸 기하학적인 입방체와 추상적인 형태에서도 영감을 받았다. 하지만 무엇보다 결정적인 영향으로는 1910년 6월, 세르게이 디아길레프가 이끈 발레 뤼스Ballet Russes가 파리의 오페라 가르니에에서 초연한 〈세헤라자데〉의 무대를 꼽을 수 있다. 레옹 박스트Léon Bakst가 디자인한 빨강-검정, 파랑-초록 같은 혁신적이고 이국적인 컬러 조합이 특징인 과감한 무대 의상과 호화로운 무대 세트, 그

레옹 박스트가 〈세헤라자데〉를 위해 디자인한 무대그림, 1917년 이전.(왼쪽)

레옹 박스트가 스케치한 〈세헤라자데〉의 술탄 의상, 1910년.(오른쪽)

리고 온몸을 황금색으로 칠한 바슬라프 니진스키의 매우 에로틱하고 힘이 넘치는 동작은 발레 공연에 대한 전통적인 관념을 깨부수며 가히 온 유럽을 흥분의 도가니로 몰아넣었다. 특히 의상과 무대 세트에 과감하게 적용한 비전통적인 컬러 배색은 당시 디자이너들의 창의력에 불을 지피며 주얼리와 패션, 장식미술 전반에 걸쳐 혁명적인 변화를 일으켰다.

이때 발레 뤼스에 직접적인 영향을 받은 주얼리 디자이너가 바로 훗날 코코 샤넬Gabrielle Coco Chanel의 애인이 되는 폴 이리브Paul Iribe다. 그는 1910년 파랑-초록 조합의 에이그레트aigrette(깃털이 달린 머리 장식)을 비롯해서 총 11점의 주얼리를 발표했다.

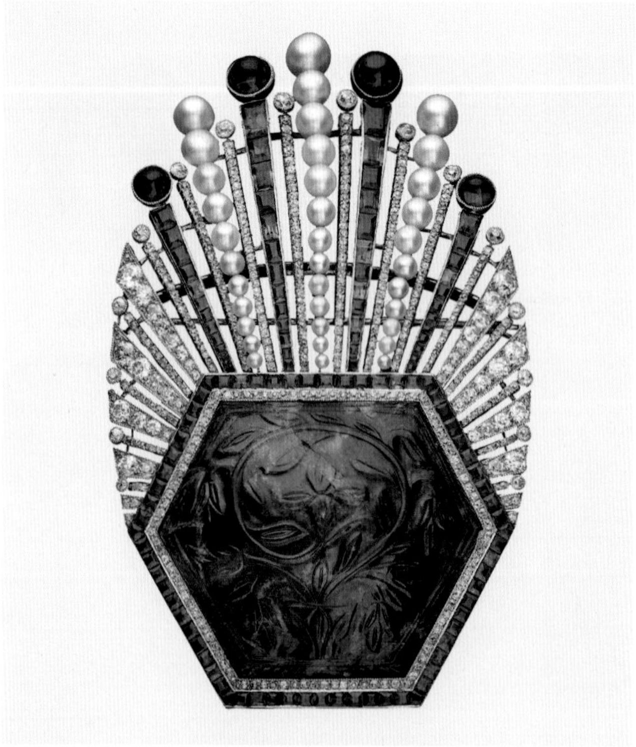

폴 이리브, 〈에이그레트〉, 플래티넘, 에메랄드, 사파이어, 다이아몬드, 진주, 1910년.

한편 아르데코는 파리와 뉴욕이라는 당대의 가장 화려한 두 도시가 예술적으로 활발히 교류한 시대의 결과물이기도 했다. 제1차 세계대전을 승리로 이끈 미국은 곧바로 대호황기에 접어들었다. 하지만 황금만능주의가 만연해진 사회는 이민자들에게 자유의 횃불을 안겨준 '아메리칸 드림'을 일거에 무너뜨렸다. 이때 인생의 목표를 잃고 방황하던 젊은이들의 발길이 향한 곳은 '자유'라는 젖과 꿀이 흐르는 파리였다. 제1차 세계대전 후 프랑스 프랑franc화의 가치가 급락하면서 미국인들이 파리에서 생활하기가 한결 수월해진 것도 한몫했다.

그렇게 절망과 허무에 허덕이다가 미국을 떠나 파리에 정착한 지식층과 예술파 청년들을 '잃어버린 세대'라고 불렀다. 영화 〈미드나잇 인 파리〉에서 1920년대로 시간여행을 떠난 길이 반갑게 마주한 스콧 피츠제럴드와 어니스트 헤밍웨이가 바로 그들이다. 들뜬 마음으로 빛의 도시에 입성한 작가, 미술가, 음악가, 건축가들은 마음껏 창의력과 상상력을 펼쳤고 파리지엔들도 이를 적극 흡수했다.

평화와 번영을 되찾은 1920년대의 파리는 예술과 문학의 성지였고 세계 문화의 중심지였다. 미술과 연극, 공예, 문학 등이 서로 뗄 수 없는 밀접한 관계를 형성하며 서로에게 영양분을 공급했다. 파리에서 꽃피운 독창적인 양식이 전 세계로 퍼져 나간 계기는 1925년에 프랑스가 야심차게 개최한 '장식예술과 근대산업 국제박람회Exposition internationale des Arts décoratifs et industriels modernes'였다. 취향과 스타일의 선구자로서 스스로의 위치를 재확인한 이 박람회를 기점으로 파리의 예술 정신과 디자인은 대서양을 건너 뉴욕의 마천루로 속속 옮겨졌다. 크라이슬러 빌딩과 엠파이어스테이트 빌딩이 역동적인 스카이라인을 형성하는 동안 활기찬 도시 문명과 화려한 라이프스타일도 함께 성장했다. 파리와 뉴욕, 두 도시는 이처럼 예술적 영감을 주고받으며 서로를 상대에 대한 뮤즈로 승화시켰다.

1 레이먼드 후드Raymond Hood가 설계한 아메리칸 라디에이터American Radiator 빌딩, 1924년.
아르데코 건축 양식의 효시로 일컬어진다.

2 슈리브, 램 앤드 하몬Shreve, Lamb, and Harmon 건축회사가 설계한 엠파이어스테이트 빌딩, 1931년.
'뉴욕의 황제'로 불리는 웅장한 아르데코 양식의 건물. 한때 세계 최고층 건물로 유명했다.

3 윌리엄 밴 앨런William Van Alen이 설계한 크라이슬러 빌딩, 1930년.
크리스털 왕관 형상의 스테인리스 스틸 지붕을 얹었으며, 뾰족한 첨탑은 크라이슬러 자동차 제조 공정과 유사하게 제작되었다고 한다. 뉴욕 아르데코 건축 양식의 정수로 손꼽힌다.

4 크라이슬러 빌딩의 엘리베이터, 1930년.
투탕카멘의 영향으로 이집트 모티프를 적극 활용했다.

5 뉴욕 필름센터 빌딩의 로비, 1928~1929년.
피라미드 모티프의 인테리어는 전형적인 아르데코 디자인의 특징이다.

아르데코 주얼리의 전반적인 특징

제1차 세계대전은 아르누보의 구불구불한 곡선과 벨에포크의 복고풍 로코코를 순식간에 쓸어버렸지만 그 과도기에는 르네 랄리크와 앙리 베베르, 폴 브란트Paul Brandt, 조르주 푸케 같은 아르누보 디자이너들이 다리 역할을 했다. 이들은 비대칭으로 휘감긴 아르누보의 화려한 담쟁이덩굴과 꽃잎도, 벨에포크의 화환과 리본 매듭도 점차 단순하게 양식화시켰다. 플래티넘과 다이아몬드, 밀그레인, 투조 세공, 나이프-와이어 세팅 같은 벨에포크의 전형적인 소재와 기법들도 그대로 계승되었다.

하지만 아르데코의 기저에는 벨에포크와 아르누보의 과도한 장식성에 대한 강한 반발이 깔려 있었다. 세상은 처참한 세계대전의 악몽에서 하루 빨리 벗어나기를 고대했고, 자유와 새로운 가치관을 미덕으로 삼은 미래 지향

조르주 푸케, 〈브로치〉, 1923년, 메트로폴리탄 미술관, 뉴욕.

적인 디자인을 갈망했다. '과거와 분리'라는 공동의 목표를 가진 디자이너들은 기하학적인 모티프와 대칭 구조로 매몰차게 방향을 틀었다. 때마침 제국주의의 확장과 교통수단의 발전으로 이국적인 것에 대한 열망이 절정에 달해 있었다. 잠자리의 가냘픈 날개를 채우던 파스텔 톤의 음영 대신 추상적인 모티프와 동양적인 원색이 주류로 떠올랐다. 앙리 마티스나 앙드레 드랭 같은 야수파의 작품에서나 볼 법한 보라와 파랑(자수정과 사파이어), 초록과 보라(비취와 자수정)의 조합 같은 강렬한 색 조합도 생겨났다. 제1차 세계대전을 겪으면서 한층 목소리를 높이게 된 신여성들은 이토록 진보적인 디자인과 실험적인 색채 조합을 두 팔 벌려 환영했다.

아르데코의 기본 소재는 플래티넘과 다이아몬드였다. 1919년 마르셀 톨코프스키Marcel Tolkowsky가 이상적인 비율의 모던 라운드 브릴리언트 컷(57면 또는 58면)을 발명하기 전까지는 다이아몬드에서 올드 유러피언 컷이 주류를 형성했다. 동시에 입체파와 기하학 디자인의 유행으로 건축적인 구조와 예리한 모서리를 지닌 바게트 컷(가장 큰 공헌을 했다!)과 트라페제 컷, 트릴리언 컷 등이 중심석 주변을 장식하는 보조석으로 중요한 역할을 담당했다. 에메랄드 컷, 페어 컷, 마르키즈 컷도 큰 호응을 받았다. 물론 강렬한 원색의 루비, 사파이어, 에메랄드 삼총사도 아르데코 주얼리의 명성을 드높이는 데 크게 이바지했다.

보조석의 색상을 균일하게 맞추기 위해 때로는 합성 보석도 사용했다. 1902년 프랑스의 베르누이A. V. L. Verneuil가 화염 용융법Flame Fusion으로 합성 루비 개발에 성공했기 때문에 루비와 사파이어는 합성석이 꽤 흔한 편이었다. 진주 역시 천연 진주와 양식 진주가 시장에서 공존했다. 양식 진주가 대규모로 생산된 것이 바로 이 1920년대로, 풍부한 물량과 긴 목걸이의 유행이 절묘하게 맞아떨어졌다.

아르데코 주얼리의 정체성인 흑백 대비는 일찍이 1910년경부터 쓰였다. 19세기만 해도 주얼리에서 검정색은 애도의 의미가 강했지만, 아르데코

1

2

3

1 야네시크Janesich, 〈아르데코 브로치〉, 다이아몬드, 에메랄드, 오닉스, 플래티넘, 1930년.

2 〈아르데코 반지〉. ©FD Gallery
바게트 컷 다이아몬드와 사파이어가 메인으로 쓰였다

3 〈아르데코 다이아몬드 오닉스 팔찌〉. ©Oscar & Heyman

1

2

1 〈아르데코 브로치〉, 1934년. ©Boucheron
카빙된 옥을 둘러싼 반원 형태의 다이아몬드 장식과 백수정 디스크는 같은 백색 계열이면서도 오묘한 대비를 이룬다.

2 <아르데코 반지〉, 1920년. ©FD Gallery
칼리브레 컷calibré-cut 사파이어가 세팅되어 있다. 아르데코 주얼리의 혁신 중에서 대표적인 것은 칼리브레-컷(디자인에 따라 세팅할 자리에 꼭 맞는 형태로 가공하는 커팅)의 개발이다. 엄격한 기하학적인 형태를 구현하기 위해 작은 보석을 하나하나 손으로 정교하게 깎고 다듬어서 강렬한 색의 경계를 만들어냈다. 인비저블 세팅invisible setting(정밀하게 커팅된 보석을 그물 모양의 틀에 정확히 맞추어 보석을 잡아주는 금속의 발이 보이지 않게 세팅하는 기법)의 모자이크 패턴도 칼리브레 컷의 개발 덕에 가능했다.

의 '뉴' 블랙은 어둡고 엄숙한 의미보다 우아하고 세련된 색채로 간주되었다. 1920년대 초반까지 다이아몬드가 특별 대접을 받았다면, 1925년 이후로는 다양한 보석들이 거의 동등하게 애용되었다. 심지어 준보석으로 간주되던 오닉스, 백수정, 옥, 터키석, 산호, 자개, 라피스라줄리의 위상도 달라졌다. 특히 뽀얀 백수정과 맑고 투명하게 반짝이는 다이아몬드의 병치는 같은 백색 계열이지만 오묘한 대비를 이루며 독특한 미학을 탄생시켰다.

이처럼 아르데코 스타일은 형태에서는 기하학적 모티프와 대칭 구조, 소재에서는 플래티넘과 다이아몬드를 기본으로 다양한 형태(패시티드faceted, 카보숑, 카빙)로 깎은 각종 유색 보석의 과감한 배치, 포인트 컬러로 합성 보석의 사용, 그리고 강렬한 색채 조합과 흑백 대비 등으로 요약할 수 있다. 그러나 무엇보다 아르데코 스타일이 여타의 스타일과 구별되는 것은 기존의 틀을 벗어난 자유로움과 새로운 가치관의 표출에 있었다. 물론 이를 가능하게 한 것은 다음 장에서 살펴볼 예술과 산업의 적극적인 만남이었다.

8

아르데코 2

예술과 산업의 밀월,
모더니즘에 축배를!

1925년 파리 장식예술과
근대산업 국제박람회

1925년에 파리에서 열린 '장식예술과 근대산업 국제박람회' 포스터.(왼쪽)

앵발리드에서 바라본 박람회 현장.(오른쪽)
샹젤리제와 앵발리드 호텔까지 센 강변의 23헥타르 공간에서 개최되었다.

아르데코Art Déco라는 명칭은 1925년 파리에서 개최한 '장식예술과 근대산업 국제박람회'에서 따온 것이다.• 원래 이 국제박람회는 1916년에 열릴 계획이었는데 제1차 세계대전 때문에 1922년으로 연기되었고, 건축 자재의 부족으로 다시 1924년으로 연기되었다가 마침내 1925년에 개최되었다. 작은 주방 기기부터 도자기, 가구, 건축, 주얼리까지 전 세계 20개국에서 예술과 산업, 인간과 기계 사이의 융합을 표방하는 다양한 오브제가 출품되었다. 산업미술과 장식미술이 어깨를 나란히 하게 된 이 박람회를 보기 위해 7개월간 총 1천6백만 명이 파리로 몰려들었다. 1900년 파리 만국박람회 이후 무려 25년 만에 파리에서 열린 국제박람회였으니 프랑스로서는 매우 감격스러운 순간이었다.

이 국제박람회는 '모더니즘에 축배를' 높이 들어 올리며 'Modern, New,

• 실제로 '아르데코'라는 명칭이 쓰인 것은 1968년이었다. 연구자에 따라 1909~1925년까지를 아르데코, 1925년 이후를 아르 모데른art moderne으로 구분하기도 한다. 초기 아르데코가 더 우아하고 여성스러우며, 후기로 갈수록 근엄하고 기하학적이다.

Innovative'를 모토로 내걸었다. 즉 반드시 새로워야 했고 과거의 것을 모방하거나 독창성이 결여되면 참가할 수 없었다. 전통이 진보의 적으로 간주되는 시대가 도래한 것이다. 루이 14세 시절부터 장식예술의 표준을 세웠다고 자부해온 프랑스로서는 제1차 세계대전 이후에도 새로운 양식을 주도하며 건재하다는 것을 증명해야 했다. 따라서 박람회의 명칭도 세계를 하나의 단위로 보는 'Universal(만국)'이 아닌 국가적 이익을 앞세운 경쟁적 성격이 다분한 'International(국제)'을 채택했다. 전범국인 독일은 당연히 초대받지 못했고 미국은 자체적으로 불참했다. 대신 미국의 디자이너와 바이어, 기자단 등 수백 명이 전시를 참관하기 위해 대서양을 건너왔고, 이때 이들이 받은 감흥은 향후 20여 년간 미국의 라이프스타일에 전방위적인 영향을 끼치게 된다.

그런데 엄격한 박람회의 원칙도 주얼러들에게만큼은 예외를 두었다. 다른 분야의 작품에서 영감을 받았더라도 신선하게 재해석했거나 새롭게 디자인했다면 출품이 가능했다. 5백 제곱미터 공간의 주얼리 관은 대칭적이고 기하학적인 디자인과 양식화된 요소들로 가득 채워졌다. 이국적인 이집트, 아프리카, 미국의 원주민, 동양의 미술, 또 산업 디자인의 기능성에서 영감을 받은 작품들도 많았다. 플래티넘에 다이아몬드와 백수정은 거의 필수로 들어갔고, 블랙 오닉스나 블랙 에나멜을 곳곳에 배치한 흑백 대비 주얼리가 대세를 이루었다. 여기에 더욱 강렬한 시각적 효과를 내기 위해 빨강, 초록, 파란색의 보석이 추가되었다. 오닉스에 옥, 백수정에 라피스라줄리나 산호처럼 과거에는 기피했을 법한 튀는 색상의 보석끼리도 짝을 맞춰 하나의 주얼리를 구성했다. 이제 창의력도 비로소 낡은 관념에서 풀려나 해방을 맞이한 것이다. 과학의 진보를 상징하는 자동차나 비행기, 스포츠를 모티프로 한 주얼리도 등장했다. 대범하고 낙관적인 시대정신이 주얼리의 미학에도 고스란히 반영되었으니, 여성들은 혁신과 미래 그 자체를 착용하는 것이나 마찬가지였다.

국제박람회에 참가한 30명의 아르데코 주얼러는 전통 보석상인 '비주티에-조아예bijoutiers-joailliers'(보석상 주얼러)와 급진적이고 혁명적인 성향을 가진

르네 랄리크가 제작한 크리스털 분수대.
전시장 외부에 설치되어 국제박람회의 랜드마크가 되었다.

'비주티에-아르티스트bijoutiers-artistes'(아티스트 주얼러) 두 파로 나뉘었다. 그중에서 전자에 속하는 까르띠에, 부쉐론, 모브쌩Mauboussin, 반클리프 아펠, 라클로슈Lacloche 등이 사실상 아르데코 양식을 선두에서 지휘하며 큰 영향력을 발휘했다.

이들은 비주티에-아르티스트들과는 달리 디자인에 극단성을 보이지 않고 절제와 중용을 추구했다. 완벽한 세팅은 기본이고 오닉스, 산호, 옥, 백수정 같은 준보석에 다이아몬드, 루비, 사파이어, 에메랄드 같은 귀보석을 과감히 배치하는 식으로 혁신성을 표현했다. 기하학적인 디자인을 위해 칼리브레컷을 적극 활용했고 페르시아, 이집트, 동아시아의 문화에서 형태의 모티프

에드가르 브란트Edgar Brandt, 〈오아시스 병풍〉, 철, 구리, 1925년.(위)
박람회장 입구에 설치되었다.

봉마르셰 백화점 파빌리온.(아래)

와 색 조합을 빌려왔다.

그 가운데서도 두각을 나타낸 브랜드는 단연 까르띠에였다. 까르띠에는 20세기 초부터 빈 분리파의 근간인 사각형과 원형을 발전시켰는데, 차츰 동양풍으로 방향을 틀며 기발한 색채 조합과 기하학 문양을 응용하는 식으로 나아갔다. 특히 이 국제박람회에서는 흑백 대비를 강조한 주얼리를 대거 선보였는데 고급스러운 다이아몬드와 시크한 오닉스 또는 검정색 에나멜을 병치해 시각적으로 강렬한 효과를 연출했다. 벨에포크를 대표하던 갈란드 스타일을 수직적으로 재해석했고, 기하학적으로 커팅된 보석을 작은 건축물처럼 세팅했다. 또 인도풍으로 카빙한 원색의 보석(루비, 에메랄드, 사파이어)을 서양식으로 재해석한 '투티 프루티Tutti Frutti'로 폭발적인 관심을 불러일으켰다. 여타 주얼러들과는 달리 까르띠에는 패션 브랜드들처럼 주얼리를 마네킹에 착용해

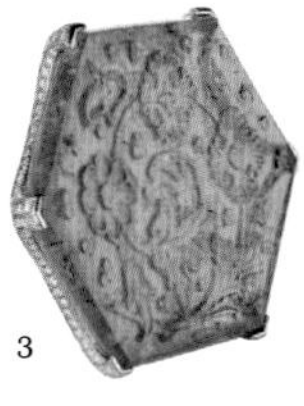

1 〈브로치〉, 15.12캐럿 에메랄드, 3.83캐럿 다이아몬드, 산호, 블랙 에나멜, 다이아몬드, 플래티넘, 까르띠에 뉴욕, 1925년. Nils Herrmann, Collection Cartier ©Cartier

2 1925년 국제박람회에서 마네킹에 전시한 까르띠에의 주얼리. 목에 타지마할 에메랄드 장식이 둘러져 있다.

3 타지마할 에메랄드(훗날 다시 디자인된 버전).

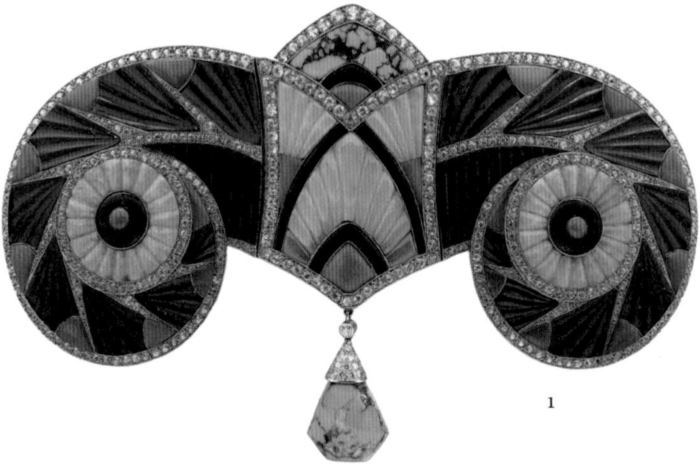

1

2

1 〈브로치〉, 1925년. ©Boucheron
라피스라줄리, 옥, 산호, 오닉스, 터키석, 라인스톤으로 장식한 대형 아르데코 브로치. 블랙 파스망트리 passementerie(주로 의복에 다는 금몰, 은몰 등의 장식)에 큰 술을 장식한 이 작품은 1925년 국제박람회에서 센세이션을 일으켰다. 이례적인 사이즈(14.8센티미터의 높이)는 이 작품을 더욱 특별하게 만드는 요소였다.

2 〈브로치〉, 산호, 다이아몬드, 오닉스, 플래티넘, 1925년. ©Boucheron
작은 라운드 다이아몬드로 세팅된 라인이 오닉스 위에 나열되어 있고, 양끝에는 산호로 만든 양식화된 구름이 장식되어 있다.

전시했는데, 이때 모자, 벨트, 옷감 등에 맞추어 하이 주얼리와 패션과의 연계성을 보여주기도 했다.

추상적인 디자인에 열정을 보인 부쉐론에도 관람객들의 관심이 집중되었다. 부쉐론은 크고 볼드한 브로치를 다수 선보였는데 원형이나 소용돌이 모티프에 옥, 산호, 라피스라줄리를 기하학적으로 배치하고 작은 브릴리언트 컷 다이아몬드로 장식성을 더했다. 부쉐론은 꽃 모티프도 단순화시켰다. 다이아몬드 꽃다발에 오닉스로 테두리를 만들거나 옥으로 조각한 꽃에 오닉스와 다이아몬드로 흑백 대비를 강조해 새롭게 양식화하고 재해석했다. 지그재그와 각진 패턴도 애용했는데 이때 바게트 컷 다이아몬드로 모서리와 선을 강조했다. 산호나 옥에 시트린과 자수정을 매칭한 참신한 조합으로도 뜨거운 호응을 얻었다.

큐비즘의 영향으로 기하학적 디자인에 집중한 브랜드로는 모브쌩도 있었다. 선견지명이 있었던 조지 모브쌩은 펜던트, 팔찌, 브로치에 이르기까지 스퀘어와 라운드 컷 및 파베 다이아몬드pavé diamonds(파베 세팅이라고도 하는데 아주 작은 금속 발을 이용해 여러 개의 멜리 다이아몬드를 도로 포장하듯 촘촘히 세팅하는 방식)를 조합한 대조 효과로 시대를 선도했다. 특히 유색 보석과 에나멜링으로 브릴리언트 컷 다이아몬드의 휘광성과 대비되는 강렬한 색채 대비를 연출했다. 다른 보석상들에 비하면 타원형이나 원형을 선호하는 편이었다.

1925년 국제박람회를 혹평한 그들은 누구인가

한편 비주티에-아르티스트 그룹에 속하는 장 푸케, 제라르 산도즈Gérard Sandoz, 레몽 탕플리에Raymond Templier, 폴 브란트, 르네 부아뱅, 뒤소수아Dusausoy 등도 1925년 국제박람회에서 큰 활약을 펼쳤다.

그런데 일 년 뒤인 1926년, 현대 건축의 아버지로 꼽히는 르코르뷔지에

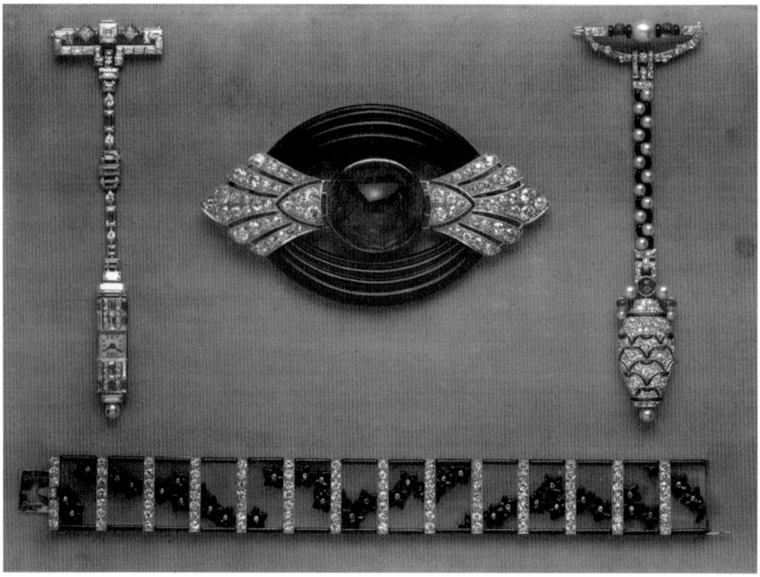

〈주얼리 세트〉, 에메랄드, 오닉스, 라운드 다이아몬드, 플래티넘, 1925년.(위) ⓒBoucheron
둥근 주름 장식의 오닉스 브로치(가운데): 카보숑 에메랄드가 중앙을 장식하고, 라운드 다이아몬드로 세팅한 모티프 세트가 양옆을 장식한 오닉스 소재의 브로치.
백수정 팔찌(양옆): 플래티넘 프레임에 반투명한 백수정을 깔고 그 위에 오닉스 꽃을 장식했다. 라운드 다이아몬드 바레트barrette(막대 모양의 장식)가 돋보이는 디자인.

〈와이드 플렉서블 팔찌〉 스케치, 1925년.(아래) ⓒBoucheron
곡선 형태로 이루어진 다섯 개의 사각 패턴으로 된 팔찌. 라운드 카보숑의 형태로 장식된 총 6.27캐럿의 8개의 에메랄드, 13.34캐럿의 12개의 루비, 9.42캐럿의 10개의 사파이어, 라운드 다이아몬드가 주변에 세팅되어 있고, 플래티넘 소재의 프레임 안에 블랙 오닉스 소재의 평행 사선 밴드가 장식되어 있다.

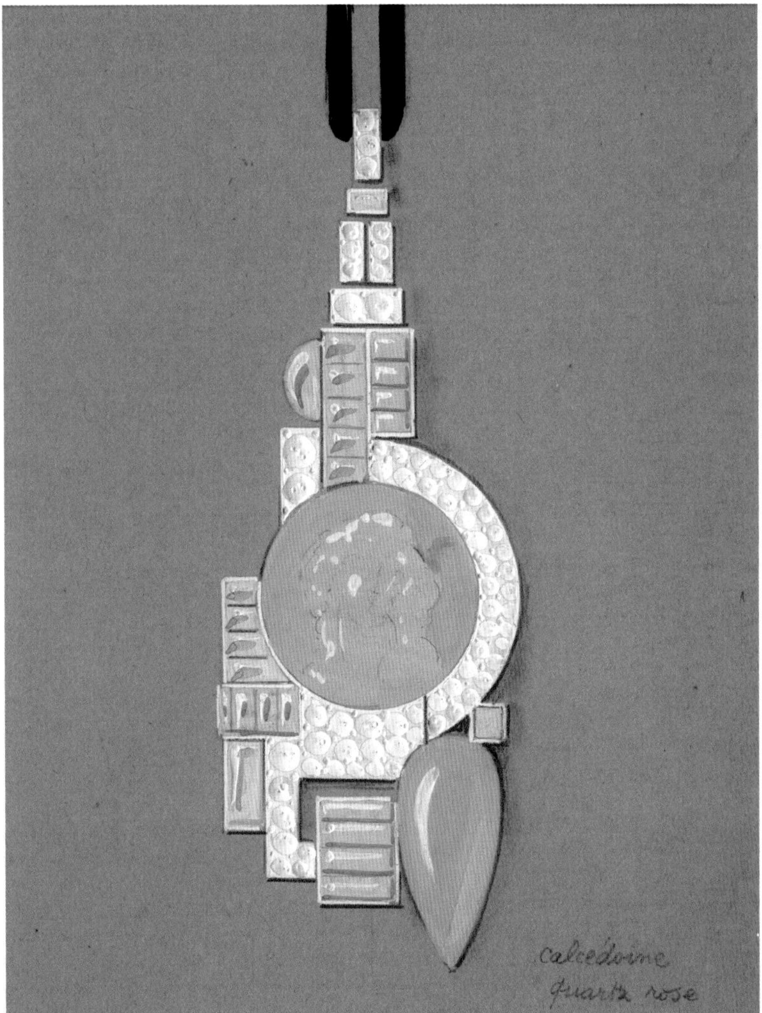

모브쌩의 기하학적 디자인의 〈펜던트〉 스케치, 1927년. ©Mauboussin

와 프랑시스 주르댕Francis Jourdain이 박람회를 혹독하게 비판하고 나섰다. 부유층에 부합하는 지나치게 향락적이고 사치스러운 제품들만 선보여 근대성modernity이 부족했다며 노골적으로 힐난한 것이다. 이들은 진정한 예술에 장식은 불필요하므로 애초에 'art'와 'decorative'는 공존할 수 없는 기형적인 개념이라고 주장했다. 결국 동시대 삶을 근원으로 하는 모던 아트의 지지와 방어를 표방하며 1929년 로베르 말레-스티븐스Robert Mallet-Stevens를 주축으로 프랑스 현대예술가연합UAM: Union des Artistes Modernes을 세웠다. 이는 과한 장식을 배제한 주얼리에 심취해 있던 장 푸케, 레몽 탕플리에, 제라르 산도즈, 장 데프레Jean Després에게도 영향을 미쳤다. 이들은 당장 장식예술가협회SAD: Societé des artistes décorateurs를 탈퇴하고 UAM에 가입했다.

UAM의 디자이너들은 과거에서 벗어나 일상에서 영감을 받고 지나친 장식미술과 화려한 장식을 제거하자는 공통 사명으로 똘똘 뭉쳤다. 르코르뷔지에가 1923년 『건축을 향하여Vers une architecture』에서 설파한 "집은 살기 위한 기계다"라는 원칙에 따라 최신 건축물에서 모티프를 따와 불필요한 장식

뒤소수아의 〈아르데코 브로치〉, 다이아몬드, 플래티넘, 1930년. ©Symbolic & Chase

을 배제한 미니멀한 주얼리를 선보였다. 또 바우하우스의 영향으로 다이아몬드의 찬란한 광채가 아니라 동시대 일반인들의 삶에서 비롯된 주제와 산업적인(공업적인) 형태의 주얼리를 지향했다. 행여 반짝이는 보석을 쓰더라도 시트린이나 자수정, 아콰마린, 토파즈처럼 비싸지 않은 준보석을 택했다. 보석의 소재 가치보다 예술적 가치를 앞세움으로써 까르띠에나 부쉐론 같은 전통 보석상들과 철저히 분리하고 차별화하려는 의도였다.

그들의 작품은 회화처럼 평면적이고 선적이며 조각처럼 3차원적이기도 했다. 특히 금속의 넓고 판판한 면을 그대로 남겨 '모더니티란 무엇인가'를 직관적으로 보여주었다. 때로는 그 위에 래커나 에나멜을 입히고 불투명한 보석을 장식하기도 했다. 이때 너트와 볼트, 볼베어링 같은 기계 부품과 속도에서 모티프를 가져와 단순하게 구현했다. 이들에게는 산업사회 자체가 영감의 원천이었고, 기계 시대에 걸맞은 기능주의를 강조한 주얼리는 그 어느 시대보다 대담하게 기존의 질서를 흔들었다.

이런 기계적인 양식의 대표 주자가 장 푸케였다. 그는 알폰스 무하와 협업해 수많은 명작을 탄생시킨 아르누보의 대가 조르주 푸케의 아들이다. 아버지 조르주는 1920년부터 아르누보를 기하학적으로 재해석한 아르데코 주얼리를 선보였고, 1925년 국제박람회에서는 주얼리 부문 위원장을 맡아 주얼러 선정에 엄격한 원칙을 견지했다. 아들 장 푸케는 주얼리를 투자 가치가 아닌 예술품으로 인식해야 한다는 아버지의 뜻을 받들어 1926년에 자신의 아이콘이 된 구조적인 형태의 팔찌를 발표했다. 산화시킨 실버에 아콰마린, 옥, 에나멜, 래커 등을 주로 사용했고, 아프리카 미술과 기계적인 양식을 조화롭게 구현해 한눈에 그의 작품임을 알아볼 수 있다.

유명 세공사 집안 태생인 레몽 탕플리에는 미술을 공부하다가 1919년부터 가업인 주얼리에 뛰어들었다. 입체파의 개념을 주얼리에 도입해 '주얼리계의 건축가'라는 별명을 얻었고, 자동차와 기계에 심취해 선이 굵고 강하지만 극도로 단순화시킨 주얼리를 선보였다.

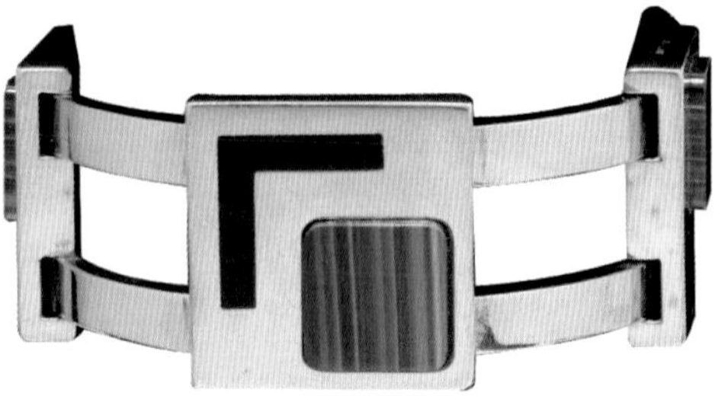

1

2

1 장 푸케, 〈팔찌〉, 말라카이트, 블랙 래커, 골드, 1929년, 빅토리아 앤드 앨버트 박물관, 런던.
장 푸케는 특히 흑단Ebony과 은으로 만든 뱅글로 유명하다.

2 장 푸케, 〈브로치〉, 골드, 오닉스, 래커, 백수정, 다이아몬드, 1925년.
기하학적인 디자인이 도시의 마천루를 떠올리게 한다. 파리 국제박람회에 출품된 브로치로 아르데코 주얼리에서 매우 중요한 피스로 여겨진다.

3

4
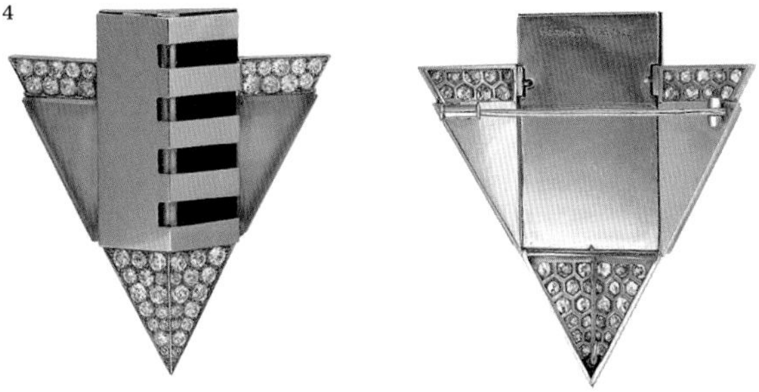

5
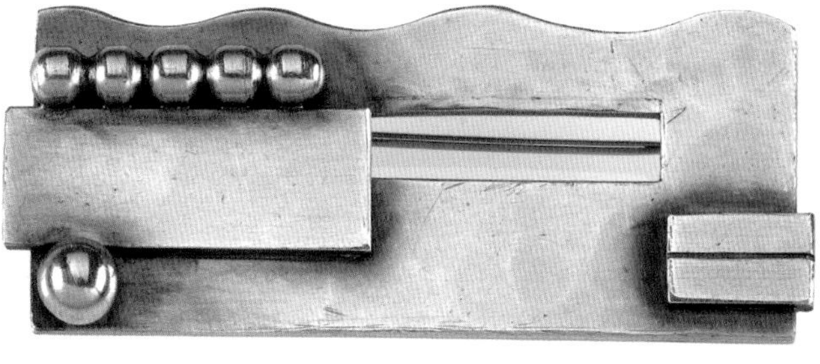

3 레몽 탕플리에, <브로치>, 래커, 다이아몬드, 플래티넘, 1929년.

4 제라르 산도즈, <브로치>, 오닉스, 다이아몬드, 백수정, 금, 플래티넘, 1928년.

5 장 데프레, <브로치>, 은, 1932년경. ©Dorotheum

"거리를 걷다 보면 자동차, 바퀴, 기계 등 모든 곳에서 주얼리 모티프가 보여요"라고 말할 정도로 레몽은 속도와 기계, 도시 생활의 역동성을 찬양한 미래파의 작품에서 깊은 감명을 받았다. 특히 쉐브론(V형 무늬) 모티프를 적극 활용하는데 그의 대표작인 '스피드Speed' 브로치는 세로로 놓으면 고층 빌딩을, 가로로 세워놓으면 속도를 상징했다.

'주얼리계의 피카소'로 통한 장 데프레 역시 자동차와 기계적인 작업을 주얼리로 재해석했다. 훗날 앤디 워홀이 대거 수집했을 정도로 팬층이 탄탄하다.

제라르 산도즈는 입체파의 기하학적인 모티프에서 큰 영감을 받아 컬러 블록 패턴을 즐겨 사용했다. 장 푸케처럼 산화시킨 은과 래커 기법을 주로 썼고 기계에서 영감을 받은 주얼리를 대거 선보였다. 1934년부터는 주얼리에서 손을 떼고 영화 산업으로 넘어갔다.

물론 이 시대에 프랑스의 주얼러들만 활약한 것은 아니다. 미국의 티파니와 블랙 스타 앤드 프로스트Black, Starr and Frost, 마르커스Marcus & Co., 레이몬드 야드Raymond Yard, 오스카 헤이맨Oscar Heyman 등이 미국식 아르데코 양식에 공적을 쌓으며 활발히 활동을 이어갔다. 미국의 아르데코는 프랑스보다 이국적인 색채는 덜하지만, 좀 더 근육질의 단단한 힘이 있고 위트와 유머가 적절하게 어우러진 디자인도 심심찮게 볼 수 있다.

유머러스한 미국의 〈아르데코 브로치〉. ©Oscar Heyman

미국은 아르데코를 전파해준 프랑스에게 재즈로 응답하며, 소비 생활이 증진된 1920년대의 활기찬 라이프스타일을 자축했다. 화려한 삶과 들끓는 욕망으로 가득 찬 뉴욕은 과거는 돌아보지 않은 채 오로지 미래를 향해 질주했다. 귀여운 종 모양의 클로슈cloche 모자에 짧은 치마, 긴 목걸이와 귀걸이를 걸치고 밤마실을 다니는 여인들의 명랑한 웃음소리가 들리는 것 같지 않은가? 바로 그 장면, 『위대한 개츠비』를 쓴 피츠제럴드가 명명한 '재즈 시대'의 여인들은 9장에서 만날 수 있다.

이탈리아의 〈아르데코 팔찌〉, 오닉스, 에메랄드, 다이아몬드, 1925년경. ©Bulgari
흑백 대비를 통한 기하학적 모티프가 반복된 디자인으로 강렬한 녹색의 에메랄드 배치가 돋보인다. 이탈리아의 흔치 않은 아르데코 작품이다.

9

아르데코 3

위대한 개츠비와 재즈 시대

여성의 권리 신장과 플래퍼 주얼리

"내 삶은 하늘의 별처럼 되어야 해.
끊임없이 올라가야만 하지."
—『위대한 개츠비』 중에서

2004년 뉴욕의 록펠러 센터에서 처음으로 주얼리 경매를 직관한 날의 기억이 지금도 생생하다. 그 많은 휘황찬란한 주얼리를 뒤로하고, 검정색 격자무늬가 정교하게 새겨진 빨간색 베니티 케이스vanity case(화장품을 담는 작은 케이스)에서 좀처럼 눈을 뗄 수가 없었다. 요즘으로 치면 클러치clutch(지갑보다 조금 더 큰 사이즈로 손에 들고 다니는 가방)와 비슷한데 귀금속과 각종 보석, 에나멜 등을 사용한 고급 장식품이라는 점에서 차이가 있다. 케이스를 열면 한 면에는 거울이, 맞은편에는 파우더나 립스틱이 들어가는 칸으로 분리되어 있다. 크기에 따라 미니 콤팩트만 간신히 넣을 수 있거나 립스틱, 빗, 향수 등을 전부 담을 수도 있다.

그런데 하필 내가 처음 열어본 베니티 케이스의 한쪽에는 연한 핑크빛 파우더가 3분의 2 이상 남아 있었다.

"아니, 파우더가 아직도 멀쩡하네!"

나도 모르게 돌고래처럼 높은 가성이 튀어나왔다. 백 년 가까운 세월을 지나온 누군가의 흔적이 너무나 신기해서 한참을 들여다보았다. 보는 내내 새초롬한 얼굴로 화장을 고치는 1920년대 어느 여인의 모습이 절로 그려졌

까르띠에의 〈베니티 케이스〉, 에나멜, 오닉스, 골드, 1925년. ©FD Gallery

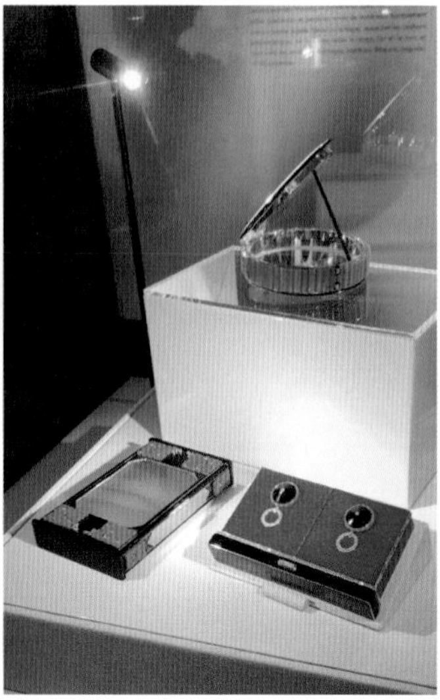

2018년 파리의 레콜 반클리프 앤드 아펠L'École Vancleef & Arpels에서 열린 《진귀한 아르데코 오브제Precious Art Deco Objects》 전시.
이 전시에서 만난 아르데코 베니티 케이스. 오리엔탈리즘의 영향으로 중국, 일본, 페르시아풍의 디자인이 다수를 차지했다. 모더니즘을 추구하던 시대에 고대부터 쓰인 에나멜, 래커, 상감기법을 부활시켜 주요 기법으로 사용한 점도 주목할 만하다.

다. 아마도 영화를 많이 본 탓이리라. 하지만 상상만으로도 신나긴 했다. 또 멋있었다. 그녀는 소위 '플래퍼flapper'● 라 불린 앞서가는 신여성이 아니었겠는가! 분명 보브 컷 머리를 하고 고급 의상실의 리틀 블랙 드레스(LBD)를 입고 있을 테지.

사실 이 베니티 케이스를 '고급스러운 장식품'으로만 묘사하기에는 아쉬움이 크다. 누군가의 눈에는 그저 오래된 퀴퀴한 물건으로 보일지도 모르지

● 플래퍼는 18세기 중반 영국에서 새끼 오리가 날개를 파닥거리는 소리를 흉내 낸 의성어로 사용되었다. 그러다가 20세기 초반 프랑스에서 짧은 치마에 단발머리를 한 창녀를 가리키는 말로 사용된다. 그런데 유럽 전쟁에 참전한 미군들이 이 창녀들의 모습을 각인한 채 미국으로 돌아오면서 미국에서는 유럽과 조금 다른 의미로 쓰였다. 즉 미국에서는 이른바 '신여성'을 뜻하면서 1920년대에 선풍적인 '플래퍼 붐'을 일으켰다.

고든 콘웨이, <빨간 모자>, 1929년.(왼쪽)
짙은 빨간색의 클로슈 모자를 쓴 여인. 긴 담뱃대를 든 가느다란 손가락에는 커다란 에메랄드 컷의 루비가 돋보이는 칵테일 반지를, 손목에는 기하학적 디자인의 루비와 에메랄드, 다이아몬드 팔찌를 끼고 있다. 모자와 루비의 빨간색이 검정색 모피와 강렬한 색 대비를 이룬다.

고든 콘웨이, <담배>, 1931년.(오른쪽)
기하학적 패턴이 돋보이는 다이아몬드와 에메랄드 팔찌를 낀 손으로 담배를 들고 있는 여인. 심플한 검정색 의상 위로는 길게 늘어지는 진주 목걸이를 착용하고, 보브 컷 머리 위에는 대칭적 디자인의 에메랄드와 다이아몬드 핀을 꽂았다.

만 알고 보면 인체공학적인 설계가 바탕이 된, 당시로서는 최첨단 기능성 제품이었다(여닫기도 편리해야 했고 립스틱을 넣다 뺐다 할 때의 매끄러움까지 고려해야 했다). 무엇보다 참정권을 획득한 여성들이 공공장소에서 이 케이스를 휴대하는 행동은 당시의 새로운 미학에 완벽하게 부합하는 것이었다.

제1차 세계대전과 스페인 독감이라는 연타석 대재앙에서 살아남은 뉴욕의 젊은이들은 소위 '광란의 1920년대'를 보냈다. 이들은 전깃불을 환하게 밝힌 시끌벅적한 도시의 밤을 열정적으로 즐겼다. 플래퍼들은 칵테일 잔을 든 채 흐느적거리는 재즈에 몸을 맡겼고, 신나는 찰스턴 리듬에 맞춰 격렬하게 몸을 흔들었다. 간판도 없는 술집에서 "먹고 마시고 즐기자!"라고 외치며 진탕 먹고 마시고 떠드는 그들에게 금주의 시대라는 현실은 무색하기만 했다.

투표권을 손에 넣은 여성들은 화려한 칵테일 반지를 낀 길고 가는 손가

1

2

1 까르띠에의 <아르데코 담배 케이스>, 라피스라줄리, 옥, 터키석, 다이아몬드, 골드, 1929년. ©Symbolic & Chase

2 <아르데코 담배 케이스>, 1924년. ©Boucheron
장미를 띠 형식의 빨간색과 녹색 에나멜로 장식했다. 라인에는 골드와 다이아몬드가 사용되었고, 푸시 버튼이 달려 있다.

락으로 반지르르 윤이 나는 형형색색의 케이스를 열어 담배를 꺼내 물었다. 다이아몬드와 사파이어가 별처럼 반짝이는 베니티 케이스에서는 립스틱을 꺼내 입술 위에 덧발랐다. 제1차 세계대전 이후 화장품 산업은 이미 거대 산업으로 성장했고, 상류층 여성들도 공공장소에서 분첩을 꺼내 화장을 고치거나 담배 연기를 내뿜는 것이 허용되었다. 손부채 뒤에서 은밀하게 유혹의 눈빛을 보내던 시대는 이미 옛이야기가 되었다. 과거의 점잖고 보수적인 문화에서는 터부시되던 행동들이 되레 쿨하고 매혹적인 몸짓으로 여겨졌다. 시선을 자극하는 담배 케이스와 베니티 케이스, 파우더 콤팩트는 여성 해방의 상징과도 같았고 우아한 사교계의 필수품으로서 소비와 욕망의 재즈 시대를 빛냈다.

동시에 주얼러들에게는 각종 케이스가 창의력과 아름다움을 과시할 수 있는 환상적인 캔버스가 되었다(상대적으로 남성용 담배 케이스는 훨씬 절제된 디자인이었다). 빛나는 보석뿐 아니라 더욱 다양한 색조를 표현하기 위해 자개와 에나멜이 애용되었고 내구성을 위해 래커도 두루 쓰였다. 1930년대로 들어가면서 베니티 케이스는 더 크고 수납공간이 풍부한 미노디에르minaudière● 로 진화했다. 이제 립스틱, 콤팩트, 담배, 시계, 라이터, 연필, 약통 등 신여성에게 필요한 모든 것을 한곳에 담을 수 있었다.

아르데코 시대를 상징하는 베니티 케이스는 오늘날에도 마니아층이 있을 정도로 수집가들에게 큰 사랑을 받고 있다. 앞서 7장 도입부에서 언급한 《재즈 시대: 1920년대 미국의 스타일》 전시에서 가장 감명 깊었던 작품들도 사드루딘 아가 칸 왕자Prince Sadruddin Aga Khan 컬렉션의 상당 부분을 차지한 백여 점의 케이스들이었다. 모두 이국적인 동양풍 디자인에 프랑스 주얼리 하우스의 노하우가 결합된 1920~1930년대 아르데코 작품들이다. 여기에는 에나멜부터 래커, 모자이크 상감 등 주요 장식 기법이 모두 집약되어 있다. 그 세계를 탐구하면 할수록 아르데코 주얼러들의 혁신과 창의력, 고도의 손기술에 감탄하게 되고, '지속 가능'한 소재의 중요성마저 깨우치게 된다.

아르데코 시대에 '뜨고 진' 주얼리

제1차 세계대전이 유례없는 총력전 양상을 띠면서 여성들은 남성들을 대신해 후방의 공장과 사무실에서 일하기 시작했다. 심지어 앰뷸런스를 운전할 정도로 활동성이 높아지다 보니 의상도 점차 몸의 곡선이 드러나지 않는 쪽으로 바뀌었다. 사이클이나 하이킹 같은 스포츠를 즐기는 여성이 늘어나면서 기능적인 의상도 필요했다. 무엇보다 자유와 권리를 쟁취한 여성들은 이전 시대의 수동적인 모든 것을 강력하게 거부했다.

사실 세계대전 이전부터 '패션의 왕'으로 불린 폴 푸아레Paul Poiret와 코코

● 이 명칭은 1933년 반클리프 아펠이 특허를 낸 것이다.

1

2

3

1 폴 푸아레의 <동양풍 하렘 팬츠>, 1911년, 메트로폴리탄 미술관, 뉴욕.
페르시아의 여종을 연상시킨다.

2 폴 푸아레의 <이브닝드레스>, 1900~1910년, 에르미타슈 미술관, 상트페테르부르크.

3 폴 푸아레의 드레스, 1914년.

샤넬이 선보인 중성적인 실루엣은 숨통을 조이던 코르셋과 보디스(부인용 드레스에서 몸통에 꼭 맞고 가슴부터 허리에 걸쳐 끈을 조여 입는 조끼류)로부터 여성들을 해방시켰다. 잘록한 허리를 강조한 S자 실루엣이 I자 실루엣으로 바뀌면서 치맛단 끝은 올라가고 허리선은 내려왔다. 이에 맞춰 주얼리도 길게 늘어져 직선적으로 변했다. 보디스 위에 꽂거나 실로 꿰매던 무거운 코르사주 브로치도 당연히 뒷전으로 물러났다. 얇고 가벼워진 의상에 육중한 브로치는 어울리지도 않았지만 고정시키는 것 자체가 어려웠기 때문이다. 결국 기존의 브로치는 해체해 더 작은 브로치로 만들거나 아예 녹여버리는 일도 다반사였다.

작아진 브로치는 크게 클립clip형과 핀pin형으로 나뉘었다. 클립형은 용수철이 들어간 잠금 장식이 의복의 가장자리를 움켜잡는 방식이었다. 종 모양의 클로슈 모자가 유행하면서 핀 브로치 중에는 모자나 옷깃에 꽂는 날렵한 자보 핀jabot pin의 수요가 많아졌다. 1922년 까르띠에에서 선보인 원 모양의 핀도 1925년 국제박람회 이후에 폭발적인 인기를 누렸다. 원래 벨트 버클과 클

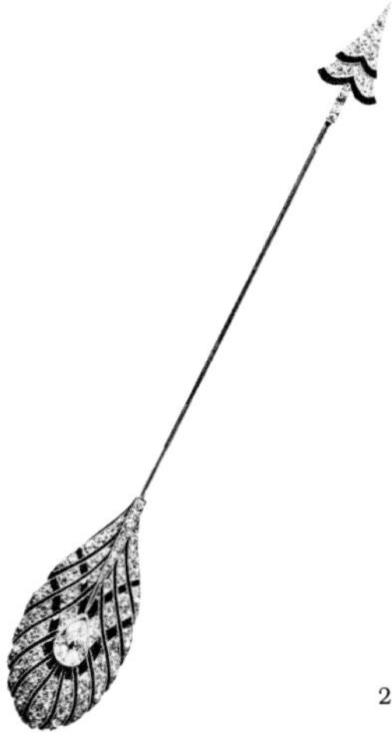

1

2

1 화살 모양의 〈자보 핀〉, 플래티넘, 다이아몬드, 1919년. ©Boucheron

2 〈자보 핀〉, 그레이 골드, 플래티넘, 블랙 에나멜, 다이아몬드, 옥, 1923년. ©Boucheron
옥에 꽃문양을 섬세하게 조각한 깃털 모티프가 장식되어 있다.

〈소투아르〉, 다이아몬드, 플래티넘. ⓒFD Gallery
다이아몬드로 장식된 전형적인 재즈 시대의 소투아르.

로슈 모자에 꽂는 용도였지만 점차 다양한 스타일로 연출했다.

목에 딱 맞게 착용하던 다이아몬드와 진주 목걸이는 가슴 아래까지 길게 늘어지는 소투아르 스타일로 바뀌었다. 소투아르는 낮아진 허리선과 균형을 맞추고 긴 실루엣을 강조할 수 있어서 재즈 시대에 가장 사랑받은 주얼리였다. 맨살이 훤히 드러난 등 쪽으로도 늘어뜨릴 수 있어서 특히 로백low back 드레스와 최상의 궁합을 자랑했다. 또 격렬한 찰스턴 스텝의 춤을 출 때면 리듬에 맞춰 역동적으로 흔들려 파티에서도 제격이었다. 체인에는 진주, 다이아몬드, 산호, 에메랄드, 사파이어, 루비, 오닉스 등이 군데군데 장식되었고, 늘어진 체인의 끝에는 태슬이나 펜던트가 달렸다. 이런 스타일을 '플래퍼 비즈flapper beads'라고 불렀다. 멋쟁이들은 두 겹으로 감아 짧게 두르기도 했고 다른 목걸이와 함께 겹쳐서도 착용했다. 해체하면 팔찌로 변신하고 펜던트만 떼어서 브로치로 착용할 수도 있었다.

역사적으로 여성들의 헤어스타일은 늘 긴 머리였지만, 재즈 시대에는 과감하게 커트한 짧은 단발이 대유행했다. 머리카락이 짧아지자 여성들의 귀와 뒷목이 드러났고, 귀걸이도 귓불 아래로 길게 늘어지는 펜던트형이 대세로 떠올랐다. 긴 것은 10센티미터도 훨씬 넘었고 그 끝에는 자그마한 보석들이 폭포수처럼 매달려 찰랑거렸다. 과거에 머리 꼭대기에서 착용자의 신분을 드높이던 티아라는 이마로 내려와 발랄한 단발에 어울리는 밴도로 진화했다. 숨겨진 잠금 장식을 풀면 팔찌와 브로치로 변신하는 실용성도 갖추었다.

한편 팔이 훤히 드러나는 민소매 옷을 입고 드레스용 장갑을 벗게 되자 기다렸다는 듯이 다양한 팔찌가 등장했다. 딱딱한 뱅글형은 팔의 윗부분까지 올리거나 몇 개씩 겹쳐 착용했다. 특히 플렉서블한 다이아몬드 팔찌(222쪽 1번)는 아르데코의 상징이자 오늘날까지 큰 사랑을 받는 최고의 클래식 아이템이다. 폭이 넓은 것은 5센티미터나 되었는데 널찍한 공간에 동방의 카펫 문양을 닮은 기하학적 모티프가 보석으로 정교하게 세공되었다. 멋쟁이들은 다이아몬드만 총 수십 캐럿이 세팅된 묵직한 팔찌도 너끈히 소화해냈다. 보통 여러 개를 겹쳐 착용했는데 움직일 때마다 맨살의 팔 위로 미끄러지며 눈부신 광채를 발산했다. 두 개의 팔찌를 연결하면 짧은 목걸이가 되도록 제작된 것도 있었다.

반지는 커다란 중심 보석 주변을 작은 라운드 브릴리언트 컷이나 바게트 컷 다이아몬드로 장식한 스타일이 대세였다. 이런 칵테일 반지는 파티장에서 술잔을 감싸 쥔 나른한 여인의 손에 우아함을 더해주는 일등공신이었다.

이 시대는 신여성들의 역동적인 삶을 보여주는 시계에도 주목할 필요가 있다. 바쁜 일상 속에서 시간을 엄수하게 해준 손목시계는 플래티넘 위에 다이아몬드를 촘촘히 세팅하거나 에나멜로 악센트를 주었고, 저녁에는 화려한 팔찌로 변신할 수 있게 디자인되었다. 긴 체인 끝에 시계가 달린 펜던트 시계fob나 라펠 시계(라펠의 홀을 통해 고정한 후 늘어뜨려 가슴 포켓에 넣는 회중시계)에도 보석과 에나멜이 장식되어 무채색 시계에 광채와 색조를 더하며 지루함을 덜어냈다.

1

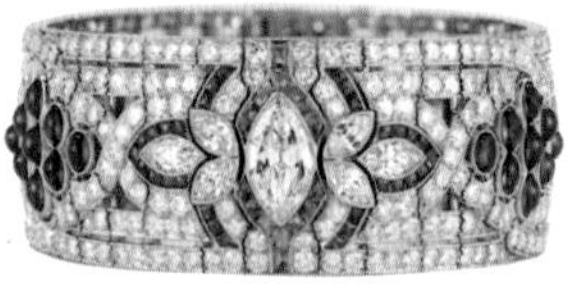

2

3

4

5

1 〈아르데코 팔찌〉. ⓒOscar & Heyman
이런 팔찌의 품질을 좌우하는 것은 장인 정신이었다. 연결된 부분이 매끈하고 뒷면까지 완벽해야 편안하게 착용할 수 있었기 때문이다.

2 〈아르데코 팔찌〉, 1920년대 중반. ⓒOscar & Heyman
다양한 컷의 다이아몬드, 사파이어, 에메랄드로 기하학적 무늬를 표현했다.

3 까르띠에의 〈다이아몬드와 에메랄드 팔찌〉, 1920년. ⓒFD Gallery
시리얼 회사의 창업자로 재벌이 된 포스트 가문의 상속녀 마저리 메리웨더 포스트Marjorie Merriweather Post가 소유했다.

4 〈아르데코 다이아몬드 반지〉. ⓒFD Gallery

5 〈아르데코 반지〉. ⓒOscar & Heyman

6

7

8

6 〈여성용 손목시계〉, 1929년. ⓒBoucheron
플래티넘 소재에 라운드 컷과 바게트 컷 다이아몬드를 장식했고, 세상에서 가장 작은 무브먼트(동력 장치)를 세팅했다.

7 티파니의 〈펜던트 시계〉, 플래티넘, 다이아몬드, 1915년. ⓒFD Gallery

8 조르주 르파프Georges Lepape가 디자인한 패션 잡지 『베니티 페어』의 표지, 1919년.
남녀가 함께 담뱃불을 붙이는 모습을 표지로 쓴 것은 당시의 급변하는 라이프스타일과 여성의 변화된 위상을 반영한다.

이렇듯 사회 환경이 급속하게 재편되자 라이프스타일과 패션에서도 천지개벽할 변화가 일어났다. 이전 시대에는 당연하게 착용하던 카메오, 티아라, 샤틀렌, 빗 핀 등 수많은 주얼리들이 단시간에 자취를 감추었다. 새로운 삶은 그에 걸맞은 패션과 주얼리를 필요로 했고, 주얼러들은 패션 디자이너들과 긴밀하게 협업하면서 최신의 미학과 유행을 유기적으로 반영했다.

위대한 개츠비와 재즈 시대

지금까지 언급한 모든 내용이 담긴 소설이 바로 스콧 피츠제럴드의 『위대한 개츠비』이다. 제1차 세계대전에서 승리한 미국은 1920년대와 함께 마침내 첫 번째 전성기를 맞았다. 특히 뉴욕은 마천루에서 뿜어 나오는 에너지와 물질적인 번영을 바탕으로 사치와 환락에 빠져들었다. 당시 미국의 부유층은 전통 부자와 신흥 부자로 양분되어 있었다. 『위대한 개츠비』의 인물들로 대입해 본다면 신흥 부자는 주인공 개츠비이고, 톰 뷰캐넌은 전형적인 전통 부자를 상징한다.

『위대한 개츠비』 초판, 1925년.

가진 거라고는 몸뚱어리밖에 없는 개츠비가 제1차 세계대전에 참전한 사이 그가 사랑한 여자 데이지는 대대손손 뼛속까지 부자인 톰과 결혼해버린다. 전쟁에서 돌아온 개츠비는 오로지 데이지를 만나겠다는 일념으로 기를 쓰고 돈을 모으기 시작한다. 그는 미국 전역에 내려진 금주령을 막대한 재산을 모을 수 있는 기회로 삼았다. 밀주 사업과 부정 증권 판매 등 온갖 불법을 자행하며 거부가 된 개츠비는 데이지가 사는 뉴욕의 롱아일랜드로 돌아와 밤마다 파티를 열며 그녀를 만나기 위해 혼신의 노력을 다한다.

개츠비의 드넓은 정원을 가득 메운 파티 장면에서 우리는 물질적, 문화적으로 한층 풍요로워진 미국의 1920년대를 만날 수 있다. 급격한 산업화로 경제적인 번영을 누리게 되자 소비와 유행이 활성화되었고 사람들은 과거의 고루한 규칙을 깨고 미래 지향적인 삶을 추구했다. 하지만 전쟁에서 허무하게 사라진 2천만 명의 젊은 목숨들을 보고 인생무상을 실감한 탓일까? 뉴욕의 청춘들은 '즐기고 보자'는 식으로 방탕한 생활에 탐닉하기 시작했다. 정신적으로 빈곤해진 이들은 섹스, 술, 재즈에 유달리 집착했다. 라디오의 등장으로 리드미컬한 재즈 선율이 하루 종일 젊은 남녀들의 감성을 도발적으로 자극했다. 밤마다 열린 파티장에서는 여인들의 긴 귀걸이와 목걸이가 리듬에 맞춰 관능적으로 흔들렸다.

젤다 피츠제럴드.
스콧 피츠제럴드는 그녀에게 '최초의 미국인 플래퍼'라는 별명을 지어주었다. 스콧과 젤다는 미국 재즈 시대의 상징과도 같다.

미국 사회에 흘러들어 온 돈, 쾌락만을 추구하는 인생, 금주법과 무질서, 심지어 불륜과 치정 관계가 난무한 이 시대의 비극은 결국 개츠비의 슬프고도 허망한 죽음으로 귀결되었다. 이것이 라이프스타일과 문화에 대혁명을 일으킨 재즈 시대의 어두운 진실이다. 이를 소설로 풀어낸 피츠제럴드는 질펀한 재즈 시대의 산증인이었고, 그의 부인 젤다는 여성들의 내면에 '플래퍼' 감성을 충동질한 장본인이었다.

재즈 시대의 지나친 향락은 사실 역설적으로 그 시대가 필요로 한 합리성과 구조적 기능성, 다시 말해 생활의 편의성과 아름다움을 실용적으로 받아들인 데에서 기인했다. 더없이 세심하고 우아한 아르데코 주얼리의 유행과 뉴욕의 스카이라인을 변화시킨 그 시발점에는 1920년대의 활기차고 모험적인 라이프스타일이 있었다. 마천루가 치솟을수록 여성의 권위도 함께 부상했고, 도시의 활기찬 에너지는 주얼리 디자이너들에게 최고의 영감을 선사했다. 시대가 변함에 따라 소비자의 패턴도 달라졌다. 단지 상품을 소비하는 데에서 그치는 것이 아니라 문화 자체를 소비하는 엘리트 소비자들이 대거 탄생했다. 이로써 진정한 20세기가 시작되었다고 해도 과언이 아니다. 바로 그 뒤에 이어진 대공황의 그늘과 함께.

재즈 시대의 아이콘 조세핀 베이커

아프리카계 미국인이지만 파리에서 활약한 조세핀 베이커Josephine Baker는 빛의 도시 파리를 재즈의 선율과 리듬으로 더욱 환하게 빛낸 인물이다. 독특한 목소리와 춤 실력, 코미디 연기는 그녀를 유럽의 슈퍼스타로 만들었다. 오죽 대단했으면 어니스트 헤밍웨이가 자신이 본 여자 중에서 가장 센세이셔널한 여자라고 감탄했을까!

식민 제국의 절정기를 구가한 프랑스는 아프리카와 흑인에 대해 매우 관심이 높았다. 원초적이면서도 강건한 아프리카의 미학은 과거의 그 어떤 장식미술사에서도 찾아볼 수 없는 신선함 그 자체였다. 게다가 나른한 아르누보의 선線과는 정반대의 활력까지 있었다. 이런 이유로 미국의 흑인들로부터 시작된 재즈 음악과 댄스, 아프리카 미술 등 흑인에 관해서라면 무엇이든지 흥미를 보였다.●

주얼리에서도 오닉스와 검정색 에나멜 사용이 증가했다. 이런 분위기를 타고 조세핀 베이커가 아르데코 하면 떠오르는 가장 상징적인 인물로 부상한 것이다(그녀가 미국에서 파리로 이주한 것은 은근히 보수성이 강한 미국에서 그녀를 인정하지 않았기 때문이다).

1929년 패션 잡지 『베니티 페어』 화보에 등장한 그녀를 보면 하얀색 천으로 벗은 몸을 살짝 가린 채로 긴 진주 목걸이를 걸치고 있다. 귀에는 버

1 찰스턴 춤을 추는 조세핀 베이커, 1926년.

2 바나나 스커트를 입은 조세핀 베이커, 1927년.

3 뮤지컬 <흑인 음악극Revue Nègre> 포스터, 폴 콜랭Paul Colin 제작, 1925년.

● 주얼리에서는 '블래커무어Blackamoor'가 대표적으로 이국 문화에 대한 애정과 오마주를 보여준다. 흑인 노예를 묘사한 것은 아니었지만 오늘날에는 이런 디자인을 민감하게 받아들일 수 있다.

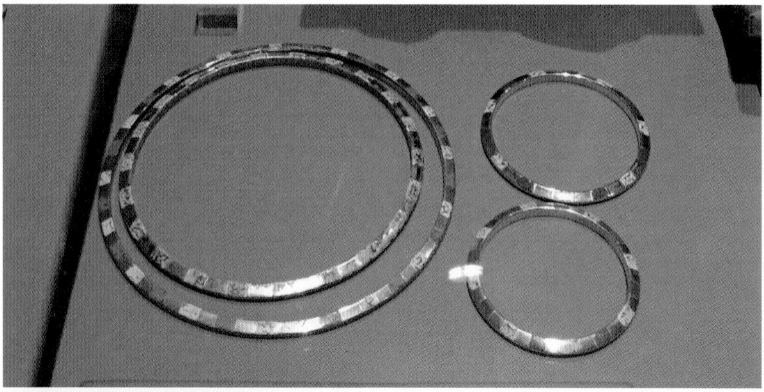

쿠퍼 휴이트 스미스소니언 디자인 미술관에 전시된 장 뒤낭의 지라프 목걸이와 팔찌.(위)

1929년『베니티 페어』화보에 등장한 조세핀 베이커.(아래)

스 손잡이만 한 후프 귀걸이를 하고 목에는 세 겹의 짧은 목걸이를 겹쳐 착용하고 있다. 이것이 바로 장 뒤낭Jean Dunand이 아프리카에서 영감을 받아 제작한 '지라프 목걸이Giraffe Necklaces'다.

1920년대에 아프리카 미술이 서양의 가구와 인테리어 소품에 널리 영향을 미친 것은 사실이지만 주얼리에서 자주 볼 수 있는 편은 아니었다. 그런데 주얼리 디자이너이자 화가인 장 뒤낭이 일찍이 아프리카 문화에 관심을 보이면서 커튼과 꽃병에 그려 넣었고, 1925년경에는 주얼리에도 아프리카의 패턴을 적용하기 시작했다. 그렇게 탄생한 첫 팔찌가 조세핀 베이커의 소장품이 된 것이다.

『베니티 페어』화보에서 그녀가 걸치고 있는 세 겹짜리 목걸이는 남아프리카 부족 여인들이 목에 겹겹이 두르는 네크 링neck ring에서 영감을 받았다. 오레움Oréum이라는 합금 소재를 사용했는데 하늘색과 검정색 래커로 아프리카의 추상적인 패턴을 구현해 마치 터키석을 정교하게 세팅한 듯 보인다.

뒤낭은 적어도 두 가지 스타일 이상에 다양

한 색의 지라프 목걸이로 1920년대 파리의 앞서가는 여성들을 매료시켰다. 모자 디자이너인 마담 아녜스Madame Agnès, 쥘리에트 드 생 시르Juliette de Saint Cyr, 배우 제인 르누아르Jane Renouardt 등이 열렬한 컬렉터였다.

오늘날 쿠퍼 휴이트 스미스소니언 디자인 미술관과 메트로폴리탄 미술관, 파리 장식미술관에서 뒤낭이 직접 그린 쥘리에트 드 생 시르의 초상화와 아름다운 색채의 래커로 완성한 담배 케이스, 베니티 케이스, 항아리 등을 만날 수 있다.

장 뒤낭, 〈쥘리에트 드 생 시르〉, 1925년경, 메트로폴리탄 미술관, 뉴욕.
세트 팔찌와 의상에도 지라프 목걸이와 비슷한 패턴이 수놓아져 있다.

장 뒤낭, 〈화분 씌우개〉, 1920년경, 쿠퍼 휴이트 스미스소니언 디자인 미술관.

10

아르데코 4

아르데코에 스며든 동방의 향기,
마하라자와 투탕카멘

최고조에 이른
이그조티시즘과 동서양 융합 주얼리

2016년 1월, 뭄바이로 향하는 비행기 안에서 나는 구름 위를 둥둥 떠다니는 기분이었다. 공식적으로는 결혼식에 초대받아 가는 길이었지만, 2천여 년 동안 유일한 다이아몬드 원산지이자 찬란한 주얼리 역사를 간직한 인도를 구석구석 둘러볼 수 있는 절호의 기회였다. 그러니 이 들뜬 마음을 무엇으로 표현할 수 있으랴!

나를 초대한 신부의 어머니는 진작부터 이브닝드레스를 네 벌 준비해 오라고 귀띔해주었다. 떠들썩하게 잔치를 벌이는 인도의 결혼 문화에서 화려한 색상의 드레스와 주얼리는 필수라는 설명도 잊지 않았다. 나는 네 벌의 드레스 중 한 벌은 한복을 택했다. 덕분에 산호가 장식된 비녀와 삼색 노리개까지 챙기며 한 달간 어떤 일이 펼쳐질지 한껏 기대에 부풀었다.

인도에 도착한 뒤 이틀간 두 차례의 파티가 열렸고, 드디어 본식이 열리는 날이 왔다. 코끼리마저 알록달록한 비단을 걸치고 등장한 인도의 전통 결혼식은 더없이 화려하고 이국적이었다.

하지만 영상 31도의 해가 쨍쨍한 날에 그것도 야외에서 치르는 행사이다 보니 한복에 속치마까지 껴입은 나는 땀을 삐질삐질 흘리며 연신 부채질을 해야 했다. 온몸이 땀으로 흠뻑 젖어갈 때쯤 본식이 끝났고, 30분 뒤 호텔 수영장에서 피로연(드디어 마지막 파티다!)이 시작된다는 안내 멘트가 흘러나왔다. 나는 그 말이 끝나기가 무섭게 재빨리 소매 없는 빨간색의 이브닝드레스로 갈아입었다.

한층 홀가분한 기분으로 수영장에 가보니 피라미드 형태의 건축물이 눈에 띄었다. 동행한 친구 캐서린이 드레스를 갈아입고 오려면 시간이 더 걸린다고 해서 나는 우선 피라미드 안으로 들어가서 기다리기로 했다. 네온 핑크색으로 빛나는 피라미드 안에는 커다란 ㄱ자 모양의 소파와 테이블이 네 군데의 모퉁이에 각각 놓여 있었다. 마침 하이힐을 신은 다리가 아프기도 했고, 그중 한 소파에서 캐서린을 기다리면 되겠다 싶어 자리를 잡고 앉았다. 그런데 갑자기 흰색 정복正服을 입은 사내 서너 명이 눈을 부라리며 다가오는 것이

아닌가.

“저쪽으로 옮겨주시죠.”

그 말투는 마치 내가 앉아서는 안 될 자리에 앉아 있다는 듯 명령조에 가까웠고 꽤 위협적으로 들렸다.

‘내 눈엔 다 똑같은 소파 같은데, 이 사람들은 왜 이리 무례하지?’

하지만 정복의 힘은 역시 무서웠다. 게다가 그들은 허리춤에 총까지 차고 있는 듯했다. 그 몇 초 동안 심장이 천 번쯤 뛰는 것 같았고 얼굴은 수치심으로 발갛게 달아올랐다. 기분이 몹시 상했지만 어느새 나는 클러치 백과 휴대폰을 주섬주섬 챙겨 들고 그들이 손가락으로 가리킨 다른 소파로 잰걸음을 놀리고 있었다. 그것도 아주 순순히.

뒤늦게 굴욕감이 차오른 나는 한 번 째려보기나 하려고 휙 고개를 돌렸는데, 그 순간 한 무리의 사람들이 들어오는 것이 보였다. 오십 대 중후반으로 보이는 한 쌍의 남녀가 정복을 입은 사내들의 호위를 받으며 좀 전에 ‘내가 쫓겨난’ 바로 그 소파에 앉았다. 본능적으로 그들이 VVIP 하객임을 알아차렸지만 내가 인도 유명인의 얼굴을 어떻게 알겠는가.

그때 드레스를 갈아입은 캐서린이 인도 지인들과 함께 도착했다. 나는 너무 반가운 나머지 방금 전에 당한 황당 사건을 고자질하려고 그녀에게 바짝 다가갔다. 그 순간 캐서린이 나를 향해 작은 소리로 속삭였다.

“성원, 저 남자가 인도에서 제일가는 부자래. 옆에는 부인이고. 두 사람 옆에 앉은 분은 뭄바이가 속한 마하라슈트라 주의 주지사래.”

그제야 내가 그 소파에서 쫓겨난 이유를 알게 되었다. 그러고 보니 이틀 전 뭄바이 시내를 지날 때 운전기사가 100층짜리 건물을 가리키며 인도 최고 부자의 저택이라고 말했던 게 기억났다.

‘오, 말로만 듣던 그 주인공들이시군. 그렇다면 부인은 무슨 보석을 하고 왔을까? 혹시 요즘 슈퍼리치들 사이에 가장 핫한 핑크 다이아몬드는 아닐까? 아니, 어쩌면 블루 다이아몬드일 수도……?’

피로연장인 피라미드 외부의 모습.

나는 캐서린에게 저 인도 제일 부자의 부인은 과연 무슨 주얼리를 착용하고 있는지 좀 봐달라고 부탁했다. 그런데 캐서린은 대답 대신 갑자기 휴대폰을 들고 줌을 당겨서 사진을 찍었다. 그녀가 보여준 사진 속의 여인은 예상과는 달리 머리끝부터 발끝까지 에메랄드 주얼리를 착용하고 있었다. 반지에는 거대한 카보숑 에메랄드가, 팔찌와 귀걸이, 목걸이는 물론 심지어 클러치백에도 초록빛 에메랄드가 박혀 있었다. 그러고 보니 피로연장의 하객들 중 상당수가 에메랄드를 착용하고 있다는 것을 깨달았다. 애프터 드레스로 갈아입고 나온 신부 또한 목, 귀, 팔에 에메랄드를 두른 채 하객들에게 인사했다. 과거 무굴 제국의 통치자들이 그렇게 에메랄드를 좋아했다더니, 21세기의 인도 또한 에메랄드의 천국이었다.

"마하라자와 무굴 매그니피슨스Maharajas & Mughal Magnificence 컬렉션, 크리스티 뉴욕 경매에 나온다."

그로부터 3년 후인 2019년 봄, 나는 이 한 줄의 헤드라인에 눈이 번쩍 뜨였다. 솔직히 말하자면 한 대 얻어맞은 느낌이었다. 그것은 다름 아니라 셰이크 하마드 빈 압둘라 알 타니Sheikh Hamad Bin Abdullah Al Thani의 컬렉션이었기 때문이다. 현재 카타르 국왕의 사촌이자 기업가인 알 타니는 스물일곱 살 때인 2009년, 런던 빅토리아 앤드 앨버트 박물관에서 열린 《마하자라: 인도 궁정의 장관Maharaja: The Splendour of India's Royal Courts》이라는 전시를 본 후 인도의 주얼리에 쏙 빠졌다. 그전까지 인도를 방문한 적조차 없었던 이 남자는 오로지 열정 하나로 인도 관련 오브제와 주얼리 총 6천여 점을 수집했고, 빅토리아 앤드 앨버트 박물관, 메트로폴리탄 미술관, 그랑팔레 등 세계 주요 박물관과 미술관을 돌며 아홉 번의 전시를 개최했다.

그토록 파격적인 양과 질을 자랑하는 알 타니의 컬렉션 가운데 4백 점이나 경매에 출품되다니! 부랴부랴 경매 도록을 펼쳐보니 옥과 금이 세팅된 샤자한(타지마할을 건축한 황제)의 단검과 컵을 비롯해 각종 보석 장식품, 3백여 년 전에 고갈된 골콘다 다이아몬드 수십 개가 연결된 목걸이 등 무굴 제국의 영

알 타니 컬렉션의 〈나와나가르Nawanagar 루비 목걸이〉, 플래티넘, 루비, 다이아몬드, 까르띠에 제작, 1937년.
ⓒChristie's Images Ltd.

광이 담긴 보물만 절반이 넘었다. 뿐만 아니라 인도에서 영감을 받았거나 마하라자들과 협업한 프랑스의 아르데코 주얼리, 현존하는 최고의 아티스트인 자르JAR: Joel Arthur Rosenthal와 인도의 하이 주얼리 디자이너인 비렌 바갓Viren Bhagat의 작품까지 가히 상상을 초월하는 수준이었다.

이쯤 되면 16세기부터 21세기까지 5백여 년을 아우르는 명작들을 경매에 내놓은 이유가 궁금할 수밖에 없다. 때마침 홍콩에서 진행한 프리뷰 현장에서 크리스티 주얼리의 일인자 프랑수아 퀴리엘François Curiel(크리스티 유럽 회장)을 만날 수 있었다. 그는 크리스티의 주얼리 역사에서 살아 있는 전설이자 대부로 통한다. 이날 기자간담회는 중국어로만 진행되었기 때문에 나는 혼자 알아서 궁금증을 해결해야 했다. 나는 곧바로 그에게 일직선으로 달려갔다.

"알 타니의 컬렉션이 왜 경매에 나왔는지 궁금합니다. 이 귀한 것들을 왜 4백 점씩이나 내놓았나요? 혹시 그의 신변에 무슨 일이라도 생겼나요?"

나는 간단한 인사말을 끝내기가 무섭게 알 타니의 안부 아닌 안부를 묻고 있었다. 그의 얼굴에 예상했다는 표정이 스쳤다. 그래, 다들 궁금해하는 내용은 비슷할 테지.

"알 타니 컬렉션 재단에서 2021년 파리 해군청Hôtel de la Marine에 박물관 개관을 앞두고 있어요. 전시와 출판, 스폰서십 등 각종 사업을 계획하고 있으니 자금이 필요하겠죠? 아직 5천6백 점이나 남아 있으니 걱-정-말-아-요."

그는 프랑스어 특유의 억양이 살짝 섞인 영어로 느긋하게 대답했다. 그는 가벼운 농담으로 대화를 끝맺고 싶은 듯했지만, 이 순간을 놓칠 수 없었던 나는 연달아 질문을 쏟아냈다. 그간 책에서만 보았던 '인도-스페인판 신데렐라'의 브로치가 바로 옆에 있었기 때문이다. 그것은 카푸르탈라Kapurthala의 마하라자 자갓짓 싱 바하두르Jagatjit Singh Bahadur가 스페인의 무용수 아니타 델가도Anita Delgado에게 선물한 초승달 모양의 에메랄드다.

"저 에메랄드가 원래 마하라자의 애완 코끼리 이마에 두른 장신구였다는 게 사실인가요? 인도 문화에서 초승달의 의미를 어떻게 해석하면 될까요? 어

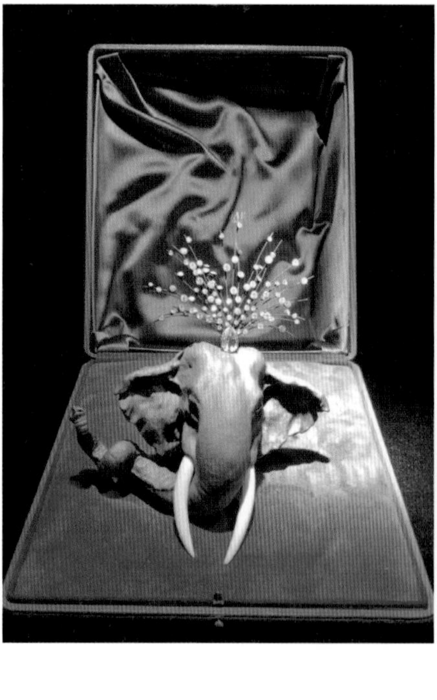

'마하라자와 무굴 매그니피슨스' 크리스티 경매 홍콩 프리뷰 현장.
위에서부터 바로다 진주 캐노피, 자르JAR의 코끼리 브로치, 아니타 델가도의 에메랄드 브로치, 하이데라바드 왕국의 앵무새.

떤 경로로 알 타니의 소장품이 되었나요?"

"오, 좋은 질문이에요. 그 부분은 나보다 라훌이 더 잘 알고 있을 거예요."

프랑수아는 곁에 있던 크리스티 주얼리의 이인자이자 인도 출신인 라훌 카다키아(크리스티 인터내셔널 주얼리의 수장)를 대화에 동참시켰다. 덕분에 브로치에 담긴 비하인드 스토리와 주요 작품들에 대한 설명까지 들을 수 있었다.

전시장을 가득 메운 알 타니의 컬렉션은 한 권의 살아 숨 쉬는 역사서였다. 천연 진주와 에메랄드, 루비, 사파이어 등 총 95만 개의 보석이 빼곡하게 수놓아진 '바로다 진주 캐노피Baroda Pearl canopy'(1865~1870년)와 폴 이리브가 디자인한 초창기 아르데코 브로치, 솜사탕같이 고운 핑크빛 '아그라 다이아몬드', 영롱하고 신비로운 '타지마할 에메랄드' 등 수많은 보물에서 무굴 제국의 눈부신 역사와 골육상잔의 비극을 동시에 마주했다. 주얼리 한 점 한 점을 들여다볼 때마다 마치 예술 작품 같은 우아한 자태와 존재의 경이로움에 말 그대로 심장이 멎는 듯했다. 그곳은 마치 주얼리 역사에 바치는 성전聖殿 같았다.

한 달 후 뉴욕 크리스티에서 개최된 알 타니 컬렉션 경매는 1억 930만 달러(한화 약 1,206억 원)의 매출을 올리며 예상대로 인도 예술품 부문 신기록을 경신했다. 경매 전문가들은 앞으로도 이 기록이 깨지는 일은 없을 것이라고 장담했다. 알 타니가 인도에 흥미를 잃고 모두 처분하지 않는 이상 말이다.

나는 알 타니 컬렉션을 보면서 그가 재단을 세우고 박물관을 건립하는 것이 당연하게 느껴졌다. 그의 컬렉션을 통해 나는 인도의 역사와 문화, 디자인을 더욱 깊이 이해하게 되었고, 인도의 문화가 서구 사회에 어떤 영향을 끼쳤는지도 확인할 수 있었다. 20세기 초에 파리를 여행한 마하라자들의 독특한 취향과 안목은 프랑스 주얼러들의 창의력에 뜨거운 불을 지폈다. 그래서 백여 년 전의 아르데코 주얼리에서는 당시의 주얼러들이 디자인 아이디어를 구상할 때 인도의 전통 문화와 예술에서 특히 어떤 요소를 좋아했는지를 엿볼 수 있다. 그것을 하나씩 찾아내는 과정은 마치 보물찾기처럼 쏠쏠한 재미와 감동을 선사한다.

1 〈중국풍 콤팩트〉. ⓒSymbolic & Chase

2 〈중국풍 팔찌〉, 비취, 에나멜, 루비, 밀키 칼세도니, 다이아몬드, 모부쌩 제작, 1928년. ⓒSymbolic & Chase

3 〈중국풍 반지〉, 비취, 산호, 오닉스, 1925년. ⓒFD Gallery

조르주 바르비에, 〈아름다운 사람〉, 『가제트 뒤 봉통Gazette du Bon Ton』에 실린 일러스트.
1920년대를 휩쓴 동양풍의 의상과 주얼리, 인테리어를 찾아볼 수 있다.

사실 20세기 초 유럽에서 피어난 이국에 대한 관심은 비단 인도뿐만은 아니었다. 이집트, 페르시아, 중국, 일본의 문화와 예술이 유럽인들의 감성을 자극했고 아르데코라는 멜팅 팟Melting Pot에 녹아들었다. 다이아몬드 위주의 단색조 주얼리는 점차 강렬하고 다채롭게 변신했고 용, 파고다, 키메라 같은 동아시아의 전통적인 모티프들은 서양의 시각으로 다시 태어났다. 페르시아에서는 추상적인 아라베스크 문양이나 꽃과 식물 문양의 모티프를 가져와 사파이어, 라피스라줄리, 에메랄드 같은 파랑-초록의 색 조합으로 다시 구현했다.

이런 관점에서 보면 당시 아르데코 주얼러들은 인도의 마하라자 같은 이국의 부유층은 물론 참신하고 모던한 주얼리를 갈망한 세련된 소비자들과도 공생하며 함께 성장한 것이 확실하고 당연해 보인다. 그들의 까다로운 요구에 맞춰가면서 진화와 창조를 거듭한 주얼러들은 20세기를 통틀어 가장 혁신적이고 독창적인 명작들을 세상에 내놓았다.

인도의 위엄

인도에서 주얼리는 5천 년 넘게 중요한 역할을 담당했다. 영적 생활에서는 최고의 보석과 순수한 금이 악운을 물리치는 강력한 힘을 발휘한다고 믿었고, 사회생활에서는 다산과 행복을 기원하는 결혼 지참금으로 널리 쓰였다. 신을 찬양할 때는 오로지 최고 품질의 보석만 사용했기 때문에 무굴 제국의 아우랑제브 황제는 보석을 담당하는 비서만 세 명(보석을 관리하는 사람, 가치를 평가하는 사람, 가짜나 인공 처리된 보석을 골라내는 사람)을 둘 정도였다.

게다가 인도는 2천 년 이상이나 세계에서 유일한 다이아몬드 산지였다. 그러다 보니 그 유명한 골콘다 광산•에서 나온 가장 맑고 투명한 다이아몬드는 제일 먼저 인도 내에서 소비했다. 나머지는 해외 곳곳에서 산출되는 루비, 사파이어, 진주, 에메랄드 등을 구입하는 데 썼다. 푸른 잎이 우거진 수풀처럼 짙은 에메랄드와 핏빛 루비 같은 자연의 생명력을 간직한 보석들이 태양을 닮은 황금 안에 속속 장식되었다(황금은 인도의 정체성이자 영혼의 금속이었다). 이런 전통과 문화를 물려받은 20세기 마하라자들이 보석에 조예가 깊은 것은 당연했다.

마하라자들이 본격적으로 유럽의 주얼리에 영향을 미친 것은 1920년대에서 1930년대 사이이다. 특히 주얼리 역사에 한 획을 그은 전설적인 컬렉터로는 인도 최대의 시크교 국가였던 파티알라Patiala의 마하라자 부핀더 싱Bhupinder Singh을 꼽을 수 있다. 백여 년 전에 이미 인도인 최초로 비행기를 소유하고 비행기의 이착륙을 위해 활주로를 건설할 정도로 부핀더는 호화롭고 사치스러운 삶을 누렸다. 그가 베를린에 머물 때 히틀러가 존경의 표시로 마이바흐 자동차를 선물했다는 유명한 일화의 장본인이기도 하다. 그러니 보석 컬렉션은 얼마나 대단했겠는가? 맨살 위에 다이아몬드가 촘촘히 박힌 흉갑만 걸치고 방문객을 만날 정도로 그는 알아주는 보석 애호가였다. 궁전 깊숙한 곳에 자리한 보석의 방에는 다이아몬드, 천연 진주, 에메랄드, 루비 및 각종 터번 장신구가 『아라비안나이트』의 한 장면처럼 가득 채워져 있었다.

• 최소 1천2백만 캐럿이 채굴되었고, 현재는 고갈된 상태다.

인도에서 영감을 받은 투티 프루티 스타일의 〈펜던트〉, 다이아몬드, 루비, 에메랄드, 사파이어, 플래티넘, 1930년대. ©Oscar & Heyman

그런데 자크 까르띠에가 파티알라 궁전을 방문한 1911년만 해도 부핀더는 컬렉션의 일부를 팔아서 현금을 확보하는 쪽에 더 관심을 두었다. 워낙 천문학적인 수준의 보석을 소유했기 때문이다. 하지만 점차 유럽인들과 교류가 늘어나면서 생각이 바뀌게 된다. 제1차 세계대전 이후 사회·문화적으로 일대 혁신이 일어나면서 서양 신흥 부자들의 자금력으로 특출한 주얼리가 대거 탄생한 것을 목도한 것이다. 다른 마하라자들이 감히 따라잡을 수 없는 독보적인 주얼리 컬렉션을 갖추기로 결심한 부핀더는 1925년에 직접 파리에 가서 까르띠에 일가를 만났다. 그가 들고 온 커다란 나무 박스에서 신문지 뭉치를

파티알라의 마하라자 부핀더 싱, 1911년.(왼쪽)
그의 터번 장신구 사르페치sarpech에는 다이아몬드와 레드 스피넬이 박혀 있고, 목에 두른 여러 겹의 목걸이에는 거대한 다이아몬드가 매달려 있다.

부핀더 싱의 아들인 파티알라의 마하라자 야다빈드라 싱.(오른쪽)
까르띠에가 그의 아버지를 위해 1928년에 제작한 파티알라 목걸이를 착용하고 있다. 목걸이의 아랫부분에 드비어스 옐로 다이아몬드가 세팅되어 있는데 사진에서는 잘려 있다.

하나씩 꺼내 펼칠 때마다 비둘기 알만 한 버마 루비와 콜롬비아 에메랄드, 골프공만 한 다이아몬드가 자태를 드러냈다. 핑크, 옐로, 그린, 브라운 다이아몬드와 천연 진주도 끝 간 데 없이 나왔다. 인도의 전통 장신구도 한가득 들어 있었다. "전부 다 최신 프랑스 스타일로 바꿔주시죠."

당시 까르띠에는 부핀더가 들고 온 파티알라의 왕실 보석들을 개조하고 새로 제작하는 데 총 3년을 쏟아부었다. 그중에서 2년에 걸쳐 제작한 '파티알라 목걸이'는 다이아몬드만 2,930개에 총 962.25캐럿이 세팅된 대작 중의 대작이었다. 그런데 왕실 보물관에 보관하던 중 1948년에 갑자기 사라지고 만다. 이 때문에 그의 아들인 야다빈드라 싱Yadavindra Singh이 이 목걸이를 마지막

〈파티알라 루비 목걸이 세트〉, 루비, 천연 진주, 다이아몬드, 1931년. Archives Cartier Paris ©Cartier
루비는 오벌 & 라운드 카보숑, 비드가 사용되었다.

으로 착용한 마하라자로 기록되었는데 1998년 뜻하지 않게 런던의 빈티지 주얼리 숍에서 발견되었다. 하지만 센터 스톤인 '드비어스 옐로 다이아몬드'와 7개의 커다란 다이아몬드는 이미 사라진 뒤였다. 결국 까르띠에는 오리지널 다이아몬드 자리에 큐빅과 합성 루비 등을 세팅해서 원래의 아름다운 자태를 복원했다.

'파티알라 루비 목걸이'도 전설적인 주얼리 중 하나다. 역시 까르띠에에서

부핀더 싱과 부인들, 1931년경.
의자 왼쪽에 앉은 세 번째 부인 우브할왈레가 '파티알라 루비 목걸이'를 착용하고 있다.

제작했다. 부핀더 싱이 세 번째 부인•인 우브할왈레Ubhalwale에게 선물한 것인데 다양한 모양의 루비와 천연 진주, 다이아몬드가 세팅되어 있다. 여러 개의 목걸이가 한 세트여서 한꺼번에 착용하면 가슴 전체를 거의 덮는 크기였다. 그는 인도의 '삶' 그 자체인 금 대신 서양에서 가장 세련된 금속으로 인정받던 플래티넘을 선택했다. 그만큼 부핀더 싱은 유럽식 주얼리에 심취해 있었다.

하지만 목걸이는 어느 시점엔가 각각 흩어져 자취를 감추었다(우브할왈레의 1931년 사진에서는 확인할 수 있다). 그러다가 2000년 루비 초커 한 줄이 제네바 경매에 팔찌로 출품된 것을 까르띠에에서 구입해 오리지널 목걸이로 복원했

• 부핀더 싱은 다섯 번 결혼해서 88명의 자식을 두었다.

부쉐론이 파티알라의 마하라자 부펀더 싱에게 제작해준 에메랄드와 다이아몬드 주얼리 세트 스케치, 1928년.
ⓒBoucheron

다. 이후 알 타니가 구매했고, 그가 2019년 크리스티 경매에 내놓으면서 수십 년 만에 세상에 공개된 것이다.

부핀더 싱은 1928년 8월에도 수만 개의 보석으로 가득한 여섯 개의 철제 상자를 이끌고 파리에 왔다. 하인만 40명을 데리고 온 그는 리츠 호텔의 룸을 한꺼번에 35개나 빌리며 궁극의 재력을 만방에 과시했다. 이번에는 부쉐론에 7,571개의 다이아몬드와 1,432개의 에메랄드를 사용해서 총 149점의 주얼리로 구성된 특별한 주얼리 세트를 주문했다. 상상을 초월하는 그의 역대급 주문은 방돔 광장을 흥분의 도가니에 빠뜨렸고 그렇게 주얼리 역사의 빛나는 한 페이지를 장식했다.

또 다른 유명한 컬렉터로 인도르Indore의 마하라자 예슈원트 라오 홀카

베르나르 부테 드 모넬Bernard Boutet de Monel, 〈예슈원트 라오 홀카르 2세의 초상화〉, 1933~1934년.
이 초상화에서 예슈원트는 두 줄짜리 천연 진주 목걸이에 각 46.95캐럿과 46.7캐럿의 인도르 다이아몬드를 착용하고 있다.

르 2세Yeshwant Rao Holkar II가 있다. 그는 아내인 사뇨지타Maharani Sanyogita와 함께 1920년대에 파리를 자주 방문해서 쇼핑을 즐겼다. 아침 산책길에 아내에게 거대한 에메랄드 반지를 사줄 정도로 알아주는 주얼리 애호가였다. 예슈원트의 초상화나 사진을 자세히 보면 그 유명한 '인도르 다이아몬드'나 '인도르 사파이어'를 발견할 수 있다.

인도르 다이아몬드는 원래 그의 아버지 투코지 라오 홀카르 3세Tukoji Rao Holkar III가 1913년에 쇼메Chaumet에서 구입한 두 개의 물방울 다이아몬드가 세팅된 라발리에lavalier 목걸이였다. 각각 46.7캐럿과 46.95캐럿의 휘황한 다이아몬드에 매료된 투코지는 목걸이를 보고 난 다음 날 바로 대금을 지불하고 목걸이를 손에 넣었다. 1926년 그의 외아들 예슈원트가 열일곱 살의 어린 나이로 그의 뒤를 이어 마하라자가 됐을 때 이 목걸이도 함께 물려받았다.

부핀더 싱의 컬렉션에서 보았듯이 1920년대에 마하라자들 사이에서는 최신 유행의 아르데코 양식으로 리세팅하는 붐이 일었다. 영국에서 교육을 받은 예슈원트 또한 유럽을 휩쓴 입체파에 매료되어 1931년 파리의 모부쌩을 찾아가 쇼메의 목걸이를 더욱 세련된 디자인으로 바꿔달라고 주문했다. 이때 성공적으로 리세팅을 마친 모부쌩은 2년 뒤 인도르 마하라자의 공식 주얼러로 지정된다.

예슈원트가 즐겨 착용한 〈인도르 사파이어 목걸이〉, 23.2캐럿의 인도르 사파이어, 18k 화이트골드 체인. 까르띠에에서 리세팅했다.

한편 예슈원트가 행운의 부적으로 즐겨 착용한 23.2캐럿의 인도르 사파이어는 18세기에 연마된 타원형 사파이어 비드(줄을 연결할 수 있게 구멍이 뚫려 있다)인데 극도로 심플한 화이트 골드 체인에 세팅되어 있다. 전형적인 인도풍 보석에 유럽식 세팅을 조합한 디자인으로 당대 유행한 '동서양의 만남'이 반영되어 있는 것을 확인할 수 있다.

이집트 복고 양식의 재등장

불빛이 아른아른 춤추는 작은 램프를 들고 일련의 무리들이 깊고 어두운 터널을 지난다. 마침내 도달한 거대한 돌벽에 램프의 불빛을 비추자 고대 비밀의 문으로 향하는 통로가 나타난다. 드디어 통로의 봉인에 구멍을 뚫고 무덤을 들여다볼 차례다. 수천 년 전의 파라오를 만나기 일보 직전, 그들은 경건하고 간절하게 기도를 올린다.

"부디 저주에 걸리지 않도록 안전하게 지켜주시옵소서."

마치 영화 〈인디애나 존스〉의 한 장면 같은 역사적인 사건이 1922년 이집트에서 일어났다. 기원전 1333년~1323년에 재위한 투탕카멘의 무덤이 도굴당하지 않은 거의 온전한 상태로 발굴된 것이다. 이집트의 신비로운 예술 작품에서 영감을 받은 주얼리는 근대 유럽사를 통틀어 여러 차례 열풍을 일으켰지만, 이 까마득히 먼 시대를 살았던 소년 파라오의 무덤과 부장품은 주얼리 역사에서 결정적인 한 획을 긋게 된다.

사실 유럽인들이 이집트에 대한 이국적인 환상을 갖기 시작한 것은 1798년 나폴레옹의 이집트 원정이 시발점이었다. 그로부터 백 년이 채 되기 전인 1869년에는 이집트 시나이 반도 서쪽에 수에즈 운하가 개통되어 아프리카 대륙으로 우회하지 않고도 유럽과 아시아가 연결되면서 이집트에 대한 관심은 가히 폭발적으로 증가한다. '클레오파트라의 바늘'이라 불리는 이집트의 오벨리스크도 파리의 콩코르드 광장(1833년), 런던의 템스 강변(1878년), 그리고 뉴욕의 센트럴파크(1881년)에 각각 세워졌다. 현재 이 오벨리스크들은 도시에서 가장 잘 보이는 위치에 자리 잡아 마치 랜드마크처럼 우뚝 서 있다.

당시의 이집트 열풍은 19세기 주얼리에도 영향을 끼쳐 이집트 복고 양식이 본격적으로 유행한다. 아예 파이앙스faience 같은 고대의 소재나 라피스라줄리로 만든 스카라베, 매 모티프의 주얼리가 세상에 모습을 드러냈다.

이렇게 이집트에 대한 관심이 켜켜이 쌓여가는 가운데 화룡점정 격으로 1922년 영국의 고고학자 하워드 카터가 투탕카멘의 무덤을 발굴한 것이다. 이로 인해 이집트는 서양의 엘리트층 사이에서 가장 가보고 싶은 여행지로 다시 급부상했고, 1920년대에 이집트 모티프 주얼리를 대거 탄생시켰다.

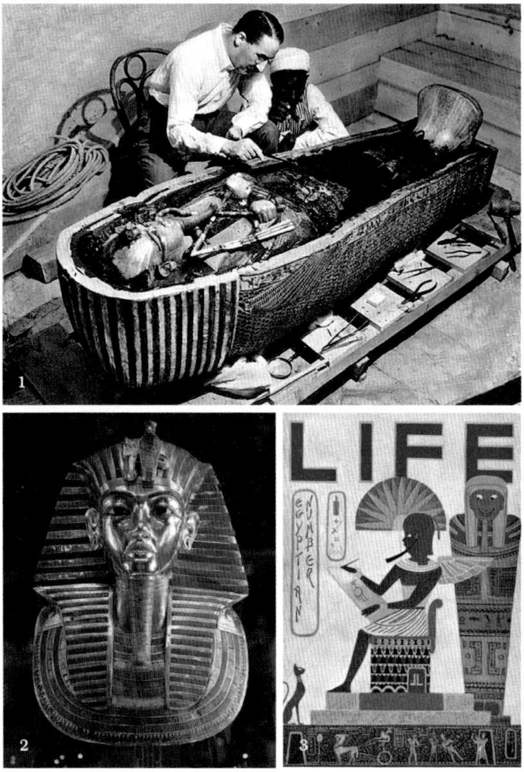

1 투탕카멘 미라를 관찰하고 있는 하워드 카터, 1922년.

2 투탕카멘의 〈황금 마스크〉.

3 1923년 4월 『라이프』 잡지 표지.

1

2

3

1 〈이집트 모티프 팔찌〉, 다이아몬드, 사파이어, 루비, 에메랄드, 라클로슈 제작, 1925년. ⓒFD Gallery
스핑크스 주변으로 호루스 두 마리가 묘사되어 있다. 색, 디자인 모티프, 스토리, 보석의 조합, 만듦새 등이 중요하다.

2 〈이집트 모티프 반지〉, 1928년. ⓒFD Gallery

3 오스카 헤이맨이 'Shreve Crump & Low'의 이름으로 제작한 〈이집트 모티프 팔찌〉, 다이아몬드, 루비, 에메랄드, 오닉스, 플래티넘, 1927년. ⓒOscar & Heyman

4

5

4 〈스카라베(풍뎅이) 브로치〉, 금, 플래티넘, 이집트의 블루 파이앙스, 다이아몬드, 루비, 에메랄드, 시트린, 오닉스, 까르띠에 런던 제작, 1925년. Nils Herrmann, Collection Cartier ©Cartier
원래 벨트 버클로 제작한 것인데 브로치로 사용된다.

5 〈이집트 모티프 베니티 케이스〉, 핑크 골드, 에나멜, 자개, 산호, 진주, 까르띠에 제작, 1925년. ©Symbolic & Chase

이집트 문양이 녹아든 아르데코 양식은 19세기 복고 양식보다 훨씬 세련된 모습으로 여성들의 손과 목을 장식했다. 파라오의 머리와 스핑크스, 스카라베, 호르스의 눈 모티프는 물론 실제 고대의 보석을 사용한 최신식 주얼리까지 등장해 단순히 복고풍의 테두리에 머물지 않았다. 사실상 아르데코 양식의 이집트풍 주얼리는 까르띠에, 라클로슈, 반클리프 아펠이 거의 독식했다고 해도 과언이 아닐 정도로 프랑스의 지분이 높다. 당시에 눈 밝은 소비자들은 이를 "파리지엔이 현대적으로 해석한 고대의 예술품"으로 받아들였고 1930년대까지 열렬히 지지했다.

이집트 모티프의 아르데코 주얼리는 백 년이 지난 지금도 많은 이들의 영감을 자극하며 미스터리 같은 과거의 시간을 향유하고 감상하게 한다. 몇 년 전 뉴욕의 FD 갤러리를 방문했을 때 어느 중년 남성이 이집트 여행을 앞두고 아내에게 아르데코 이집트 모티프 팔찌를 구입해 선물했다는 이야기를 들었다. 그때는 별다른 감흥이 없었는데, 펜데믹으로 옴짝달싹할 수 없는 나날을 보내고 있자니 시공간의 스토리와 추억이 깃든 주얼리가 새삼 더없이 소중하게 느껴진다.

컬렉터들의 주얼리 '투티 프루티'

〈힌두 목걸이〉, 플래티넘, 화이트 골드, 사파이어, 에메랄드, 루비, 다이아몬드, 1936년(1963년에 리모델링).
Nils Herrmann, Cartier Collection ©Cartier

아르데코 시대에 대활약을 펼친 까르띠에는 두 가지 주얼리로 주얼리의 역사에서 큰 획을 그었다. 하나는 인도의 보석을 서양식으로 개조한 마하라자의 주얼리이고, 또 하나는 서양의 고객들을 위해 제작한 인도 모티프의 주얼리이다. 전자가 마하라자들의 컬렉션이라면, 후자는 까르띠에의 전설적인 '투티 프루티'● 컬렉션을 꼽을 수 있다.

투티 프루티는 에메랄드, 루비, 사파이어 등을 열매와 나뭇잎, 꽃 문양으로 조각해 조밀하게 세팅한 스타일을 말한다. 무굴 제국의 황제들이 애용한 이슬람식 모티프에 서양의 반짝이는 브릴리언트 컷 다이아몬드와 플래티넘으로 마무리했으니 동서양의 아름다운 조화가 디자인의 핵심이었다. 출시하자마자 유명인들이 앞다투어 구입했지만 미국의 재봉틀 기업 싱어Singer의 상속녀인 데이지 펠로즈Daisy Fellowes의 목걸이가 가장 널리 회자되고 있다. '힌두 목걸이Collier Hindou'라는 애칭으로 불린 오리지널은 뒷면의 반 정도가 무굴 양식의 실크 줄로 연결되어 있었

● 이런 형태의 주얼리를 '투티 프루티'라고 부르기 시작한 것은 1970년대부터다.

다. 1963년 까르띠에에서 실크 줄을 제거하고 리모델링했다.

까르띠에의 삼형제● 중 둘째인 피에르는 이미 1901년에 영국의 알렉산드라 왕비를 위해 인도풍 목걸이를 제작한 적이 있었다(왕비의 개인 보석을 사용했다). 왕비가 선물 받은 인도 드레스 세 벌에 어울릴 만한 주얼리가 필요했던 것이다. 하지만 까르띠에가 인도와 본격적으로 인연을 맺은 것은 1911년으로 볼 수 있다. 영국의 왕 조지 5세가 인도 제국의 황제로 즉위하는 축하 의식인 델리 더르바르Delhi Durbar에 까르띠에가 초대를 받았을 때다. 인도의 각 지방을 다스리는 모든 마하라자들이 새로운 국왕에게 경의를 표하는 자리인 만큼 인도의 로열패밀리들과 관계를 쌓고 까르띠에를 알리기 위한 중요한 기회였다. 핵심 임무를 수행할 까르띠에의 메신저로는 런던에서 인도의 왕족들을 만난 적이 있는 셋째 자크가 낙점되었다.

자크는 인도 상류층 여인들에게 소개할 요량으로 섬세한 벨에포크 주얼리만 133점을 챙겨 갔다. 하지만 인도에 도착한 그는 곧 영업 전략을 수정해야 했다. 인도 문화에서 고급 주얼리를 구입하는 소비층은 주로 마하라자들이었기 때문이다. 인도의 전통적인 세트 주얼리를 착용한 마하라자들은 여성스러운 갈란드 스타일의 목걸이나 레이스 팔찌에는 관심이 없었고 힘과 지위를 강조할 수 있는 강하고 화려한 주얼리를 원했다. 마침 동인도회사의 상인들 덕분에 서구화된 마하라자의 궁정에서는 플래티넘 세팅을 동경하고 있었다. 그들은 유럽에서 유행하고 있던 회중시계 같은 서양의 시크하고 심플한 액세서리에도 관심이 많았다. 자크는 마하라자들의 주얼리 취향과 컬렉션에 신선한 충격을 받았고, 인도에서 유색 보석을 다량 구입해서 파리로 돌아왔다.

인도의 주얼리 문화에 매료된 그는 아버지, 형제들과 함께 자신의 경험담을 세세하게 공유했다. 1912년에는 런던의 뉴본드 스트리트 부티크에서 인도에서 사 온 오브제와 주얼리로 전시를 열어 서양과는 전혀 다른 동양의 신비로움을 전파하며 유럽인들의 관심을 고조시켰다. 1925년 파리 국제박람회에서 까르띠에가 인도와 마하라자들의 주얼리에서 영감을 받은 새로운 작품을 선보인 것은 당연한 수순이었다. 다채로운 색의 카보숑 보석과 조각 세공 보석을 사용한 까르띠에 컬렉션은 서양 관람객들의 눈과 마음을 단번에 사로잡았다.

〈투티 프루티 팔찌〉. ©FD Gallery
인도식으로 카빙된 루비와 에메랄드에 서양식으로 커팅된 다이아몬드와 오닉스, 플래티넘 세팅으로 구성되어 동서양의 융합을 보여준다.

● 까르띠에를 세운 루이-프랑수아 까르띠에의 아들 알프레드 까르띠에의 세 아들인 루이, 피에르, 자크를 말한다.

II

아르데코 5

주얼리 업계여,
대공황을 극복하라!

플래티넘과 골드 사이
그 어딘가에서

2017년 아가사 크리스티의 원작을 새롭게 영화화한 〈오리엔트 특급 살인〉이 개봉했을 때 나는 스크린 속의 주얼리에 온통 정신이 팔려 있었다. 바로 1935년이라는 영화의 시대적 배경 때문이었다. 앞서 7장과 8장을 꽉 채운 '방탕과 질펀함'의 1920년대는 대공황과 함께 막을 내렸다. 이후 어려운 현실을 잊게 해주는 영화에 열광한 대중들에 힘입어 할리우드가 성장하고 뉴욕의 사교계가 비로소 세계 무대로 도약한 시대가 바로 1930년대다.

무엇보다 영화의 배경이 된 1935년이면 '올 화이트' 일색이던 보석에 컬러가 돌아오고 금속도 새하얗게 반짝거리는 플래티넘에서 따뜻하고 관능적인 옐로 골드로 바뀐 전환기였다. 감독이 얼마나 세심하게 고증했을지 너무나 궁금해서 등장인물 한 명 한 명을 그냥 지나칠 수 없었다. 이스탄불에서 프랑스 칼레로 향하는 특급열차에 오른 열두 명의 승객 중에서도 내 눈을 사로잡은 이들은 단연 여성들이었다. 특히 주디 덴치가 맡은 육십 대의 러시아 공작부인과 미셸 파이퍼가 분한 오십 대의 미국 여인이 주요 탐구 대상이 되었다.

러시아 혁명 이후 프랑스에 망명한 것으로 설정된 드라고미로프 공작부인은 맨살이 거의 보이지 않을 만큼 화려한 목걸이를 겹쳐 둘렀고 귀에는 큼지막한 샹들리에 귀걸이까지 착용했다. 알록달록한 거대한 칵테일 반지를 손가락마다 끼고 나온 걸 보니 원작에서 'a knuckleduster of rings'라고 묘사한 대목을 충실하게 고증한 모습이다. 찬란했던 러시아 제국의 영광을 재현이라도 하려 한 것일까? 극도로 호화로운 모습이 되레 애처롭게 느껴질 정도였다. 한편 미국 상류층 여인으로 나오는 허바드 부인의 주얼리는 러시아 공작부인보다는 한결 정돈된 분위기다. 그녀는 묵직한 금색 팔찌를 겹쳐 끼고 강렬한 유색석이 세팅된 목걸이와 커다란 칵테일 반지 몇 점을 착용했다. 실제로 1930년대 미국의 주얼리는 유럽보다 과감한 디자인에 부피도 훨씬 컸다.

영화가 클라이맥스에 도달하면 그동안 주얼리에만 눈이 팔렸던 게 미안해질 정도로 극적인 반전이 등장한다. 하지만 대공황과 제2차 세계대전 사이에 낀 격동의 시기에 몰락한 유럽의 왕족과 신흥 강대국인 미국의 부유층 여인이 착용한 주얼리를 비교해보는 것은 여전히 추천하고 싶은 감상 포인트다.

대공황의 시대, 가성비를 높여라

재즈가 유행한 광란의 1920년대는 빈부 격차, 생산의 자동화로 인한 실업 문제, 과잉 생산 등 그간 축적된 각종 사회적 모순들이 폭발하면서 주식시장의 폭락과 함께 막을 내렸다. 1929년 10월 뉴욕에서 촉발된 대공황은 다시 한 번 긴장과 긴축의 시대를 열었다.

그러나 고달픈 시간 속에서도 아르데코 주얼러들의 혁신성은 꺾이지 않았다. 디자이너들은 이전 시대보다 더욱 부피가 크고 독특한 주얼리를 만들어냈다. 특히 활용도가 높은 컨버터블 주얼리는 경제적으로 힘든 시기에 최고의 가성비로 여성들에게 즐거움을 선사했다. 팔찌에서 브로치로, 목걸이에서 팔찌로 변신하고, 티아라를 분해하면 목걸이나 팔찌가 되었으니 착용의 기쁨도 배가되었다.

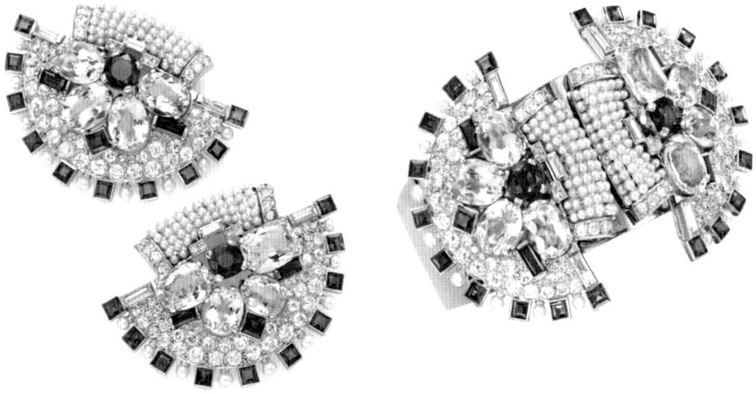

브로치에서 팔찌로 변하는 컨버터블 주얼리. ©FD Gallery

일단 대공황의 폭풍에서 살아남은 주얼러들은 까르띠에, 부쉐론, 쇼메, 반클리프 아펠 등 파리의 전통 보석상들이었다. 미국에서는 할리우드의 성장이 주얼리의 발전을 도왔다. 경제적으로 불안한 상황과 불투명한 미래에 대한 걱정에서 벗어나기 위해 영화로 도피한 대중들은 스크린 속 배우들의 화려한 모습을 보며 대리 만족을 느꼈다. 확실히 거대한 화면 속에서 움직이는 인물의 영향력은 대단했다. 경제적으로 힘든 가운데서도 여성들은 저렴한 주얼리로 영화배우들의 스타일을 모방했다.

이렇듯 할리우드의 번영과 함께 미국의 주얼리 시장에 청신호가 켜졌다. 경제 회복 속도에서도 유럽을 앞지른 미국은 티파니와 마르커스가 뉴욕에서 건재함을 과시했고, 1932년에는 해리 윈스턴Harry Winston이 부티크를 열고 라이징 스타로 부상했다. 해리 윈스턴은 과거 도금 시대의 주얼리를 해체하고 다이아몬드를 재연마한 후 현대적으로 세팅해 뉴욕 상류층 사이에서 인기몰이를 했다. 몇 년 후 제2차 세계대전이 발발했을 때도 전쟁터에서 멀찍이 떨어진 미국은 유럽에 비해 여전히 유리한 상황이었다. 심지어 참전 후에는 전쟁을 승리로 이끌며 초강대국으로 일어서게 되었으니 1940년대부터는 더욱 독립적인 스타일로 주얼리에서 존재감을 드높이게 된다.

샤넬이 다이아몬드 컬렉션을 만든 이유는?

앞서 언급한 것처럼 대공황은 전 세계 주얼리 산업에 큰 영향을 미쳤다. 특히 다이아몬드 업계의 타격이 심각했다. 환금성이 좋은 금으로 수요가 몰리면서 다이아몬드의 가치가 폭락할 위기에 처한 것이다. 침체된 다이아몬드 산업의 부흥이 절실했던 파리의 '국제 다이아몬드상 협회'는 1932년 드비어스로부터 다이아몬드를 후원받아 코코 샤넬을 찾아간다.

"주얼리는 여성에게 부의 상징이 아닌 아름다움을 위해 존재한다"라고 외친 샤넬은 당대 코스튬 주얼리로 큰 성공을 거둔 상태였다. 게다가 진짜와 가짜 주얼리를 섞어서 착용할 것을 장려하고 있었다. 그런데 방돔 광장의 전통 보석상이 아닌 이 '코스튬 주얼리의 여왕'에게 다이아몬드와 플래티넘을 사용한 '파인 주얼리' 제작을 의뢰하다니…… 다이아몬드 업계가 심각한 어려움에 처했다는 사실을 의심할 여지가 없었다.

샤넬은 어떻게 보면 황당할 수도 있는 제안을 흔쾌히 수락했다. 물론 그녀에게도 믿는 구석이 있었다. 이미 1911년에 파인 주얼리 컬렉션을 발표한 폴 이리브와 연인 관계였기 때문이다. 그의 도움으로 작업을 시작한 샤넬은 그해 11월 마침내 '비주 드 디아망bijoux de diamants'(다이아몬드 주얼리)이라는 첫 하이 주얼리 컬렉션을 발표한다. 그녀는 세팅을 단순화해 다이아몬드 그 자체보다 선과 패턴을 주인공으로 만들었다. '리본, 별, 술 장식, 깃털, 태양'이라는 다섯 가지 주제를 바탕으로 세 줄짜리 리본 다이아몬드 목걸이, 여섯 줄짜리 다이아몬드 혜성 목걸이와 반지, 티아라, 두 개의 펜던트가 달린 405개의 다이아몬드 목걸이 등으로 구성했다. 두 개의 펜던트는 각각 브로치와 팔찌로 변신할 수 있고 술 장식 목걸이는 머리띠로 착용할 수 있는 등 기능성도 갖추었다(1930년대 주얼리에 컨버터블은 필수 콘셉트였다). 대공황 시대에 맞게 가성비까지 고려한 영리한 컬렉션이었다.

샤넬은 열두 살에 어머니를 병으로 잃고 오바진의 수녀원에 맡겨져 자랐다. 그 시절 미사에 갈 때마다 수도원 돌 바닥에 새겨져 있던 별, 초승달, 해, 그리고 몰타 십자가가 그녀의 외로움을 달래주었다. 샤넬은 그 형상들을 떠올리며 마음껏 다이아몬드로 꾸몄다. 《비주 드 디아망》 전시를 열며 "별들로 여자들을 뒤덮고 싶었다"는 포부를 밝힌 샤넬은 목걸이에 잠금 장식을 없애는 대신 길게 늘어뜨려 어깨 너머에는 반짝이는 혜성을, 목 주변에는 별을 흩뿌렸다. 드비어스의 협찬으로 독특한 커팅과 다양한 크기의 다이아몬드를 양껏 사용할 수 있었기에 머리 위에도 찬란한 별을 형상화했다.

전시는 캉봉 거리의 샤넬 부티크가 아닌 생토노레에 있는 그녀의 개인

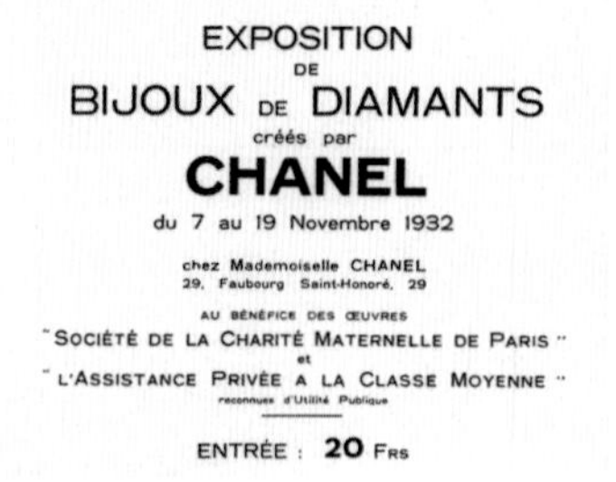

EXPOSITION
DE
BIJOUX DE DIAMANTS
créés par
CHANEL
du 7 au 19 Novembre 1932
chez Mademoiselle CHANEL
29, Faubourg Saint-Honoré, 29
AU BÉNÉFICE DES ŒUVRES
"SOCIÉTÉ DE LA CHARITÉ MATERNELLE DE PARIS"
et
"L'ASSISTANCE PRIVÉE A LA CLASSE MOYENNE"
reconnues d'Utilité Publique
ENTRÉE : 20 FRS

1932년 《비주 드 디아망》 전시 소개.
https://qrgo.page.link/tdsPL

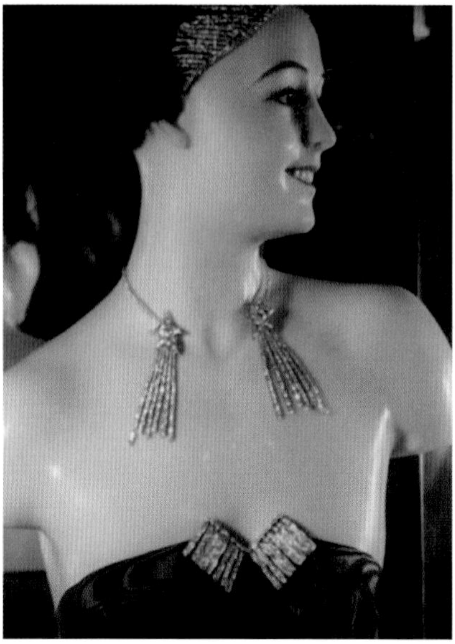

《비주 드 디아망》 전시 초대장, 1932년.(왼쪽 위)

《비주 드 디아망》 전시 장면 캡처 이미지.(오른쪽)
이 전시는 파리 포부르 생토노레에 있는 그녀의 개인 아파트에서 진행되었다.

아파트에서 2주간 진행되었다. 디스플레이도 토르소 형태의 밀랍 마네킹에 직접 했다. 매사에 여성을 중심에 둔 그녀였기에 주얼리를 착용했을 때 어떤 모습일지 상상할 수 있도록 연출한 것이다. 그 결과 엘리트층의 열렬한 호응을 얻은 것은 물론이고 이틀 만에 드비어스의 주가가 20포인트나 오르는 효과가 나타났다. 불과 얼마 전까지만 해도 적극적으로 코스튬 주얼리를 장려하더니 돌연 파인 주얼리의 홍보대사가 된 샤넬. 이 전시를 계기로 샤넬은 "파인 주얼리는 가장 작은 부피에서 가장 큰 가치를 드러낼 수 있으며, 어려운 시기일수록 진정성과 진짜 가치를 찾는 본능적 열망이 생겨나기 마련"이라는 새로운 명언을 추가했다.

사실 샤넬의 파인 주얼리에서 초석이 된 여러 디자인 요소는 1911년에 이미 폴 이리브가 완성한 것이다. 7장에서 언급한 대로 폴은 내부에서 꿈틀

대는 창작혼을 주얼리 디자인으로 확장해 초기 아르데코 주얼리 총 11점을 발표한 바 있었다. 그는 동시대 디자이너들보다 훨씬 앞서서 커다란 카보숑 보석을 반지에 세팅했고 과일과 꽃 모티프를 애용했다. 동료 일러스트레이터이자 화가인 조르주 바르비에조차 "폴 이리브가 현대의 장식미술에 끼친 영향은 상당히 저평가되어 있다"고 주장했을 정도로 그는 아르데코의 '이름 없는 영웅'이었다. 샤넬은 그에게 뮤즈이자 연인이자 후원자였다.

하지만 열정적이고 생산적이던 샤넬과 폴의 관계는 1935년에 폴이 테니스를 치다가 샤넬의 눈앞에서 심장마비로 사망하면서 비극적인 결말을 맞이했다. 항간에는 폴 이리브가 샤넬의 능력을 질투한 나머지 그녀를 파멸시키기 위해 유혹했다는 루머도 떠돌았다. 어쨌든 그와 나눈 열정적인 사랑이 샤넬의 파인 주얼리 디자인에 영감을 준 것만은 부인할 수 없는 사실이다.

1930년대를 강타한 '올 화이트' 주얼리

대공황의 폭풍 속에서도 1920년대의 디자인 모티프는 한동안 유지되었다. 다만 색상에는 큰 변화가 나타났다. 1920년대에는 강한 색채 대비가 대세였다면, 1930년대 초반에는 플래티넘에 다이아몬드를 세팅한 '올 화이트 룩'이 크게 유행한 것이다. 앞서 설명한 샤넬의 '비주 드 디아망' 컬렉션이 대표적인 예다. 원가를 절감하기 위해 플래티넘보다 좀 더 저렴한 화이트 골드가 사용되기도 했지만 기본은 하얀색이었다.

부드러운 하얀색, 관능적인 하얀색, 상큼한 하얀색…… 알고 보면 꽤 다채로운 분위기를 가진 화이트 주얼리는 당시 대중들이 열광한 흑백 영화 속에서 가장 아름답게 돋보인다. 물론 주얼리에서 컬러가 완전히 사라진 것은 아니었다. 루비, 사파이어, 에메랄드는 주얼리의 가장자리나 일부분을 장식하는 악센트 보석으로 여전히 사랑받았다. 대신 다이아몬드에 다양성을 주기 위해 바게트 컷과 에메랄드 컷을 비롯해 다양한 커팅이 활용되었다. 1930년대의 뉴욕 사교계를 배경으로 올 화이트 주얼리를 감상할 수 있는 영화로는 〈카페 소사이어티〉를 참조할 만하다(마침 샤넬의 하이 주얼리에서 협찬했다). 이때만 해도 몇 년 후에 세계대전이 발발해 전쟁의 포화 속으로 사라질 플래티넘의 운명은 아무도 몰랐겠지만 말이다.

주얼리 전문가들에게 1930년대를 대표하는 가장 세련된 주얼리를 꼽으라면 십중팔구 다이아몬드 팔찌와 더블 클립 브로치를 꼽을 것이다. 팔찌의 폭은 확실히 이전보다 넓어졌지만 여러 개를 겹쳐 착용하는 유행은 사그라지지 않았다. 올 화이트 다이아몬드 또는 루비, 사파이어, 에메랄드가 호화롭게 포인트로 들어간 스타일이 대세였다. 이브닝드레스를 입을 때는 장갑 위에 착용하기도 했다. 이와 함께 조각적인 형태에 거대한 버클이 달린 스트랩 팔찌도 등장했는데 군데군데 리본이나 소용돌이 문양이 장식되곤 했다.

다용도로 변신이 가능한 더블 클립 브로치의 인기도 수직 상승했다. 아침부터 저녁까지 모든 TPO에서 활용도가 높아 의상에 활기를 불어넣어줄 수 있다는 장점 때문이었다. 사회 전반에 우울한 기운이 퍼져 있던 시절이라 작은 악센트라도 기분을 달래는 데 도움이 되었다.

더블 클립은 똑같은 브로치 두 개가 한 쌍으로 구성된 것을 말한다. 두 개가 붙어 있는 상태로도 착용할 수 있고, 따로 떼어 개별적으로 착용할 수도 있었다. 주로 재킷의 라펠이나 벨트, 모자에 꽂았다. 작은 클립 두 개를 따로 착용할 때는 드레스의 네크라인이나 어깨 끈에 대칭 형태로 고정하는 것이 정석이었다.

때로는 펜던트나 팔찌로 변신할 수 있는 제품도 있었고, 두 개를 쌍으로 모아 머리 위에 꽂을 수 있는 것도 있었다. 벨트 한가운데나 이브닝 백의 가장자리에 부착하면 색다른 연출도 가능했다. 1935년 이후로는 기하학적인 디자인은 유지하되 좀 더 조각적인 요소를 추가해 입체적으로 진화했다. 1940년이 가까워질수록 비대칭적인 더블 클립이 유행의 선두 자리를 차지하며 부피

1

2

1 〈다이아몬드 목걸이〉, 까르띠에 제작, 1930년. ⓒFD Gallery

2 〈브로치〉, 백수정, 다이아몬드, 르네 부아뱅 제작, 1930~1935년. ⓒSymbolic & Chase

1

2

3

1 〈다이아몬드 팔찌〉, 1930년. ⓒSymbolic & Chase

2 다이아몬드에 에메랄드로 포인트를 준 〈팔찌〉, 트래버트 앤드 회퍼-모브쌩Trabert & Hoeffer-Mauboussin 제작, 1930년대. ⓒSymbolic & Chase

3 다이아몬드에 에메랄드로 포인트를 준 〈팔찌〉, 1930년대. ⓒOscar & Heyman

4

5

4 〈더블 클립 브로치〉, 플래티넘, 오스미어osmior(금합금의 일종으로 플래티넘과 비슷한 색을 띰), 다이아몬드, 사파이어, 에메랄드, 까르띠에 런던에서 제작, 1930년, Nils Herrmann, Collection Cartier. ©Cartier
콜 포터Cole Porter 부인이 구매했다.

5 〈더블 클립 브로치〉, 백수정, 다이아몬드, 수잔 벨페롱Suzanne Belperron 제작, 1935년. ©Symbolic & Chase

도 더욱 커지게 된다.

의상의 네크라인이 달라지면서 목걸이도 긴 소투아르에서 짧은 스타일로 바뀌었다. 귀걸이 또한 1920년대의 길게 늘어지는 펜던트 형에서 점차 반대 스타일로 변화했다. 늘어지는 펜던트 부분이 짧아지는 대신 귓불에 부착되는 부분이 더 커지고 장식도 이 주변에 집중되었다. 물론 펜던트 부분을 따로 뗄 수도 있었다. 어느덧 귓불을 전부 덮을 정도로 볼륨 있는 이어 클립에 특히 소용돌이나 나뭇잎, 꽃 모티프가 인기를 끌기 시작했다. 반지도 더 크고 복잡해졌다. 중심석을 둘러싼 베젤bezel 부분(보석의 둘레를 판재의 금속으로 감싼 부분)에 다양한 기하학적 형태의 보조석이 빼곡히 세팅되었다. 이때 소용돌이나 부채 모티프가 널리 쓰였다.

또한 이 시기는 인비저블 세팅 시스템이 크게 발전하기도 했다. 인비저블 세팅이란 정밀하게 커팅된 보석을 그물 모양의 기본 틀에 정확히 맞추어 보석의 아랫부분이 각각 벽돌처럼 맞물리고, 보석을 잡아주는 금속의 발은 전

인비저블 세팅 〈귀걸이〉와 〈팔찌〉. ©Oscar Heyman
인비저블 세팅법으로 루비와 다이아몬드를 빼곡히 세팅했다.

혀 보이지 않아서 깔끔함이 극대화된 세팅법이다. 특히 이 세팅법은 사각형의 딱딱한 느낌을 강조하면서도 볼륨감 있는 표현이 가능했다. 인비저블 세팅 시스템이 최초로 특허 출원한 것은 1904년으로 특허권자는 조셉 쇼메였다. 그런데 같은 세팅법에 대해 1933년 3월에는 까르띠에가, 그해 12월에는 반클리프 아펠이 다시 특허를 출원했다. 다른 브랜드보다 유달리 이 기법에 전력을 쏟은 반클리프 아펠은 1936년에 미스터리 세팅Serti Mystérieux으로 공식 등록하며 집중적인 마케팅을 펼쳤다. 초기에는 미노디에르나 콤팩트, 커프링크스 같은 평평한 면에만 세팅하던 것이 점차 다양한 주얼리로 확대되었다. 인비저블 세팅에는 내구성이 좋은 루비와 사파이어가 주로 사용되었다.

아르데코가 저물다

올 화이트 주얼리가 대세로 자리 잡은 1933년에 패션 잡지 『보그』에서는 "주얼리 업계에 금 열풍이 다시 불기 시작했다"는 기사를 실었다. 이는 지난 30여 년간 주얼리 업계를 지배한 플래티넘 대신에 골드가 주류로 돌아올 것을 예견하는 시그널이었다. 실제로 플래티넘과 비교해 상대적으로 저렴한 금이 인기몰이를 시작하면서 1935~1936년 사이에 파리의 전통 주얼러들도 점차 옐로 골드로 돌아섰다.

1937년 파리 국제박람회에서 선보인 주얼리는 확실히 이전 시대의 주얼리와는 달랐다. 평면을 바탕으로 한 기하학적인 스타일이 자취를 감추고 회오리 장식 혹은 꽃이나 잎사귀 모티프 등을 더한 커다랗고 조각적인 디자인이 도드라졌다. 주얼러들은 옐로 골드를 사용한 고광택의 넓은 면을 아무런 보석 장식 없이 과감하게 비워두었다. 텅 빈 금빛 평면은 플래티넘과 화이트 골드의 시대가 지고 찬란한 금빛 시대가 도래했다는 것을 알리는 조용한 신호탄이었다.

파리 국제박람회가 열리고 2년 뒤인 1939년 4월에 뉴욕에서 개최된 세계박람회New York World's Fair는 주얼리 산업과 미국의 경기 회복에 결정적인 분수령이 되었다. 1925년과 1937년의 파리 국제박람회에 불참했던 미국의 주얼러들에게도 드디어 대중들에게 주얼리 디자인을 선보일 플랫폼이 생긴 것이다. 주얼리 부문 위원장에는 당시 까르띠에 뉴욕의 책임자였던 피에르 까르띠에가 선임되었다. 그는 까르띠에, 티파니, 블랙 스타 & 프로스트-고르햄Black, Starr & Frost-Gorham, 마르커스, 우달 & 발로우Udall & Ballou, 해리 윈스턴 등 뉴욕 5번가의 유명 주얼러들을 선별했다.

이들은 오랜 기간 동안 철저한 계획과 준비 과정을 거쳐 아담한 핑크색 건물Constitution Mall에 총 1천4백만 달러어치의 주얼리를 전시했다. 건물 전체를 주얼리로 꽉 채운 최초의 미국 박람회였다. 티파니의 유명한 옐로 다이아몬드(그때까지만 해도 세계에서 가장 큰 옐로 다이아몬드였다)도 이때 공개했다. 한편 드비어스에서는 건물 끝에 별도 공간을 마련해서 다이아몬드 원석과 나석, 다양한 컷, 유명 다이아몬드의 유리 모형 및 각종 교육 프로그램 홍보에 역량을 모았다.

이 세계박람회에서 주얼러들은 소위 '칵테일 주얼리'•를 대거 선보였다. 당시 뉴욕 사교계 여성들을 '칵테일 소사이어티'라고 불렀는데, 이들은 아침부터 밤까지 빽빽한 스케줄을 감당할 다양한 주얼리가 필요한 핵심 고객층이었다. 이 박람회에서는 티파니가 화려한 디스플레이로 특히 눈길을 끌었는데 루비와 다이아몬드로 만든 '혜성' 브로치와 '불꽃' 다이아몬드 브로치로 최첨단 항공 기술의 시대를 자축했다. 미국의 주얼러들은 루비와 다이아몬드로 된 〈난초 브로치〉를 비롯해 입체적인 옐로 골드 주얼리를 선보이며 1940년대를 풍미할 새로운 스타일을 예고했다. 어느덧 'Made in USA'는 세련

• 역동적이고 극적인 디자인의 골드 주얼리. 올 화이트 주얼리에 비해 캐주얼하게 착용할 수 있었다.

1

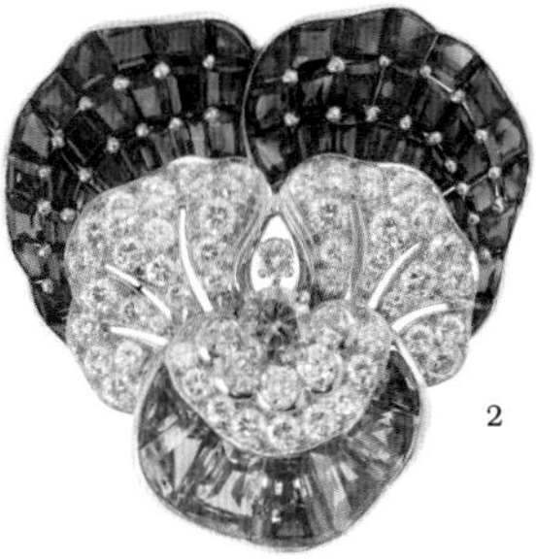

2

3

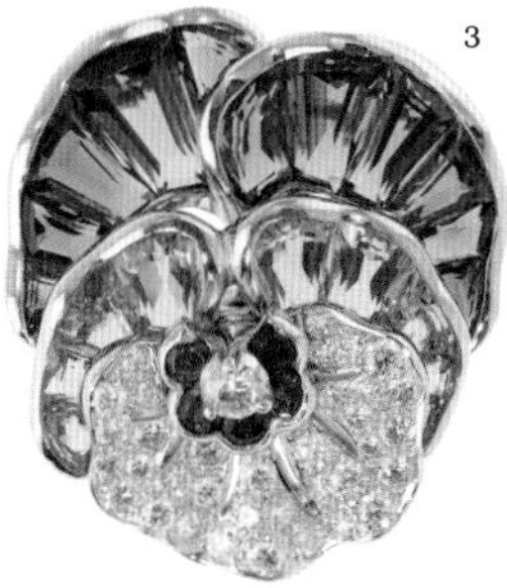

1 〈난초 브로치〉, 에나멜, 다이아몬드, 1930년대. ©Oscar Heyman

2 〈팬지 브로치〉, 다이아몬드, 사파이어, 플래티넘, 1930년대. ©Oscar Heyman

3 〈팬지 브로치〉, 시트린, 자수정, 루비, 다이아몬드, 골드, 1930년대. ©Oscar Heyman

미국에서 1930년대 후반에 유행한 볼드한 꽃잎 모티프의 주얼리.

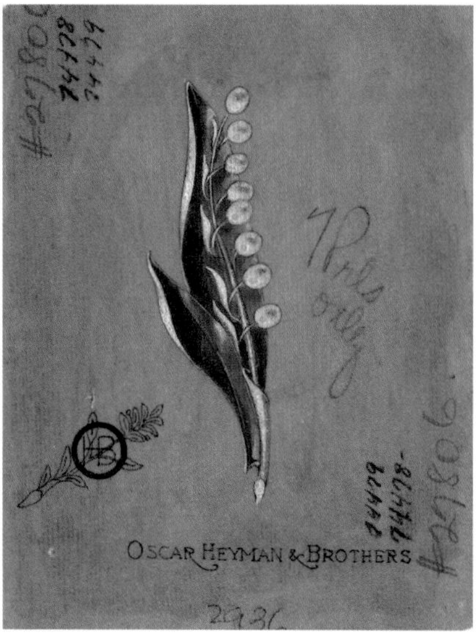

1

2

3

1 뉴욕 세계박람회에 출품한 오스카 헤이맨의 〈은방울꽃 브로치〉 스케치, 1939년. ©Museum of Fine Arts, Boston

2 〈은방울꽃 브로치〉. ©Oscar & Heyman

3 뉴욕 세계박람회에서 선보인 티파니의 〈아콰마린 목걸이〉. ©Tiffany & Co.

된 첨단 유행의 표본으로 승화되고 있었다.

그런데 이처럼 낙관적인 분위기가 무색하게도 세계박람회가 열리고 다섯 달 뒤, 그간 팽팽한 긴장감이 감돌던 유럽에서 제2차 세계대전이라는 전 세계적인 대재앙이 닥쳤다. 게다가 나치가 일찌감치 주요 다이아몬드 세공지인 벨기에, 네덜란드, 파리를 점령하는 바람에 유럽과 아시아 간의 보석 무역이 붕괴되기 시작했다. 그러다 보니 미국도 간접적인 영향권에 들게 되어 보석의 공급처를 남미로 돌려야 했다. 이에 발맞춰 주얼러들은 준보석에 어울리는 디자인으로 방향을 틀었고 브라질에서 채굴된 아콰마린, 자수정, 시트린, 토파즈가 주얼리에 대거 쓰이기 시작했다. 미국이 참전한 이후에 정부에서 수많은 생필품 가격을 동결시켰을 때도 이 준보석으로 제작한 주얼리만은 예외로 두었다. 한편 옐로 골드가 주류를 이루는 동안에도 미국 주얼러들은 다이아몬드에는 플래티넘을 계속 썼는데, 1941년에 참전과 함께 플래티넘이 군수용으로 징발되면서 주얼리에서 플래티넘의 사용이 전면 금지되었다.

볼드한 골드 주얼리가 대세가 되면서 아르데코 양식이 사그라진 지도 벌써 80여 년이 흘렀다. 하지만 그동안 아르데코 주얼리만큼 창의적이면서도 시대를 초월해 보편적으로 꾸준히 사랑받는 주얼리는 아직 나오지 않았다. 전 세계가 그때만큼 다사다난하고 혁명적인 사건 사고를 겪지 않았기 때문일까? 문득 펜데믹이라는 인류의 원초적인 역경과 최첨단 스마트 기술이 공존하는 지금의 현실은 21세기 주얼리에 어떤 새로운 미감美感을 투영할지 자못 궁금해진다.

12

코스튬 주얼리의 흥행사, 할리우드 여배우

'가짜'라 쓰고 '희망'이라 읽었다

"코스튬 주얼리는 여성에게 부의 상징이 아닌
아름다움을 위해 존재한다."

—코코 샤넬

내가 코스튬 주얼리를 파인 주얼리만큼 진지하게 바라보게 된 계기는 미국의 어느 컬렉터 때문이었다. 2013년 여름 뉴욕 MADMuseum of Arts and Design에서 개최된 《패션 주얼리, 바바라 버거Barbara Berger의 컬렉션》 전시장을 찾은 나는 신선한 충격에 휩싸였다.

일단 그 넓은 공간을 가득 메운 450점이라는 방대한 양에 압도되었고 샤넬, 디올, 발렌시아가, 이브 생 로랑 등 유럽의 패션 하우스부터 미국을 대표하는 미리엄 해스켈Miriam Haskell, 트리파리Trifari, 호베Hobé의 진귀한 빈티지 주얼리를 한자리에서 볼 수 있다니! 감격스러웠다. 게다가 이라즈 모이니Iradj Moini나 다니엘 폰 와인버거Daniel Von Weinberger 같은 세상에서 하나뿐인 컨템퍼러리 피스들까지 그 다양성에 입이 떡 벌어지고 말았다. 심지어 파인 주얼리처럼 정교하게 제작된 작품들은 '아트 피스art piece'라 불러도 손색이 없을 정도였다. 그녀의 컬렉션은 단순히 '가짜'로만 치부할 수 없는, 패션과 주얼리 역사의 산 증인이었다.

누군가의 보석함을 몰래 훔쳐보는 느낌에 시간 가는 줄 모르고 빠져든 나는 바바라 버거라는 사람에게 호기심이 발동했다. 다이아몬드 딜러를 아

2013년 뉴욕 MAD에서 개최된 《패션 주얼리, 바바라 버거의 컬렉션》 전시 현장.

버지로, 파인 주얼리 디자이너를 남편으로 둔 그녀가 왜 하필 지난 57년간 코스튬 주얼리 4천 점을 수집했는지 그녀의 삶과 스타일, 열정을 파헤쳐보고 싶었다. 잡지사와 연계해서 인터뷰를 요청할까도 고려했지만 일 년에 반 이상을 멕시코에 거주한다니 스케줄을 맞추기조차 버거울 것 같았다. 그래, 언젠가 만날 날이 오겠지! 그녀의 컬렉션이 실린 두꺼운 커피테이블 북으로 아쉬움을 달래보기로 했다.

그로부터 2년 후, 라스베이거스에서 운명의 장난 같은 상황이 벌어졌다. 세계적인 주얼리 박람회● 중 하나인 JCK 주얼리 쇼에서 나의 절친이기도 한 미네타니의 디자이너 K(김선영)와 이야기를 나누고 있는데 육칠십 대로 보이는 금발의 단발머리 여인이 우리 쪽으로 성큼 다가왔다.

"정말 독특하고 멋지네요! 어느 브랜드인지 물어봐도 될까요?"

그 여인은 다짜고짜 K가 가슴과 허리에 엑스 자로 두르고 있던 모조 진주로 된 바디 주얼리를 가리키며 칭찬을 쏟아냈다. 얼굴에는 밝고 황홀한 미소가 감돌고 있었다. 마침 세미나 시간이 되어 나는 자리를 떴는데, 꽤 먼 거리에서도 주얼리를 알아보고 말을 건 그녀가 신기하기만 했다. 두어 시간이 흐른 뒤 다시 만난 K는 기쁨과 의아함이 교차된 표정으로 그 여인이 결국 바디 주얼리를 사 갔다고 했다.

"그런데 이름이 특이해서 평생 잊을 수 없을 것 같아요."

곧이어 그녀의 입에서 '바버라 버거'라는 두 마디가 나왔을 때 나는 내 귀를 의심할 수밖에 없었다.

"뭐라고? 아까 그 사람이 바버라 버거였다고?"

이 어이없는 상황이 벌어진 이유는 바로 머리 스타일 때문이었다. 책과 언론에 소개된 그녀는 오십 대로 보이는 긴 머리의 여인이었다. 그런데 단발머

● 세계적으로 유명한 주얼리 박람회로는 바젤월드 워치 & 주얼리 쇼, JCK 라스베이거스, 주얼리 & 젬 월드 홍콩, JA 뉴욕, 비첸차 오로 등을 꼽을 수 있다.

바버라 버거가 즉석에서 구입한 바디 주얼리의 앞과 뒤. ©Tani by Minetani

리에 제 나이대의 모습으로 나타나는 바람에 사진과 연결 짓지 못했던 것이다. 무엇보다 그 넓은 행사장 한복판에서 마주치게 될 거라고 누가 상상이나 했겠는가? 하지만 더욱 놀랐던 것은 그녀의 눈썰미였다.

K는 행사용으로 단 두 점만 제작한 바디 주얼리를 팔 생각이 전혀 없다고 거듭 강조했건만, 바버라는 구글에 올라온 자신의 기사까지 보여주면서 설득했다고 한다. 먹이를 향해 돌진하는 독수리처럼 생전 처음 보는 사람의 주얼리를 즉석에서 '벗겨' 갈 만큼 그녀는 열정적이었고 탁월한 안목을 가진 컬렉터였다. 진정한 컬렉터의 근성이란 바로 이런 것이 아니겠는가!

코스튬 주얼리의 효시

모조 보석과 플라스틱, 비금속卑金屬(황동, 구리 등) 등을 사용해서 대량 생산하는 코스튬 주얼리는 천연 보석과 금, 플래티넘 등 고가의 소재로 제작되는 파인 주얼리의 정반대 개념이다. 부의 상징이나 중요한 날에 착용하는 용도라기보다 패션 스타일링을 완성하기 위한 감각적인 도구로 애용하는 편이다. 오늘날에는 패션 주얼리와 혼용해서 부른다. 원래는 패션 주기에 맞춰 제작되므로 짧은 수명이 특징이지만 바버라 버거의 사례에서 알 수 있듯이 코스튬 주얼리에서도 수집가들의 뜨거운 열기를 찾아볼 수 있다. 특정 시대의 트렌드와 디자이너의 독창성, 개성적인 스타일이 고스란히 반영되어 있기 때문이다.

코스튬 주얼리의 소비자는 크게 두 종류로 나뉜다. 첫 번째는 자신의 패션을 돋보이게 해줄 수 있는 스타일을 우선시하는 부류로, 유행하는 디자인과 가격에 민감한 편이다. 두 번째는 패션의 문화와 역사적인 가치를 담은 장식예술의 하나로 이해하는 사람들이다. 패션은 사회, 정치, 경제와 밀접하게 맞닿아 발전해왔기 때문에 그들의 시각에서 코스튬 주얼리는 수집 욕구를 자극하는 서구 문명의 일부가 된다.

코스튬 주얼리는 제1차 산업혁명(증기기관과 수력을 이용한 기계적 생산 시기)이 가져다준 물질적인 부가 양적으로 팽창하기 시작한 18세기 말에 부르주아라는 신흥 계급의 욕구를 충족시키기 위해 등장했다. 그들은 과거에 왕족과 귀족의 전유물이던 파인 주얼리를 값싼 페이스트paste나 유리로 모방한 주얼리를 착용하며 카타르시스를 만끽했다. 이후 중산층을 중심으로 폭넓은 소재가 활용되면서 크게 성장했다.

코스튬 주얼리가 전성기를 맞은 것은 1920~1950년대 프랑스와 미국에서였다. 이미 대량 생산이 가능한 상태일뿐더러 세계를 강타한 경제 대공황의 여파도 컸다. 싫증난 의상이나 다소 소박한 의상을 적은 비용으로 활기차게 변신시켜줄 수 있는 소위 '가성비' 주얼리가 크게 각광받은 것이다. 여기에 할리우드 배우들이 화려한 코스튬 주얼리를 착용하면서 열기가 더욱 확산되었다.

한편 코스튬 주얼리란 용어가 탄생한 배경에는 뉴욕과 파리를 기점으로 두 가지 설이 전해진다. 첫 번째는 주얼리 디자이너 윌리엄 호베William Hobé가 브로드웨이 뮤지컬 〈지그펠드 폴리스Ziegfeld Follies〉의 무대의상과 함께 착용할 라인스톤rhinestone 주얼리를 디자인한 것을 효시로 본다. 당시 공연 기획을 맡은 플로렌츠 지그펠드Florenz Ziegfeld가 이를 보고 무대의상에 착용하는 주얼리란 의미로 코스튬 주얼리라 불렀다고 한다.

두 번째는 패션 디자이너인 폴 푸아레가 자신의 고객이 발레 뤼스의 공연에 입고 갈 이브닝드레스에 어울리는 주얼리 디자인을 주문한 데에서 기인한다. 주얼리를 제작해본 경험이 없었던 푸아레는 장식 유리의 대가인 메종 그리푸아Maison Gripoix의 도움을 받아 완성했고, 그때부터 특정 의상에 어울리는 장신구란 의미로 코스튬 주얼리라 불리기 시작했다는 것이다. 그전까지는 파인 주얼리의 복제품이라는 한정된 이미지가 강했지만, 점차 패션 디자이너의 손을 거치면서 파인 주얼리에서 쓰지 않는 색 조합과 창의성을 담아 패션에 방점을 찍는 매력적인 존재로 다시 태어났다.

코스튬 주얼리를 보다 세련되고 시크한 패션 아이템의 반열에 올린 인물로는 단연 가브리엘 코코 샤넬을 꼽는다. 본격적인 유행도 1924년 샤넬이 모조 진주로 된 화이트& 블랙 귀걸이를 착용하면서 그 문을 열었다. 샤넬은 주얼리의 무게중심을 지위와 부의 상징이 아닌 패션성에 두면서 코스튬 주얼리의 홍보대사를 자처했다. 특히 자신의 트레이드마크인 '리틀 블랙 드레스'에 모조 진주와 황동으로 만든 소위 '가짜 주얼리'를 연출한 것이 주효했다. 그녀를 추종하는 패셔니스타들이 하나둘 그 스타일을 따라 하기 시작했고, 간결한 의상에 화려한 코스튬 주얼리를 연출하는 방식이 세련된 패션의 본보기가 되었다.

코스튬 주얼리 디자이너 삼인방

이렇듯 20세기에 들어와서 패션 디자이너와 코스튬 주얼리는 서로에게 긍정적인 영향을 미치며 발전을 거듭했다. 그때나 지금이나 패션 브랜드가 성공하려면 한눈에 알아볼 수 있는 뚜렷한 스타일을 얼마나 효과적으로 만들어내느냐가 핵심이다. 그래서 패션 디자이너가 코스튬 주얼리를 제작할 때에는 브랜드 고유의 스타일을 보다 더 강조하려는 의도가 반영되기 마련이다. 코스튬 주얼리로 의상도 부각되고 브랜드로서 확고한 스타일도 정립할 수 있으니 일석이조의 효과를 누릴 수 있었다. 게다가 이미 파인 주얼리를 소유한 고객들이 주요 소비 대상이었기 때문에 파인 주얼리에서는 얻기 힘든 만족감을 주기 위해서라도 디자이너는 풍부한 상상력을 발휘해야 했다.

특히 샤넬은 원색이 강조된 중세 비잔틴 시대에서 영감을 받은 코스튬 주얼리를 무채색의 심플한 의상에 매치해 시너지 효과를 톡톡히 거두었다. 샤넬의 코스튬 주얼리를 논할 때면 일단 앞서 언급한 메종 그리푸아를 반드시 짚고 넘어가야 한다. 1869년 파리에 설립된 메종 그리푸아는 고도의 유리 주조 기법과 금속 세공 기술로 벨에포크 시대부터 명성을 떨친 코스튬 주얼리 제조의 아버지 격이다. 특히 모조 진주의 광택을 잘 구현해 샤넬의 모조 진주 주얼리가 큰 사랑을 받게 만든 장본인이기도 하다. 샤넬은 메종 그리푸아의 모조 진주로 제작한 긴 진주 목걸이를 목에 무심한 듯 휘감으며 코스튬 주얼리를 하이패션 수준으로 끌어올렸다.

메종 그리푸아는 특히 '글라스 페이스트glass paste' 또는 '파트 드 베르pâte de verre'(가마 주조의 한 종류로 각종 색채의 유리 가루와 결합체를 혼합해서 몰드에 넣고 가마에서 굽는 기법)에서 타의 추종을 불허했다. 샤넬은 일찍이 메종 그리푸아에 주얼리를 제작해달라고 요청해서 레드와 그린 컬러를 조합한 샤넬 주얼리의 시그니처 색채를 탄생시켰다.•

같은 시기, 미국의 미리엄 해스켈도 종종 샤넬과 회동하며 하이패션에

1

2

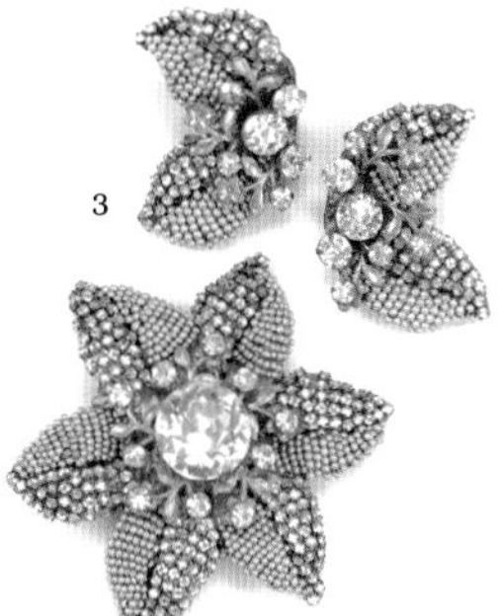

3

1 미리엄 해스켈의 〈목걸이〉. ⓒMiriam Haskell
황동에 모조 진주와 라인스톤을 사용한 꽃 모티프 목걸이.

2 미리엄 해스켈의 〈목걸이〉. ⓒMiriam Haskell
황동에 모조 진주 비드와 라인스톤을 사용한 목걸이.

3 미리엄 해스켈의 〈브로치〉와 〈귀걸이〉. ⓒMiriam Haskell
황동에 모조 진주 비드와 라인스톤을 사용한 꽃 모티프 브로치와 귀걸이 세트.

어울리는 코스튬 주얼리에 대해 의견을 나누었다. 해스켈은 인재를 알아보는 탁월한 안목으로 젊은 디자이너인 프랭크 헤스Frank Hess를 고용해 샤넬보다 2년 늦은 1926년 뉴욕에 주얼리 부티크를 열고 주로 자연, 이국적인 문화와 역사에서 영감을 받은 디자인을 수작업으로 선보였다. 그중에서도 꽃을 모티프로 모조 진주 비드를 사용한 주얼리는 당시 맨해튼의 스타일리시한 여성들을 매료시켰다. 관능적이고 여성적인 해스켈의 디자인은 플래퍼 스타일의 유행이 끝나고 볼륨 있는 주얼리가 사랑받은 1930년대에 더욱 인기를 끌었다.

1927년부터는 초현실주의와 아방가르드 미술에서 큰 영향을 받은 패션 디자이너 엘사 스키아파렐리Elsa Schiaparelli도 기발한 디자인의 에나멜 브로치와 헤어핀, 그리고 그녀의 시그니처 컬러인 '쇼킹 핑크' 스톤을 사용한 참charm◆ 팔찌와 귀걸이 등을 선보였다. 그녀는 어느 누구보다 자유분방하고 대담한 색채를 사용했고 채소와 곤충 등을 위트 있게 표현한 독창적인 시각으로 주얼리를 디자인했다. 살바도르 달리와 장 콕토, 알베르토 자코메티, 만 레이 같은 초현실주의 예술가들과도 지속적으로 협업했다. 코스튬 주얼리는 그렇게 파리와 뉴욕의 디자이너들 덕분에 단순히 파인 주얼리의 복제품이 아니라 뚜렷한 정체성이 살아 있는 주얼리로 자리매김했다.

할리우드와 신소재 베이클라이트

1929년 10월 미국에 대공황이 닥치자 대중들은 경제적, 정신적 고통으로부터 벗어나기 위해 할리우드 영화를 도피처로 삼았다. 영화 속에 등장하

● 전통적으로 외주 제조사나 장인의 이름은 비밀로 부치는 경우가 많았지만 메종 그리푸아를 비롯해서 로베르 구상Robert Goossens과 스테파노 폴레티Stefano Poletti 같은 파리의 일부 장인들은 끊임없는 노력과 성과로 대중들 사이에 명성을 드높였다.

◆ 팔찌나 목걸이에 매달 수 있게 제작된 초소형 펜던트류.

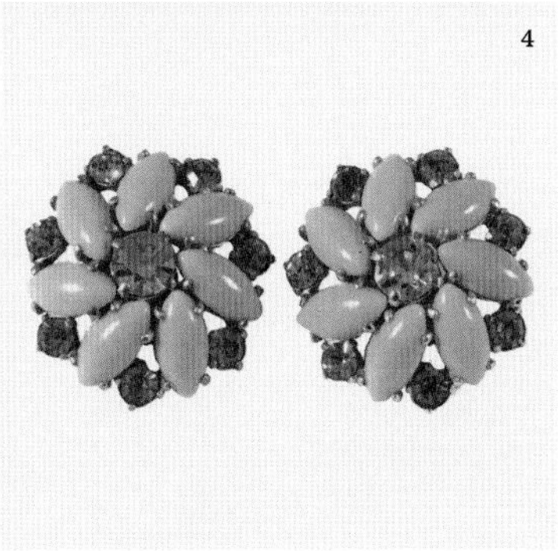

1 스키아파렐리가 영화배우 마를레네 디트리히를 위해 디자인한 투피스.
커다란 황동 버튼은 알베르토 자코메티가 1938~1939년에 조각한 것이다.

2 스키아파렐리와 살바도르 달리가 협업한 〈가재 드레스〉, 1937년.

3 스키아파렐리의 〈곤충 목걸이〉, 1938년.

4 스키아파렐리의 〈핑크 클립 귀걸이〉, 1950년대.

는 여주인공들의 아름답고 고급스러운 라이프스타일은 여성들의 마음을 단박에 사로잡았고, 더불어 영화 산업도 크게 번성한다. 이때 모피와 고급 드레스를 입은 여배우들을 돋보이게 하는 장신구로 화려한 코스튬 주얼리가 사용되었다. 정신없는 영화 현장에서 분실되거나 파손될 우려가 있는 주얼리에 값싼 소재를 사용한 것은 현명하고 실용적인 선택이었다.

이 시기를 대표하는 코스튬 주얼리 브랜드로 '조제프 오브 할리우드Joseff of Hollywood'를 꼽을 수 있다. 이들은 라인스톤, 마르카사이트, 유리, 황동, 은, 니켈, 레진, 가죽 등을 사용하고 금도금을 입혀서 진짜 주얼리처럼 보이게 하는 데 초점을 맞췄다. 특히 영화 현장에서 조명에 반사되지 않는 특수한 매트 도금을 개발해 인기를 끌었다. 결국 조제프 오브 할리우드는 할리우드 영화와 함께 성장하며 많은 양의 코스튬 주얼리를 생산했다. 특히 19세기 중반의 주얼리를 재현한 영화 〈바람과 함께 사라지다〉의 대성공으로 1930년대 말까지 주문이 생산을 따라가지 못할 정도로 번창했다. 그 결과 마를레네 디트리히, 베티 데이비스, 조앤 크로퍼드, 메릴린 먼로, 그레이스 켈리 등 1930년대에서 1950년대 할리우드 여배우의 90퍼센트 이상이 조제프 오브 할리우드의

영화 〈바람과 함께 사라지다〉에서 조제프 오브 할리우드의 목걸이와 팔찌를 착용한 비비안 리, 1939년.

주얼리를 착용하고 영화에 등장했다.

사실 미국은 코스튬 주얼리가 발전할 가능성이 매우 높은 블루 오션이었다. 제2차 세계대전이 전 유럽을 멈춰 세웠을 때도 미국은 상대적으로 타격을 덜 받은 편이었다. 나치의 점령으로 유럽의 패션이 위축되어 있는 동안(샤넬은 아예 문을 닫았는데 나치에 정보를 빼돌렸다는 의혹도 받았다) 미국의 디자이너들과 할리우드의 스타들이 1940년대의 스타일을 주도적으로 이끌었다. 그러다 보니 미국 여성들은 그 시대의 슈퍼스타인 마를레네 디트리히, 그레타 가르보, 조앤 크로퍼드, 잉그리드 버그먼의 패션과 주얼리를 따라잡느라 여념이 없었다. 처음으로 프랑스의 오트쿠튀르처럼 우아한 스타일이 아닌 미국의 스포티하고 여유로운 라이프스타일이 대세가 된 것이다.

또 세계대전은 귀금속의 품귀 현상을 가져와 비금속으로 만든 주얼리의 수요가 증가했고, 금도금 기술의 발전으로 가짜를 진짜처럼 보이게 만든 주얼리도 인기를 끌었다. 특히 스털링 실버sterling silver● 위에 얇게 금도금한 버메일vermeil이 새롭게 유행했다(이 시기에 일부 비금속이 군수용으로 제한되면서 코스튬 주얼리에 스털링 실버가 주요 재료로 쓰였다).

사실상 대공황 이후 여성들은 계절마다 새 옷을 구입하기가 어려웠지만, 철지난 옷도 화려한 코스튬 주얼리 하나면 충분히 새로운 기분을 낼 수 있었다. 침체된 경제 상황에서 저렴한 코스튬 주얼리가 생활의 활력을 불어넣는 역할을 톡톡히 해낸 것이다. 어떻게 보면 코스튬 주얼리는 모든 계층의 여성들을 '비슷하게' 꾸며주는 꽤 민주적인 주얼리였다. 이때 나치의 핍박을 피해 유럽에서 미국으로 건너온 유대인들 중에서 파인 주얼리 기술자들이 코스튬 주얼리의 발전에 일조했다. 특히 자본은 적지만 확고한 기술을 가지고 있던 장인들의 공이 컸다. 생계를 유지하기 위해 과감하게 코스튬 주얼리로 전향한 이들이 자리 잡은 뉴욕과 로드아일랜드의 주도州都인 프로비던스Providence

● 은이 92.5퍼센트, 다른 금속이 7.5퍼센트 함유된 은 합금으로 순은보다 강도가 높다.

가 미국의 코스튬 주얼리 산업의 본거지가 되었다.

신소재 개발도 그 어느 때보다 활발했다. 이는 전기와 화학 기술의 급속한 발전을 가져온 제2차 산업혁명과 제1차 세계대전을 거치면서 새로운 플라스틱이 폭발적으로 증가한 시기와도 궤를 같이한다. 제2차 세계대전이 발발하자 군수 물자로 공출된 비금속의 자리에 플라스틱이 투입되었고, 수급이 막힌 일본의 최상급 모조 진주, 오스트리아와 체코슬로바키아의 최고급 라인스톤 대신 플라스틱으로 만든 모조 보석들이 대거 사용되었다. 다양한 플라스틱 중에서도 합성 고분자를 기본으로 만든 최초의 플라스틱인 베이클라이트bakelite의 열풍이 가장 뜨거웠다.

포름알데히드와 페놀의 결합물인 베이클라이트는 1907년에 벨기에계 미국 화학자 레오 핸드리크 베이클랜드Leo Handrik Bakeland가 발명했다. 싼 가격과 뛰어난 내구성으로 1920년대에 라디오와 전화기 등에 널리 쓰이기 시작했고(옛 시절을 다룬 영화나 드라마에 종종 등장하는 묵직한 검은색의 전화기를 떠올려보라!) 주얼리에서는 1930~1940년대에 본격적으로 유행했다. 디자인적으로도 두툼하고 무거운 주얼리가 유행하던 1930년대의 스타일에 안성맞춤이었다.

베이클라이트는 연마와 폴리싱이 자유로워 동물과 과일 문양 등으로 조각하는 것이 가능했고 표면에 각종 패턴을 적용할 수 있어서 팔찌와 브로치를 비롯해 다양한 모습으로 연출할 수 있었다. 디자이너들은 소재에 드는 비용 부담이 적어서 파인 주얼리의 모방이 아닌 트렌디하고 위트 있고 심지어 키치한 디자인까지 마음껏 시도할 수 있었다. 물론 당대에 유행한 초현실주의의 영향도 한몫했다. 색상에 한계가 없다 보니 개성을 살리고 자유로운 감성을 담기에도 제격이었다. 그중에서도 물방울무늬와 무지개색 팔찌는 요즘의 수집가들도 탐내는 인기 품목이고, 앤디 워홀이 수집했던 그린, 레드, 옐로가 겹쳐진 소위 '필라델피아 팔찌'는 오늘날 가장 고가에 거래되고 있다.

옐로 골드에 볼드한 유색석이 세팅된 파인 주얼리가 대세였던 레트로 시대의 한쪽에서는 이렇듯 값싸고 화려한 코스튬 주얼리도 활짝 피어나고 있었

1

2

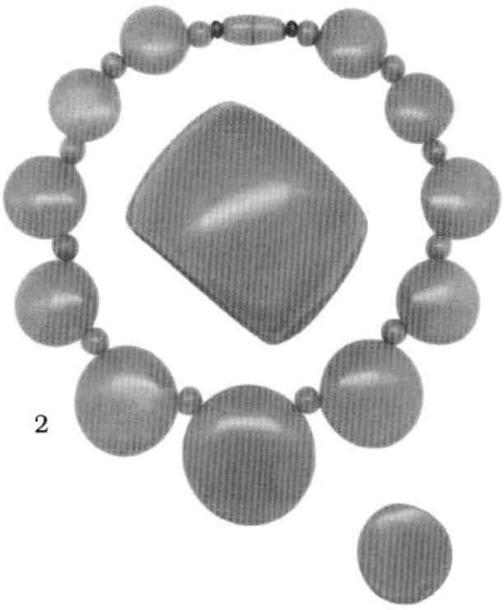

3

4

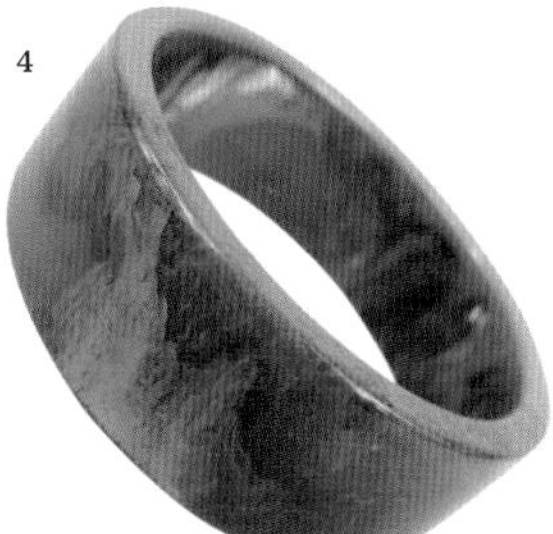

5

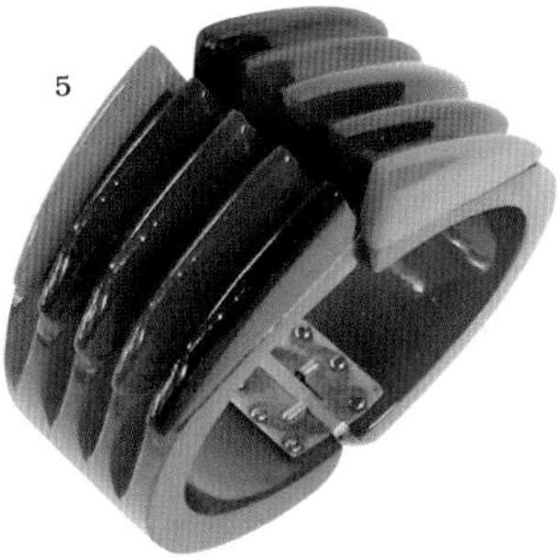

1 다양한 색상이 특징인 〈베이클라이트 팔찌〉, 1930~1950년대. ©Mark Walsh Leslie Chin, Vintage Luxury.com

2 〈오렌지색 베이클라이트 목걸이, 반지, 팔찌 세트〉, 1930년대. ©William Furbelow & Co, 1stdibs.com

3 물방울과 스트라이프 무늬를 넣은 〈베이클라이트 팔찌 세트〉, 1930년대. ©Basha Gold

4 〈베이클라이트 팔찌〉, 1930년대. ©Park Avenue Couture
독특한 마블링 무늬가 돋보이는 팔찌.

5 필라델피아 팔찌.

다. 무엇보다 파인 주얼리가 구현할 수 없는 자유로운 표현과 환상적인 색채는 할리우드를 동경하는 여심을 사로잡기에 충분했다. 언젠가 샤넬은 이렇게 말했다.

> 여자에게 진짜 주얼리만 하라는 것은 그녀에게 꽃무늬 옷 대신에 진짜 꽃으로만 두르라고 하는 것과 같아요. 그리고 그 진짜 꽃은 얼마 안 가 시들고 말지요.

하긴 사람들에게 꿈과 희망을 줄 수 있다면, 소재나 가격이 무슨 상관이겠는가?

13

‘레트로 시대’의 다이아몬드 딜레마

히틀러와 드비어스에 맞서 다이아몬드를 사수하라

나는 매년 뉴욕을 방문할 때마다 버그도프 굿맨Bergdorf Goodman 백화점에서 최소 반나절을 보내곤 한다. 센트럴파크 바로 옆인 뉴욕 59번가와 5번가가 만나는 코너에 자리한 그곳에는 이 세상에서 가장 아름답고 독특한 주얼리가 모두 모여 있다고 해도 과언이 아니다. 평범함을 거부하는 개성파들을 위한 주얼리 천국으로, 주얼리의 이름조차 하나같이 거창해서 발음을 굴려보는 것만으로도 광채가 뿜어져 나올 듯하다.

제복을 입은 도어맨이 정중하게 열어주는 무거운 백화점 문을 지나 고급 핸드백과 모자, 스카프를 구경하며 어슬렁거리다 보면 어느새 눈앞에 디자이너 주얼리 섹션이 눈부시게 펼쳐진다. 오색찬란한 그곳은 마치 꽃이 한가득 피어 있는 정원처럼 형형색색의 빛으로 가득하다.

그날따라 유달리 내 눈길을 사로잡은 것은 몰타 십자가 모양에 유색석이 멋들어지게 세팅된 두툼한 팔찌였다. 일말의 고루함이나 무기력증에도 하이킥을 날려버릴 듯 '해피 바이러스'를 뿜어내는 경쾌한 색 조합이 인상적이었다. 그것은 바로 뉴욕의 파인 주얼리 브랜드 베르두라Verdura의 제품이었다. 한동안 그 팔찌 생각이 머리에서 떠나지 않았고 나는 책과 인터넷을 뒤져가며 베르두라의 주얼리 세계를 진지하게 파헤쳤다. 1940년대의 볼드한 디자인과 컬러풀한 주얼리에 관심을 갖게 된 것도 바로 그 팔찌 때문이다.

그런데 뭔가에 집중하면 현실이 된다는 끌어당김의 법칙이라도 작용한 것일까? 몇 년 후 모 잡지를 통해 베르두라의 CEO를 인터뷰하는 기회가 내게 주어졌다. 공교롭게도 베르두라의 살롱은 버그도프 굿맨 백화점 바로 맞은편 빌딩 꼭대기에 자리하고 있었다.

파리에서 8년간 코코 샤넬 밑에서 일하다가 뉴욕으로 건너가 이름을 떨친 풀코 디 베르두라 공작Duke Fulco di Verdura은 미국이 자랑스러워하는 주얼리 디자이너 중 한 명이다. 유럽에서 제2차 세계대전이 발발한 역사적인 1939년 9월 1일, 그는 뉴욕 5번가에서 자신의 이름을 딴 파인 주얼리 살롱을 열었다. 최고급 주얼리를 구매하기 위해서는 유럽으로 날아가는 것도 불사하던 부유

뉴욕 베르두라 살롱에 전시된 〈테오도라 몰타 십자가 팔찌〉.
1930년대에 샤넬을 위해 디자인한 오리지널 팔찌를 재해석한 것으로 베르두라 창립 75주년 기념으로 제작되었다.

층은 전쟁으로 길이 막히자 이 남자, 베르두라에게 주목했다. 그도 그럴 것이 젊고 미남인데다 미국인들이 동경하는 유럽의 작위까지 가진 남자가 아닌가. 고향 시칠리아에서 특권층으로 나고 자란 그의 삶은 확실히 주얼리에 이국적이고 색다른 영감을 불어넣었다. 그 어떤 여인도 이 섹시한 이탈리아 '공작'이 디자인한 주얼리를 마다할 수 없었으리라.

제2차 세계대전이 끝난 후 베르두라는 보수적인 파인 주얼리의 코드를 새로 정립해 낮에도 캐주얼하게 착용할 수 있는 주얼리로 폭발적인 호응을 얻었다. 그는 옐로 골드를 자신의 주 무기로 삼아 매듭처럼 꼬거나 밧줄처럼 엮은 형태로 연출했다. 화려한 유색석 중에는 시칠리아의 정원에서 영감을 받은 시트린, 페리도트, 루비를 중점적으로 사용했는데 그것들로 장식한 조개 브로치는 그레타 가르보가 착용해서 유명해졌다. 제2차 세계대전은 주얼리의 소재와 스타일에도 큰 영향을 끼쳤고, 베르두라는 과거와는 전혀 다른 주얼리를 원하는 미국 여성들의 욕구를 영리하게 간파했다.

전쟁을 겪으며 패션은 남성적으로 변했고, 주얼리도 두툼하고 면적이 넓어졌다. 이 시기의 주얼리를 찬찬히 뜯어보면 근엄한 패션에 여성스러운 터치를 주기 위해 노력했고, 힘든 시기를 극복하고자 활기찬 주얼리를 갈망하던 여심이 반영되어 있다. 색 조합도 블랙&화이트의 조합은 물러나고 알록달록한 유색석이 대세로 떠올랐다. 디자인도 평면적이고 기하학적인 모티프가 주를 이룬 아르데코 시기와는 달리 조각품처럼 입체적이고 육감적으로 변했다.

이렇듯 전쟁의 한복판에서 음울한 공기를 뚫고 나온 과장되고 청키하고 컬러풀한 스타일을 주얼리 사조에서는 '레트로 모던Retro-Modern' 또는 '레트로Retro'라고 부른다(이 용어가 쓰이기 시작한 것은 1972년부터다). 시기적으로 구분하면 1935년부터 1950년대 중반까지 유행한 주얼리를 아우른다. 무엇보다 세계대전의 직접적인 영향을 받은 파리의 주얼리 업계가 어려운 시기를 겪는 동안 미국은 더욱 볼드하고 역동적이고 극적인 칵테일 주얼리를 선보이며 주얼리 업계에서 존재감을 공고히 했다.

1

2

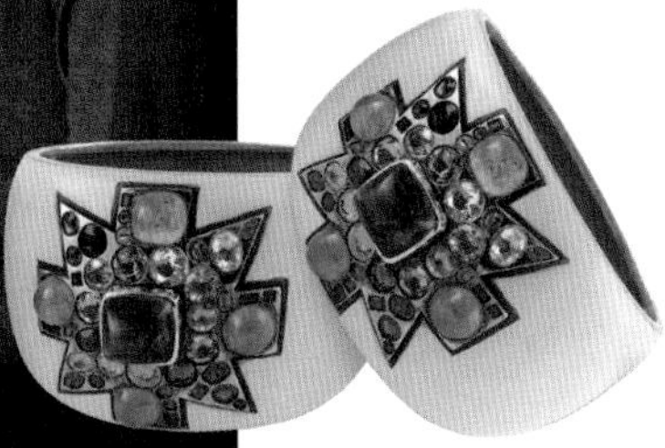

3

1 베르두라와 코코 샤넬, 1937년. ⓒVerdura
베르두라가 샤넬에게 만들어준 몰타 십자가 팔찌를 들고 있다.

2 베르두라가 샤넬과 함께 만든 에나멜과 유색 보석의 오리지널 커프 팔찌. ⓒVerdura

3 베르두라의 골드 링크 팔찌를 착용한 그레타 가르보. ⓒVerdura

한편 이 시기에 주얼리보다 군수 물자로서 막대한 힘을 발휘한 플래티넘과 다이아몬드는 연합국의 승리에도 적지 않게 기여한다. 그리고 오롯이 세계대전 때문이라고 할 수는 없지만, 전쟁 중의 급박한 수요와 기술의 발전은 합성 다이아몬드가 탄생하는 데에도 획기적인 전기를 마련했다.

플래티넘 사용 금지가 가져온 결과는?

제2차 세계대전의 발발과 함께 플래티넘은 제1차 세계대전에 이어 또다시 '전략적 긴급 물자'로 지정되어 주얼리에 사용하는 것이 전면 금지되었다. 죽음을 각오하고 임해야 할 전쟁 통에 전투기 엔진과 군용 폭발물 제조의 필수 소재인 플래티넘을 주얼리에 사용한다는 것은 말 그대로 사치였다. 플래티넘 사용 제한은 프랑스에서 가장 엄격했다. 1940년 프랑스 은행Banque de France은 모든 귀금속 판매를 금지하고 새로운 주얼리를 제작할 경우 기존 주얼리에서 금속을 재활용하도록 했다. 심지어 이때 녹인 금과 플래티넘의 20퍼센트는 국가에 헌납해야 했다.

그나마 유럽에 비하면 전쟁의 영향권에서 멀리 떨어져 있던 미국도 1941년 12월에 참전하면서 비슷한 상황에 처한다. 주얼리에 플래티넘 사용이 전면 금지되었고, 사치세 10퍼센트가 부과되었다(1943년에는 20퍼센트까지 올라간다). 이 과정에서 불만의 목소리를 높인 주얼리 업계와 정부 사이에서 티파니의 수석 보석학자 조지 프레더릭 쿤츠George Frederick Kunz가 양쪽을 오가며 메신저 역할을 했다.

심각한 상황은 플래티넘만이 아니었다. 전쟁 중에는 피난 시 화폐 역할을 하는 금 거래도 제한했기 때문에 주얼러들은 9K나 10K 같은 순도가 낮은 합금(순금속이 지닌 단점을 보완하고 개선시키기 위해 다른 금속을 한 가지 이상 용해 결합한 것)을 생존 전략으로 들고 나왔다. 그래서 이 시기에는 금 대신에 비교적 공급이 풍부한 구리의 함량을 높여 붉은 톤을 띠는 핑크 골드와 레드 골드가 대거 등장한다. 순금에 은을 25퍼센트 섞은 그린 골드도 종종 쓰였다.

무엇보다 새로운 디자인을 개발하기 어려운 상황이었으므로 주얼러들은 금세공에 최대한 창의력을 발휘하며 전쟁 이전의 조각적인 볼륨을 유지할 수 있도록 적당한 트릭을 구사했다. 속이 비고 가벼운 할로우hollow 스타일은 기본이고, 금을 꼬고 땋고 주름잡는 방식으로 각종 패턴을 만들거나 소용돌이, 나선형, 벌집 모양 등으로 가공했다. 동일한 고리를 빽빽하게 맞물려 유연성 있게 휘감기게 만든 튜브형의 가스관gas pipe 또는 투보가스tubogas라고 불린 팔찌와 목걸이가 새롭게 등장한 것도 이 무렵이다. 때로는 한 제품에 고광택 면과 무광 면을 함께 배치해 색다른 느낌을 주고자 노력했다.

한편 전쟁의 여파로 남성적인 밀리터리 패션이 유행하면서 군용 차량과 각종 병기, 기계에서 영감을 받은 주얼리도 대세로 떠올랐다. 탱크의 무한궤

〈투보가스 공법의 시계〉, 1948년. ⓒBulgari
투보가스 기법을 사용해 뱀을 다소 양식화된 형태로 형상화했다.

1

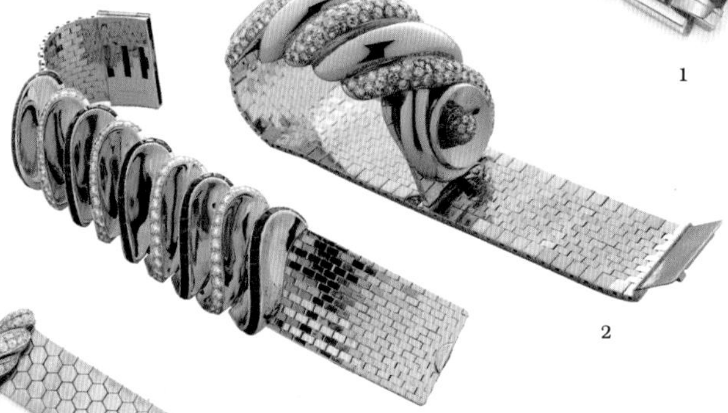

2

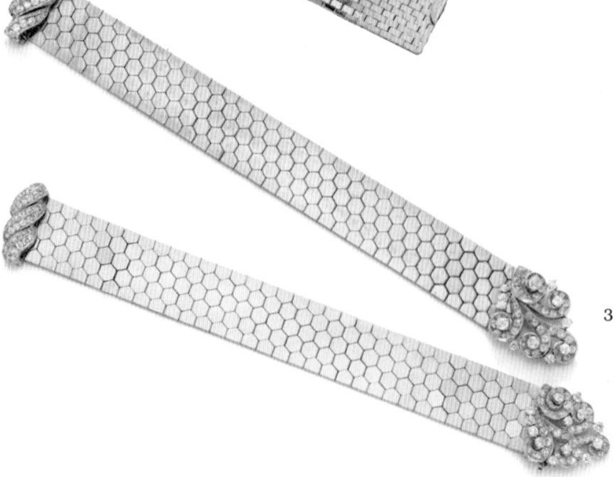

3

1 탱크의 무한궤도에서 모티프를 따온 <골드 팔찌>, 1940년. ©FD Gallery

2 입체적으로 부풀린 소용돌이 디자인과 직사각형의 링크를 벽돌 패턴으로 구성한 한 쌍의 <골드 팔찌>. ©Boucheron

3 작은 육각형 링크를 벌집 패턴으로 구성한 한 쌍의 <골드 팔찌>, 1930년대 말. ©FD Gallery

도에서 모티프를 따온 굵은 팔찌도 흔하게 볼 수 있었고, 벨트에서 팔찌로 변신이 가능한 가성비 높은 트랜스포머 디자인도 대거 유행했다. 전쟁 통에는 섬유의 공급에도 차질이 생겨 같은 옷을 반복해서 입는 경우가 많았기 때문에 여성들은 시선을 분산시킬 수 있는 커다란 브로치를 선호했다. 이때 상징적인 의미를 담은 햇살, 꽃, 새, 동물 등 자연에서 찾은 모티프가 인기를 끌었다. 아이러니하게도 잔혹한 전쟁을 겪는 와중에도 환상적인 자연의 모습이 여성들의 마음을 달래준 것이다. 리본 모양의 주얼리도 인기를 끌었는데 가볍고 섬세한 벨에포크 시대의 리본과는 달리 매우 육중하고 입체적이었다.

당연히 보석 시장에서도 공급에 차질이 생겼다. 남아프리카의 다이아몬드 공급이 끊기고, 버마와 태국산 루비의 수급이 불안정해졌다. 그나마 전쟁 직전 브라질에서 대규모로 개발된 유색 보석 광산 덕분에 주얼러들은 시트린, 자수정, 아콰마린, 토파즈 등 저예산 보석으로 아쉬움을 달랬다. 주로 큼지막한 직사각형의 '에메랄드 컷'이 쓰였고, 예전에 사용하고 남은 작은 다이아몬드로 주변을 장식해 광채를 더했다. 사파이어와 루비도 기존에 비축해둔 물량을 소비해야 했기 때문에 합성 보석으로 대체하는 경우도 빈번했다.

전쟁은 주얼리를 만드는 인력 수급에도 어려움을 가져왔다. 애국심에 불타는 이들이 군대에 자원하거나 징집되었고, 주얼리를 만드는 제조 공장 중

시트린을 세팅한 볼드한 <골드 반지>. ©FD Gallery

상당수가 군수 물자 생산을 지원해야 했다. 티아라를 만들던 사람이 전투기를 만드는 일도 벌어졌다. 특히 대규모 공습을 받은 유럽 주요 도시의 주얼리 생산량은 눈에 띄게 감소했다. 하지만 다른 산업에 비하면 주얼리 산업은 그나마 타격이 덜한 편이었다. 비상시를 위해 귀금속과 귀보석을 최대한 확보해 두려는 심리가 확산되면서 앤티크와 빈티지 주얼리 시장에 훈풍이 불었기 때문이다. 모름지기 정치와 경제가 불안할수록 종이돈에 대한 불확실성은 높아지고 대체재에 대한 관심은 증가하기 마련이다.

런던 대공습이 만들어낸 나비 효과

1940년 5월 네덜란드, 벨기에, 프랑스를 점령한 히틀러는 유럽을 초토화시키며 전 세계를 충격에 빠트렸다. 다음 타깃은 영국이었다. 그런데 히틀러는 소련 침공을 장기적인 목표로 삼고 있었기 때문에 영국에 대해서는 소극적이었다. 직접 침공하는 대신에 각종 경로를 통해 강화 조약을 제안하고 항복을 유도했다. 하지만 영국의 윈스턴 처칠이 어떤 인물인가? 그는 수상 취임 직후 하원 연설에서 이렇게 외쳤다.

“어떤 대가를 치르더라도 승리, 어떤 공포가 닥쳐와도 승리, 갈 길이 아무리 멀고 험해도 승리, 승리 없이는 생존도 없습니다!”

이렇게 완고한 처칠에게 협상이 먹힐 리 만무했고 마침내 히틀러는 1940년 7월 4일에 영국 공격을 선언한다. 독일 공군은 영국의 여름 하늘을 배경으로 폭풍 같은 공습을 퍼부었다. 원래 히틀러는 영국인들의 항전 의지를 꺾기 위해 군사 시설만 폭격할 생각이었다. 그런데 독일군 폭격기 두 대가 야간 작전 중에 항법장치의 작동 실수로 영국의 심장인 런던 도심을 오폭하면서 처칠에게 보복의 명분을 안겨주고 말았다. 영국은 95대의 폭격기를 베를린에 출격시켜 보복 공습을 단행했다.

런던 대공습 당시 하늘에 떠 있는 방공기구. 버킹엄 궁전과 빅토리아 기념관이 보인다.

9월 7일, 히틀러는 8백여 대의 폭격기와 6백여 대의 전투기로 대공습The Blitz 명령을 내리고 런던을 쑥대밭으로 만드는 작전에 돌입했다. 나치 폭격기의 물결이 끝없이 이어지며 런던은 화염에 휩싸였고 심지어 버킹엄 궁전의 정원 한복판에도 폭탄이 떨어졌다. 도시는 일순간 폐허로 변했고 런던 시민들은 방공호나 지하철 승강장에서 공중 폭격을 버텨야 했다.

연이은 대공습은 두 나라의 주얼리 업계에도 치명적인 타격을 가했다. 나치의 공습으로 영국의 주요 주얼리 생산지인 버밍엄의 생산량이 대폭 감소했고, 영국의 보복 공습으로 독일의 주얼리 제작도 거의 중단되다시피 했다. 런던의 고급 보석상들은 부랴부랴 주얼리를 안전한 곳으로 대피시켰다. 그럼에도 전쟁은 연인들 사이에 애틋한 감정을 더욱 자극해 전쟁 기간에도 약혼반지의 수요는 줄지 않았다.

한편 프랑스는 수도 파리를 나치에게 내주긴 했지만 공습은 피했으니 영국보다는 차라리 나은 편이었다. 파리의 보석상들은 오래된 주얼리를 해체해서 새롭게 세팅하고, 전쟁 전에 비축해둔 귀보석과 귀금속을 사용하며 위기에 대처해 나갔다.

런던 대공습 이후 버밍엄, 리버풀, 플리머스 등 주요 산업 시설과 항구 시설이 있는 도시들이 독일 공군의 무차별 폭격에 초토화되자 영국은 곧 자금난에 직면했다. 더 이상 전쟁 물자를 구입하고 운송해 올 여력이 없어 다급해진 처칠은 1940년 12월 대서양 너머 미국의 루스벨트 대통령에게 전쟁 물자를 무상으로 지원해달라는 서신을 보냈다. 영국마저 패한다면 미국은 나치가 통일한 유럽과 싸워야 할지도 모른다며 강력하게 호소했다.

하지만 미국은 1823년 제임스 먼로 대통령이 먼로 독트린을 선포한 이후 유럽에 대해 고립주의 외교 정책을 고수하고 있었다. 말하자면 미국이 유럽 문제에 개입하지 않는 대신 유럽도 미국의 세력권에 개입하지 말라는 정책이다. 그러나 제1차 세계대전 당시 독일이 미국의 상선을 공격하자 불가피하게 유럽 국가 간의 전쟁에 개입하게 되는데, 그럼에도 유럽 국가에 대해 중립을 견지하는 기본 정책은 크게 변하지 않았다. 당시 미국의 무기수출법에 의하면 연합국에 수출하는 무기는 현금 선지급이 원칙이었고 운송도 구매자 부담이었다. 루스벨트 대통령은 참전한 어떤 국가도 무상으로 지원하지 않겠다는 입장이었지만 결국 미국의 방위를 위해 영국을 돕기로 결심한다. 물론 미국인들을 자극하지 않고 수긍할 만한 논리가 필요했으므로 12월 17일, 라디오 연설을 통해 설득에 들어갔다.

"옆집에 불이 났는데 그 불을 끄지 않으면 우리 집으로 옮겨 붙을 수 있습니다. 그때 옆집 사람들이 우리가 가지고 있는 소방 호스를 빌려 달라고 하면 여러분은 어떻게 하겠습니까? 옆집의 불을 끄는 것은 우리 집을 구하는 일이기도 합니다. (……) 그들은 불을 끄고 난 후에 다시 소방 호스를 돌려줄 것입니다."

하지만 여전히 반대 여론이 만만치 않았다. 1941년 2월 9일, 이번에는 처칠이 BBC 라디오 연설에서 미국 국민들에게 지원을 호소했다.

"영국은 굴복하지 않을 것이며 포기하지도 않을 것입니다. 장비만 주면 우리가 끝장내겠습니다!"

격렬한 논란 끝에 마침내 1941년 3월 11일, 연합군을 지원하는 무기대여법이 발효되었다. 310억 달러어치의 전쟁 물자가 영국으로 밀려들어갔다. 이는 연합국에게 제공된 첫 번째 무상 지원이자 미국이 국제 정세에 개입하는 발판이 되었다. 전시 생산 체제로 돌입한 미국은 생산 능력을 최대치로 끌어올리며 각종 무기 제조로 영국, 소련, 프랑스, 중국 등 연합국의 병기고 역할을 톡톡히 했다.

하지만 이 법의 영향으로 영국의 산업 경쟁력은 저하되었고, 종전 후 승전국이 되긴 했지만 미국에 대한 채무국으로 전락하게 된다. 처칠이 그 어떤 대가를 치르더라도 승리하겠다는 다짐은 허울뿐인 대영제국을 본격적으로 해체시키는 기폭제가 되었다.

드비어스와 루스벨트 정부의 고수급 밀고 당기기

지구상에 존재하는 광물 중 가장 단단한 다이아몬드는 오늘날 원석의 80퍼센트가 공업용으로 소비된다. 주로 석재, 콘크리트, 금속을 절삭하고 연마하는 데 쓰이는데 타의 추종을 불허하는 속도와 지속성(수명)으로 생산 비용 절감 효과가 탁월하다. 또 방전 가공이 가능해 각종 내마모성(마찰에 의해 닳지 않는 성질) 공구로 쓰이며, 뛰어난 열전도율로 반도체나 광통신 소자에서 열 방출을 돕는 열 분산기thermal spreader로도 제격이다. 내산성(높은 산도에 견디는 성질)도 높아 정밀 산업, IT 산업, 건설 산업 등 여러 산업 분야에서 필수불가결한 재료다.

이렇다 보니 유럽에 전운이 날로 짙어가던 1939년, 연합국과 추축국 양측에게 공업용 다이아몬드 확보는 중대한 당면 과제였다. 제트 엔진, 탱크, 어뢰, 대포 등 수많은 무기를 구성하는 수백만 개의 정교한 부품을 빠른 시간 내에 절삭할 수 있는 소재는 다이아몬드뿐이었다. 잠수함의 유도장치, 자이로스코프(회전체의 역학 운동을 측정하는 도구), 안정장치 등에도 다이아몬드 베어링이 필수로 사용된다. 만약 공업용 다이아몬드가 지속적으로 공급되지 않는다면 전쟁 무기도, 이를 생산하는 공장도 멈춰버릴 판이었다. 하지만 수요가 급증하는 와중에 드비어스는 공급량을 조절하기 위해 새로 개발된 벨기에령 콩고와 포르투갈의 식민지 앙골라를 제외한 모든 광산의 문을 닫아버렸다. 그러고는 런던의 자회사를 통해 콩고와 앙골라의 다이아몬드를 꾸준히 사들였다(시중에 풀리는 것을 막기 위해서였는데, 드비어스의 비축량은 1937년에 이미 4천만 캐럿에 달했다!).

1940년 독일군의 영국 대공습 직전, 미국의 루스벨트 대통령은 전쟁의 승패를 가를 다이아몬드 관련 긴급회의를 주재했다. 프랑스의 뒤를 이어 영국마저 독일에게 무너진다면 전 세계 다이아몬드 비축량이 히틀러에게 넘어

다이아몬드 원석이 박혀 있는 다이아몬드 블레이드의 확대 사진.

갈지도 모르는 최악의 시나리오에 대비해야 했다. 게다가 당시 미국이 보유하고 있던 공업용 다이아몬드는 겨우 일 년을 가까스로 버틸 수 있는 양이었으므로 드비어스가 비축하고 있는 다이아몬드만큼은 반드시 사수해야 했다. 동시에 경제 정책가들은 미국이 최소 650만 캐럿의 공업용 다이아몬드를 확보해야 군수 물자 생산 공장을 충분히 돌릴 수 있다고 진단했다. 루스벨트는 당장 드비어스로부터 650만 캐럿을 구입할 것을 명령했다.

한편 드비어스는 대공황 때 전 세계 다이아몬드 원석을 헐값에 쓸어 담고 파산한 광산회사를 사들이는 바람에 한동안 넘치는 재고로 골머리를 썩고 있었다. 심지어 자잘하고 품질이 낮은 원석은 몇 톤씩 북해에 내다 버렸는데 모두 공급량을 독점적으로 조절하기 위해서였다. 그러던 중 에르네스트 오펜하이머 드비어스 회장은 공업용 다이아몬드 시장의 잠재력을 발견하게 된다. 낮은 품질의 원석을 바다에 갖다 버리느니 가루로 만들어 연삭 휠을 개발한 후 자동차, 기계, 비행기 제조에 사용하는 편이 훨씬 생산적이었던 것이다.

'그래, 이 카르텔의 힘을 유지하기 위해서는 보석용 다이아몬드뿐 아니라 공업용 다이아몬드의 공급도 반드시 통제해야겠다!'

드비어스는 벨기에 정부와 비밀 협상을 벌인 끝에 모든 공업용 다이아몬드를 안트베르펜에서 연마하고, 생산된 가루는 런던에서 독점적으로 통제한다는 합의를 이끌어냈다. 물론 콩고의 포르미니에르 광산Forminière Mines에서 채굴한 공업용 다이아몬드를 전부 드비어스의 자회사인 런던의 공업용 다이아몬드 코퍼레이션Industrial Diamond Corporation에 파는 조건이었다. 이로써 런던은 다이아몬드 가루 유통을 독점하게 되었고, 안트베르펜은 2만 명의 연마사를 고용함으로써 세계적인 다이아몬드 가공지로서의 입지를 다질 수 있었다(중세 시대부터 다이아몬드 연마로 유명한 안트베르펜은 영국에서 해협만 건너면 닿을 수 있는 곳이라 교통이 편리했다. 무엇보다 드비어스는 콩고의 거대한 다이아몬드 광산을 통제하고 있는 벨기에 정부와 긴밀한 관계를 유지해야 했다).

이런 상황이었으니 오펜하이머 회장이 미국의 요청을 받아들일 리 만무했다. '미국이 원하는 대로 650만 캐럿을 전부 넘긴다고 치자. 그런데 만약 그 상태에서 갑자기 전쟁이 종료된다면? 그 물량이 시장에 풀려 하루아침에 돌값으로 곤두박질칠 것이 아닌가?'

공급량을 좌지우지함으로써 독점 체제를 유지하는 기업에서 650만 캐럿의 다이아몬드를 미국으로 넘긴다는 것은 도박이나 마찬가지였다. 통제는 곧 드비어스의 철학이 아니던가? 미국 측의 지속적인 협상 요청이 무색하게도 오펜하이머는 다이아몬드를 넘기지 않았다. 그가 힘들게 구축해놓은 다이아몬드 공급 시스템을 붕괴 위험에 빠트릴 수는 없었다. 게다가 그는 미국이 현재 필요한 양을 충분히 확보하고 있을 것이라고 판단했다. 결국 드비어스는 미국 정부가 아닌 미국의 '제조업체'에게 '월 단위'로 공급하는 기존 원칙을 고수한다는 입장을 천명했다.

이에 격분한 루스벨트는 국무부에 윈스턴 처칠의 내각과 직접 협상할 것을 명령했지만 영국 정부는 드비어스를 압박하는 데 주저했다. 알고 보니 영국 정부의 다이아몬드 담당 부서가 드비어스 신디케이트의 전직 임원들로 채워져 있었기 때문에 결국 그 나물에 그 밥이었던 것이다. 이에 미국 측은 협박성 카드를 꺼내 들며 반격에 들어갔다.

"만약 다이아몬드를 팔지 않는다면, 우리는 영국을 독일 공군의 전략 폭격으로부터 방어해줄 항공기(이 또한 공업용 다이아몬드로 만든다!)를 보내지 않겠소."

그제야 영국 정부는 드비어스를 압박하기 시작했고 마침내 드비어스는 한걸음 물러섰다.

하지만 오펜하이머는 결코 녹록한 인물이 아니었다. 이번에는 "1백만 캐럿을 보내되 나머지 550만 캐럿은 전쟁 기간 동안 캐나다에 예치해두겠다"는 패를 내밀었다. 1백만 캐럿이라니, 이는 미국이 요구한 양의 겨우 14퍼센트 수준에 불과했다. 캐나다에 예치해두겠다는 물량 역시 드비어스의 통제하에 있었고, 런던이 나치에 함락당할 경우를 대비해 미국을 안심시키려는 제스처에 불과했다.

미국은 나머지 550만 캐럿을 보내라고 재차 요구했다. 하지만 영국 본토 항공전에서 영국 전투기 부대의 활약으로 독일 공군의 위세가 한풀 꺾이자 드비어스는 이런저런 핑계를 대며 계속 시간을 끌었다. 비축량이 부족하다고 했다가 독일의 공습으로 보관소가 폭파됐다며 일 년을 끌더니 결국에는 원석을 준비할 시간이 더 필요하다고 버텼다.

그렇다! 드비어스는 추가로 550만 캐럿을 넘길 생각이 애초에 없었던 것이다. 그 와중에 미국의 공업용 다이아몬드 공구 생산업체에 납품하는 원석의 품질을 떨어트리는 편법으로 가격을 60퍼센트나 올렸다. 드비어스가 주장한 '공식적인' 공급 가격에는 변동이 없었지만 알고 보면 같은 금액에 훨씬 낮은 품질의 다이아몬드를 구입하고 있었던 셈이었다. 규제 기관에서 품질 차이를 식별하는 것이 불가능하다는 허점을 악용한 것이다.

이에 격분한 미국 법무부에서는 드비어스의 다이아몬드 독점금지법 위반 혐의에 대한 수사에 돌입했다. 전시戰時 정보기관인 미국전략사무국OSS: Office of Strategic Service(CIA의 전신)은 미국이 군수품을 생산하는 데 필요한 다이아몬드에 지나치게 높은 가격을 지불하고 있음을 밝혀냈다. 그런데 드비어스가 미국 기업이었다면 독점적인 지위를 악용해 가격을 조작한 혐의로 기소되었겠지만 드비어스는 남아프리카의 기업이었다. 게다가 드비어스의 신디케이트는 소수의 중개상들에게만 다이아몬드를 판매했고, 모든 자금 거래는 본사가 있는 런던에서 이루어졌다. 결정적으로 수사 착수와 함께 드비어스는 미국 내의 모든 은행 계좌를 닫아버리고 철수했다. 이것이 다이아몬드 공급에 절대적인 권력을 휘두를 수 있었던, 비밀결사 조직을 방불케 하는 드비어스의 공급 시스템이었다(이후 70년간 드비어스는 미국에서 법인 설립이 금지된다).

히틀러는 다이아몬드를 어떻게 손에 넣었는가?

훗날 미국전략사무국은 제2차 세계대전 중에 나치 독일의 공업용 다이아몬드 수급에 관해서도 조사에 들어갔다. OSS의 자료에 의하면 1943년 11월 현재 독일이 보유하고 있는 공업용 다이아몬드는 8개월 치가 전부였다. 이 물량이 소진되면 각종 무기 생산이 중단되어 군수 공장 운영이 불가능할 판이었다. 하지만 수백만 톤의 공업용 다이아몬드가 비밀리에 독일로 흘러들어간 정황이 포착되었다.

당시 남아프리카의 모든 광산이 문을 닫은 상황에서 공업용 다이아몬드 조달이 가능한 유일한 국가는 벨기에령 콩고뿐이었다. 하지만 콩고는 런던에 수립한 벨기에의 망명정부(1940년 10월 수립)가 관리하고 있었고, 망명정부는 완전히 영국의 통제하에 있었다(콩고는 전쟁 중에 벨기에에 85퍼센트의 자금을 대고 있었다). 물론 앞서 언급한 것처럼 콩고의 광산은 드비어스의 신디케이트에서 관리 감독했다. 과연 어떻게 영국의 치밀한 감시와 통제를 뚫고 밀반출이 가능했던 것일까?

OSS의 조사 결과, 예상대로 대부분의 다이아몬드는 신디케이트의 관리하에 있던 콩고의 포르미니에르 광산에서 빠져나간 것으로 드러났다. 벨기에의 조계지인 탕헤르(모로코의 항구 도시)와 이집트의 카이로를 거점으로 원석을 적십자 소포로 위장해 나치가 점령한 벨기에를 거쳐 독일로 빼돌린 것이다. 그것도 공식 가격보다 무려 30배나 높은 캐럿당 26달러에! 콩고의 수도인 레오폴드빌(지금의 킨샤사)과 탕헤르, 카이로의 관계자 등 여러 조직과 인력의 도움 없이는 절대 불가능한 일이었다.

그런데 신디케이트가 밀반출을 통제하지 못한 것은 사실이지만 직접 적군과 거래했다는 증거는 찾을 수 없었다. 결국 '적과의 동침'을 막지 못한 것은 영국 정보국의 책임으로 결론이 났지만, 종전과 함께 흐지부지되었고 드비어스는 아무 일도 없었다는 듯 남아프리카의 광산 운영을 재개했다. 그들이 장악한 다이아몬드 신디케이트는 그렇게 세계대전이라는 거대한 암초도 무사히 피해 갔던 것이다.

전쟁의 광풍이 멈춘 후 주얼리 시장에는 어떤 변화가 생겼을까? 할리우드 스타들은 더욱 화려한 주얼리로 여심을 흔들었고, 오펜하이머 회장은 꽁꽁 묶어둔 다이아몬드를 미국 시장에 풀어 결혼 적령기의 젊은이들 스스로가 "다이아몬드는 영원하다"고 외치게 만들었다. 그리고 전쟁 기간 중에 공업용 다이아몬드가 그 누구보다 절실했던 미국에서 마침내 다이아몬드 합성에 성공한다. 그 영광의 주인공은 바로 제너럴 일렉트릭GE: General Electric이었다.

히틀러가 뜯어 간 러시아의 호박방은 어디에?

러시아의 예카테리나 궁전에는 세계에서 가장 휘황찬란한 방이 있다. 황금빛 호박amber으로 사방이 뒤덮인 이 공간에 발을 딛는 순간 로마노프 왕조의 자부심과 함께 러시아 제국이 탐닉한 향락의 극치를 동시에 느낄 수 있다.

작열하는 한여름의 태양빛을 닮은 호박은 고대 침엽수의 송진이 땅에 떨어져 묻힌 후 퇴적층에서 열과 압력을 받아 화석화된 것이다. 보통 금색과 노란색의 중간색을 띠는데, 국내에서 투명한 호박은 '금패', 반투명한 밝은 노란색의 호박은 '밀화'라고 부른다. 발트해 연안이 주요 산지로 오랜 역사 속에서 동유럽의 왕실과 성당에서 각종 공예품의 소재로 귀한 대접을 받아왔다. 13세기 프로이센에서는 법으로 보호할 정도였다.

그런데 이 러시아의 호박방이 시작된 뿌리를 찾아 올라가면 독일이 나온다. 이를테면 원조 격인데, 1701년 프로이센 왕국의 초대 왕 프리드리히 1세가 부인 조피 샤를로테를 위해 베를린의 샤를로텐부르크 성을 재건축할 때 최초로 호박방을 만든 것이다. 프리드리히 1세는 황금처럼 눈부신 호박의 아름다움과 프로이센의 위상을 찬양하는 뜻에서 16제곱미터 공간의 별실을 6톤의 호박으로 가득 채우라는 명령을 내렸다. 프로이센 최고의 조각가와 건축가들의 손끝에서 금박으로 감싼 호박 패널이 모든 벽과 천장을 수놓기 시작했고 1709년 마침내 완성된 모습을 갖추었다.

프로이센의 자랑거리였던 찬란한 호박방이 러시아로 넘어간 것은 아들인 프리드리히 빌헬름 1세 때였다. 그는 표트르 대제의 서구화 정책으로 신흥 강대국이 된 러시아와 1716년 강화 조약을 체결한다. 이때 표트르 대제의 환심을 사기 위해 호박 패널을 선물했다. 호박은 상트페테르부르크 겨울 궁전의 서재를 장식했고 표트르 대제는 이에 대한 답례로 55명의 건장한 근위병을 보냈다. 이른바 '호박 외교'였다.

한편 표트르 대제의 딸 엘리자베타 여제는 1755년 아버지의 호박 서재를 '북방의 베르사유'라 불리던 예카테리나 궁전으로 확장 이전했다. 이 작업을 위해 이탈리아 바로크 건축의 대가 바르톨로메오 프란체스코 라스트렐리Bartolomeo Francesco Rastrelli가 기용되었다. 그는 몇 배로 넓어진 55제곱미터 공간을 정교한 세공과 조각술이 돋보이는 호박 패널로 빼곡히 채웠다. 벽의 중간 높이에 호박 판을 대칭으로 배치하고, 거울을 박은 기둥으로 분리해서 금박을 입힌 목재 장식을 설치했다. 어마어마한 양의 호박을 채운 상선이 베를린으로부터 들어왔다.

하지만 제2차 세계대전이 발발하면서 호박방의 앞날에 어두운 그림자가 드리운다. 독일이 상트페테르부르크를 점령한 1941년, 나치가 36시간 만에 호박방의 벽을 해체해서 독일 발트해 연안의 쾨니히스베르크 궁전으로 빼돌린 것이다. 당시 히틀러는 호박방을 비롯한 소련의 수많은 예술품을 독일로부터 약탈해 간 것이라고 주장하며 자신들의 약탈을 정당화했다. 이때 쾨니히스베르크는 독일군이 약탈한 문화재들을 각 지역으로 이동시키는 거점이었다.

그런데 1945년 소련의 적군赤軍이 쾨니히스베르크에 도착했을 때 호박방은 이미 자취를 감춘 뒤였다. 나치가 그전에 빼돌렸다는 주장도 있고, 1944년 폭격 때 타버렸다는 설도 대두되었다. 하지만 화재의 흔적은 찾아볼 수 없었다(1946년 쾨니히스베르크는 소련에 편입되었고, 현재는 러시아령 칼리닌그라드로 불린다. 호박 원산지로 유명하다).

결국 호박방은 사라졌고, 소련은 1979년, 제2차 세계대전 직전에 촬영한 사진 86점과 남아 있던 자료를 바탕으로 복원에 착수했다. 칼리닌그라드 산 호박 10톤과 꿀벌색 석재 7톤이 투입되었고, 러시아와 독일의 호박 복원 공예사들이 24년간 작업을 이어간 끝에 2003년 6월 감쪽같은 복제품이 탄생했다. 독일과 러시아의 왕족들이 서재로, 명상의 방으로, 사교의 장으로 호사를 누린 호박방은 나치 독일이 약탈해 간 지 62년 만에 상트페테르부르크 탄생 3백 주년 기념으로 러시아의 예카테리나 궁전에 재건되었다.

아이러니하게도, 독일과 러시아는 서로 유럽의 중심이라는 정통성을 두고 대립한 역사가 있다. 독일은 신성로마제국을 자처하며 로마 제국의 계승자라고 주장했고, 러시아는 비잔틴 제국이 멸망한 후 그리스 정교회를 옮겨왔다는 명분으로 또 하나의 로마 제국이라는 정통성을 앞세웠다. 두 나라는 심지어 1939년 8월, 서로를 침략하지 않겠다는 독소불가침 조약까지 맺었지만 그 약속 또한 금방 깨지고 말았다.

두 나라 사이를 오간 호박은 독일과 러시아 민족에게 정서적으로 매우 중요한 보석으로, 때로는 외교 선물로 때로는 되찾아야 할 자존심으로 보석 그 이상의 보석이었다.

그나저나 히틀러가 뜯어 간 호박방은 과연 어디로 사라진 것일까? 죽은 자는 말이 없고, 산 자들이 쏟아내는 수많은 가설만 난무한 세상이다.

나치가 뜯어가기 전 예카테리나 궁전의 호박방, 1931년.

2003년에 복원된 현재의 호박방.

14

전 세계를 세뇌시킨
한 줄의 카피,
다이아몬드는 영원히

과연 드비어스는
영원할 수 있을까?

내가 아직도 생생하게 기억하는 장면 중 하나는 온 가족이 모여 앉아 TV 드라마를 보던 1980년대 말 우리 집 거실의 풍경이다. 소파에 걸터앉아 선풍기 바람에 날리는 잠옷 자락을 연신 눌러대던 기억이 나는 것을 보면 아마도 그해 여름의 막바지였던 것 같다. 사실 나는 드라마가 끝나고 쏟아져 나오는 15초짜리 광고를 유달리 좋아했는데 그중에서도 "다이아몬드는 영원히"라고 묵직하게 속삭이는 화면을 넋 놓고 바라보곤 했다. 뭐라 표현할 수는 없지만, 그 광고에는 지금까지도 잊히지 않는 짜릿한 울림이 있었다.

그때 '세뇌'된 탓인지 이후로 결혼반지는 곧 다이아몬드라는 공식을 한 번도 의심해본 적이 없다. 드비어스라는 이름도 뇌리에 깊이 남았다. 하지만 보석을 업으로 삼게 되면서 다이아몬드의 근현대사는 탐욕과 야심, 그리고 계략이 난무하는 전장이라는 사실을 알게 되었다. 특히 드비어스의 다이아몬드 카르텔에 도전장을 던진 사례와 드비어스의 독점적인 지위가 무너져가는 격렬한 역사의 페이지들은 그 어떤 드라마보다 흥미진진했다.

드비어스의 아성에 도전장을 던진 대표적인 인물로는 유대인 억만장자인 레프 레비에프Lev Leviev를 꼽는다. 한때 드비어스와 거래한 사이트홀더였

〈다이아몬드 반지〉. ©Tiffany & Co.

으나 드비어스의 횡포에 분개해 생산국들과 직접 거래를 터서 막강한 영향력과 부를 쌓은 입지전적인 인물이다. 그는 이스라엘에 본사를 둔 레비에프 그룹을 이끌면서 광범위한 사업을 벌이고 있다. 2000년대 말에는 자신의 성을 딴 레비에프Leviev라는 하이 주얼리 브랜드까지 설립해 최상위 고객층을 공략하고 있다.

2013년 7월, 뉴욕에서 나탈리라는 친구가 나를 포함한 럭셔리 업계 종사자 예닐곱 명을 레비에프 부티크로 초대한 적이 있다. 요즘 유행어로 소위 '아빠 찬스'였는데, 그녀의 아버지 폴 랩스Paul Raps는 당시 레비에프의 CEO를 맡고 있었다.

'빅 캐럿'과 희소성 높은 최상급 다이아몬드로 승부를 보는 브랜드인 만큼 어느 정도 예상하긴 했지만, 매디슨 애비뉴 한복판에 자리한 부티크에는 입이 떡 벌어질 만한 다이아몬드들이 싸늘하게 반짝이고 있었다. 그녀의 아버지는 빳빳한 셔츠의 단추 두어 개를 푼 다소 친근한 모습으로 딸 친구들을 위해 직접 부티크 투어를 진행했다. 다이아몬드 중에서도 가장 귀한 색인 레드 다이아몬드를 비롯해 수십 점의 다이아몬드를 꺼내 보이던 그가 마지막으로 강렬한 비비드 컬러의 73.5캐럿짜리 옐로 다이아몬드를 들고 왔을 때 나는 문득 영화 〈도둑들〉이 떠올랐다.

일행 중에 유일한 보석 전문가라는 부담감 때문이었을까? 모두들 '멋지다', '대단하다', '아름답다'라는 감탄사를 쏟아내고 있을 때 나는 천편일률적인 칭찬 대신에 색다른 코멘트를 던져야 한다는 생각에 무리수를 던졌다.

"작년에 한국에서 〈도둑들〉이라는 케이퍼 필름(주로 도둑을 다룬 영화 장르)을 본 이후로 이렇게 커다랗고 샛노란 다이아몬드는 더 이상 찬란하게 보이지만은 않아요. 농후한 노란빛에서 어두운 욕망이 느껴지는 것 같아요."

그의 표정을 힐끔 살피며 조심스레 운을 띄웠다. 그러자 그는 내 뾰족한 질문 따위에 아랑곳하지 않는다는 듯 "그 욕망이 없다면 우리 같은 사람은 굶어 죽지 않겠습니까?"라고 응수했다.

뒤를 이어 일행 중 한 명이 레비에프가 보유하고 있는 보석의 총 가치를 물었다. 민감한 질문이었지만 사실 가장 답이 궁금한 질문이기도 했다. 과연 그가 어떻게 대답할지 궁금해서 귀를 쫑긋 세웠다. 여전히 여유로운 미소를 잃지 않은 그는 "다이아몬드에 관한 한 우리의 라이벌은 (갑자기 창밖을 가리키며) 이 뉴욕의 5번가와 매디슨 애비뉴를 통틀어 G사뿐입니다"라며 우회적으로 받아쳤다. 짐작컨대 업계에서 오간 여러 이야기 속에 묘한 비난들(예를 들면 브랜드로서 역사가 짧다든지, 캐럿으로만 승부를 본다든지)이 섞여 있다는 걸 알고 있는 눈치였다. 모두들 소리를 낮춰 웅성거렸다.

그의 당당한 태도에 호기심이 발동한 나는 꼬리를 무는 궁금증을 해소하기 위해 일주일 뒤로 단독 인터뷰를 잡았다. 일단 과거 드비어스의 독점 카르텔에 대한 그의 견해가 궁금했고, 이후 시장의 변화에 대해서도 구체적인 질문들을 던질 참이었다. 또 천문학적인 금액의 다이아몬드를 소유한 회사인 만큼 〈도둑들〉이나 〈오션스〉 시리즈 같은 영화를 주제로 아슬아슬한 보안 관련 에피소드를 나누면 재미있겠다는 생각도 들었다. 인터뷰 날을 기다리며 하루하루를 설레며 보냈다.

그런데 인터뷰 바로 전날, 나는 홍보팀으로부터 느닷없는 취소 통보를 받았다. CEO가 갑자기 유럽 출장을 떠났다는 짧은 해명이 전부였다. 며칠 뒤면 한국으로 돌아가야 했던 나는 이날만을 기다린 설렘이 와장창 깨지는 기분이었다. 순간 설렘은 불쾌감으로 돌변했다. 하지만 다음 날 아침, 신문의 헤드라인을 보는 순간 전날의 불쾌감은 곧 안쓰러움이 되어 마음 한쪽을 묵직하게 짓눌렀다.

"레비에프, 칸에서 1억 3천6백만 달러어치 보석 도난당하다."

프랑스 칸에서 우리 돈으로 치면 1천5백5억 원이라는 사상 최대의 보석 도난 사건이 발생했는데 그 피해 브랜드가 바로 레비에프였던 것이다(최초에는 피해액이 5천3백만 달러라고 발표했으나 훗날 1억 3천6백만 달러로 밝혀졌다). 내가 인터뷰 취소를 통보받은 바로 그날 칸의 호텔에서 벌어진 일이었다.

'레프 레비에프의 명성을 익히 알고 있는 도둑들이 저지른 계획 범죄였을까? 설마 드비어스 측의 사주는 아니겠지?'

영화를 많이 본 탓인지 별별 생각이 다 스쳐 지나갔다. 그나저나 만약 인터뷰를 한 후에 이 사건이 일어났다면 '말이 씨가 되게 만든' 나를 탓했을 수도 있다고 상상하니 아찔한 기분이 들었다.

훗날 공개된 CCTV 속의 강도는 복면과 모자로 얼굴을 가리고 장갑을 낀 채 전시장에 홀로 난입해 72점의 보석을 쓸어 갔다. 영화에서 본 것처럼 손에 땀을 쥐게 하는 극적인 장면도, 최첨단 기술의 흔적도 보이지 않았다. 공교롭게도 피해가 발생한 칼튼 인터컨티넨탈 호텔은 보석 강도를 소재로 한 알프레드 히치콕 감독의 1955년 영화 〈나는 결백하다〉의 무대였다. 여주인공 그레이스 켈리는 다이아몬드처럼 보이는 코스튬 주얼리를 착용하고 나왔는데, 영화가 상영되고 몇 달 후 그녀는 모나코의 레니에 공으로부터 진짜 다이아몬드 반지로 청혼을 받는다.

CCTV 장면을 꼼꼼하게 들여다보던 중 문득 영화에 몰입할 때마다 도둑질이 실패할까 싶어 긴장하던 내 모습이 떠올랐다. 한 번도 '도난당한 자'의 입장을 헤아려보지 않고 관객으로서 스릴만 만끽했는데 현실에서는 저 도둑 때문에 중요한 인터뷰가 무산되다니 허탈한 웃음만 났다. 그날 레비에프의 CEO가 진귀한 다이아몬드들을 자랑하며 쐐기를 박은 한마디는 지금도 잊히지 않는다.

"우리는 사람들이 극도로 욕망하는 대상을 제공합니다. 그것이 진정한 초럭셔리ultra-luxury라 할 수 있죠."

다이아몬드를 영원하게 만든 두 여성

다이아몬드가 만인에게 욕망의 대상이 된 것은 언제부터일까? 그것은

1 영화 〈신사는 금발을 좋아해〉 중 '다이아몬드는 여자의 가장 좋은 친구'를 부르는 메릴린 먼로, 1953년.

2 〈다이아몬드 리비에르 목걸이〉, 올드 유러피언 컷 다이아몬드 55개(총 70캐럿), 플래티넘, 불가리 제작, 1958년. ©FD Gallery

아마도 드비어스의 금과옥조 같은 "다이아몬드는 영원히"라는 광고 문구가 세상에 널리 퍼진 1950년대일 것이다. 드비어스 광고는 영화관에서, 안방의 TV에서 무한 재생되며 전 세계인을 세뇌시켰다. 어느덧 다이아몬드는 청혼의 필수품이 되었고, 전후 평화와 번영의 시대에 다이아몬드는 최고의 럭셔리 상품으로 성공적으로 안착했다.

메릴린 먼로가 "다이아몬드는 여자의 가장 친한 친구"라며 도발적인 몸짓과 매혹적인 목소리로 노래한 1953년, 영국에서는 엘리자베스 2세가 다이아몬드가 박힌 크라운을 쓰고 여왕으로서 대관식을 치렀다. 같은 시기 뉴욕에서는 "다이아몬드를 여성의 피부에 붙이고 싶다"고 말한 해리 윈스턴이 다이아몬드의 왕으로 등극했고, 다이아몬드 연마의 대가인 라자르 카플란Lazare Kaplan이 타원형의 '모던 브릴리언트 오벌 컷'을 발명했다.* 전 세계는 마

* 라운드 브릴리언트 컷을 발명한 마르셀 톨코프스키가 그의 사촌이다.

치 약속이라도 한 듯 "다이아몬드는 영원하다"고 한 목소리로 외치고 있었다.

드비어스의 다이아몬드 캠페인은 탄소로 이루어진 아주 작은 광물을 전 세계인들에게 부와 권력, 그리고 낭만의 상징으로 확고히 정립했다는 데 의의가 있다. 물론 그 여정은 험난했다. 드비어스는 한동안 영리하게 공급량을 통제했지만 이를 유지하기 위해서는 수요를 늘릴 수 있는 명쾌한 전략이 절실했다. 일단 '팔지 말아야 할' 존재라는 낭만적인 환상을 품게 만드는 것이 관건이었다. 여성뿐만 아니라 이를 선물하는 남성에게도 다이아몬드가 연애와 결혼을 유지하는 데 필수불가결한 요소임을 인식시켜야 했다.

1938년 9월, 에르네스트 오펜하이머의 아들 해리 오펜하이머는 미국의 광고대행사 엔 더블유 에이어 앤드 선N. W. Ayer & Son(이하 에이어로 약칭)의 대표를 만나기 위해 뉴욕의 록펠러 센터로 날아갔다. 다이아몬드 가격이 하락하고 있는 상황을 우려한 제이 피 모건 측에서 주선한 자리였다.●

당시 유럽은 대공황 때 다이아몬드 가격이 폭락한 이후 대중들 사이에서 다이아몬드의 인기를 회복할 만한 기미가 좀처럼 보이지 않았다. 영국과 프랑스에서 다이아몬드는 여전히 상류층에 국한된 고급 사치품이었고 독일, 오스트리아, 이탈리아, 스페인에서는 다이아몬드가 약혼반지로 주류를 이룬 적이 없었다. 게다가 또 한 번의 세계대전이 발발하기 직전이었으니 유럽의 다이아몬드 시장은 암울하기 짝이 없었다.

그나마 1938년 당시 거래되는 다이아몬드의 3분의 2 이상이 약혼반지로 팔리고 있던 미국만이 유일하게 새로운 수요를 창출할 가능성이 있는 시장이었다. 물론 유럽에 비하면 소비되는 다이아몬드의 크기도 작고 품질도 낮았지만 성장 잠재력만큼은 충분했다. 마침내 드비어스와 제이 피 모건은 미국에 더 크고 더 비싼 다이아몬드를 팔기 위한 대대적인 마케팅 전략을 펼치기

● 제이 피 모건 은행은 1917년부터 에르네스트가 드비어스의 재정을 확고히 하는 데 큰 역할을 담당했다.(4장 참조)

로 의기투합한다. 그리고 이를 성공적으로 수행할 광고대행사로 낙점된 것이 바로 에이어였다.

처음에는 미국의 상황도 그다지 좋지 않았다. 제1차 세계대전이 끝난 1919년부터 1939년까지 20년간 미국 내 다이아몬드 판매량은 캐럿을 기준으로 50퍼센트나 하락했고, 품질은 달러 가치로 100퍼센트 가까이 떨어졌다. 에이어는 이를 경제 불황과 사회적 태도의 변화, 그리고 대체 사치재의 광고 마케팅 때문이라고 결론지었다. 실제로 결혼을 앞둔 대중들은 다이아몬드 반지보다 최신형 세탁기나 자동차를 원하고 있었다.

"경제야 통제할 수 없다고 쳐도, 잘 짜인 광고 홍보 전략이 뒷받침된다면 이런 대중의 태도에는 변화를 줄 수 있지 않을까?"

에이어는 더 크고 비싼 다이아몬드를 사도록 유도하기 위해 다이아몬드를 낭만과 결부시켜야 한다는 대전제를 세웠다. 젊은 여성들에게는 다이아몬드야말로 낭만적인 사랑의 '완성'이라는 콘셉트로 다가가고, 젊은 남성들에게는 다이아몬드의 크기와 사랑은 비례한다는 가치를 심기로 했다.

마침내 제2차 세계대전이 발발하자 에이어는 기다렸다는 듯이 전쟁 속에서도 다이아몬드 시장은 굳건하다는 기사를 대대적으로 내보냈다. 모든 홍보는 도러시 디그냄Dorothy Dignam이 담당했다. "보석의 제왕 다이아몬드, 전쟁에도 끄떡없어", "전쟁 중에도 다이아몬드 공급에는 차질 없다", "전쟁이 다이아몬드 연마에 자극제가 되다", "혼인 건수 증가로 다이아몬드 매출 상승", "다이아몬드가 어떻게 전쟁과 평화에 기폭제라는 날개를 달았는가?" 등 신문에는 다이아몬드에 대한 낙관적인 제목의 기사들이 쏟아졌다. 하지만 실상은 아프리카의 거의 모든 광산이 문을 닫고 유럽의 원석 가공지도 가동을 멈춰 다이아몬드 산업이 사실상 중단된 상태였다.

도러시 디그냄이 본격적으로 활약하기 시작한 것은 이제부터였다. 광고의 시청각적 효과를 극대화하기 위해 깨지지 않는 사랑의 상징으로 다이아몬드를 선물 받는 장면을 영화에 집어넣었고(최초의 다이아몬드 PPL이었다), 신문과 잡지에도 다이아몬드의 낭만적인 스토리를 게재했다. 다이아몬드의 크기와 애정의 상관관계를 결부시키는 것도 중요한 포인트였다. 크고 반짝이는 다이아몬드를 낀 저명한 여성 인사들을 언론에 노출해 대중들의 구매 욕구를 자극했다. 또 패션 디자이너들을 라디오에 출연시켜서 다이아몬드가 트렌드라는 것을 설파하도록 했다. 잡지에 광고할 때도 여느 잡지와는 달리 피카소, 드랭의 유명한 그림을 함께 실어 다이아몬드가 독특한 예술품이라는 인식을 심었다. 심지어 영국의 로열패밀리들도 공식 석상에서 유색 보석 대신 다이아몬드를 착용하면서 다이아몬드 산업이 부흥하는 데 일조했다(훗날 엘리자베스 2세 여왕을 남아프리카의 다이아몬드 광산으로 초청한 후 다이아몬드를 선물하는 이벤트도 펼쳤다).

이들의 치밀한 홍보 마케팅 전략은 제대로 먹혀들었다. 미국의 다이아몬드 판매액은 1938년에서 1941년 사이에 55퍼센트나 증가했고 이에 힘입어 더욱 쐐기를 박는 전방위적인 마케팅이 이어졌다. 에이어는 세계대전이 끝난 후인 1946년, 125개의 주요 신문에 매주 영화배우들이 다이아몬드 반지를 착용하고 있는 사진을 싣기 시작했다(미국에서는 독점법 위반으로 드비어스의 이름이나 직접적인 판매 문구를 게재할 수 없었다). 1947년에는 사교계 명사들의 약혼을 친절하게 기사화해서 중산층에게 고급스러운 롤 모델을 제시했다. "그녀가 낀 다이아몬드 반지를 나도 가졌으면!" 하는 부러움과 희망, 꿈을 동시에 주입시킨 것이다.

이뿐 아니라 영원한 사랑을 상징하는 다이아몬드가 언약의 증표로 교환되는 전통을 정립하기 위해 전국의 고등학교를 돌며 미래의 신부가 될 소녀들에게 광고성 교육도 실시했다. 그 유명한 "다이아몬드는 영원히"라는 슬로건이 탄생한 것도 바로 이 무렵이다.

20세기를 뒤흔든 전무후무한 한 줄의 광고 문구는 1947년 어느 새벽, 에이어의 카피라이터 메리 프랜시스 게러티Mary Frances Gerety의 머리에서 나왔다. 사실상 다이아몬드는 깨질 수도 스크래치가 날 수도 불에 타서 재가 될 수도

"다이아몬드는 영원히" 광고 캠페인 이미지.

있는 광물에 불과하다. 하지만 그녀의 강력한 한 줄의 카피로 인해 다이아몬드는 영원히 사라지지 않는 불사의 존재가 되었다. 마치 마법처럼 말이다.

이처럼 에이어의 광고 캠페인은 대성공을 거두었고 비로소 다이아몬드를 선망하게 된 1950년대의 예비 신부들은 저마다 나름의 갈등을 겪게 된다. 경제적으로 여유 있는 층에서는 남들과 차별화된 다이아몬드를 욕망했고, 중산층에서는 예산보다 비싼 다이아몬드를 갖고 싶어 했다. 이때 에이어는 과시성과 모방 욕구에 바탕을 둔 베블렌Vevlen 효과를 적용한다. 가격이 높을수록 수요가 늘어난다는 점과 존경과 선망의 대상을 모방하려는 사람들의 심리를 건드린 것이다. 결국 모든 갈등은 다이아몬드를 개인과 가문의 성공을 나타내는 표식이자 사회경제적인 성취의 상징으로 만들면 해결될 일이었다. 그렇게 에이어는 다이아몬드를 '남자의 성공'과 결부시키며 새로운 시장을 개척했다.

1950년대 말이 되자 에이어가 광고를 시작한 1939년에 태어난 세대들이 하나둘씩 결혼을 앞두게 되었고, 이들에게 다이아몬드 반지는 약혼 필수품으로 확고히 자리 잡았다. 그 메시지가 얼마나 강력했던지, 다이아몬드 반지를 구매할 여력이 없는 커플은 구매를 포기하는 것이 아니라 아예 결혼을 미룰 정도였다.

한편 이 세상의 수많은 연인들을 결혼으로 맺어준 프랜시스 게러티와 도러시 디그냄은 과연 어떤 삶을 살았을까? 아이러니하게도 그녀들은 사망할 때까지 평생 독신으로 살았다. 게다가 그녀들은 광고의 역사에서 한 획을 그은 앞서가는 '워킹 우먼'이었음에도 에이어는 말년에 가서야 그녀들의 공로를 인정해주었다고 한다. 요즘 같으면 진즉에 엄청난 포상금을 받고도 남았을 텐데 말이다. 빛나는 광고 문구 한 줄에도 견고한 유리천장 시대를 살던 여성들의 어두운 이면이 숨어 있었던 것이다.

인간이 다이아몬드를 만들다

인공적으로 다이아몬드를 제조하는 방법에는 크게 두 가지가 있다. 가장 널리 알려진 고온고압법HPHT: High Pressure High Temperature과 최근에 비약적인 기술 발전을 가져온 화학기상증착법CVD: Chemical Vapour Deposition이다.

인류는 오랫동안 다이아몬드를 인공적으로 합성하기 위해 온갖 노력을 기울였다. 빠르게는 1694년을 시작점으로 본다. 그해에 피렌체의 과학 아카데미 회원 두 명이 토스카나 대공 코지모 3세의 후원을 받아 다이아몬드에 높은 온도를 가하면 이산화탄소로 승화한다는 가설을 세우고 대규모 실험을 진행했기 때문이다. 이때 용광로에 녹이는 방법과 거대한 렌즈로 햇빛을 모아 태우는 방법 두 가지를 실행했는데, 결과적으로 말하면 실험은 실패했고 가설은 입증되지 못했다. 이를 위해서는 더 높은 온도가 필요했기 때문이다. 가설을 입증한 것은 다음 세기인 18세기에 가서다. 영국의 화학자 스미슨 테넌트Smithson Tennant가 다이아몬드를 태운 후 남은 기체를 조사한 끝에 탄소 동소체•라는 사실을 알아낸 것이다. 19세기에는 최대 다이아몬드 산출지인 남아프리카의 지질을 조사한 결과 깊은 땅속에서 고온 고압(1,300~1,800도, 5~6만 기압)에 의해 다이아몬드가 생성된다는 사실이 밝혀지면서 인공 다이아몬드 생산 실험이 더욱 활발해진다.

하지만 탄소 덩어리(흑연)에서 인공 다이아몬드를 바로 만들어내기에는 기술이 부족했고 계속해서 시행착오만 거듭하던 중 1954년 12월, 마침내 천연 다이아몬드가 생성된 환경과 비슷한 환경을 만들 수 있는 고온고압법으로 흑연을 다이아몬드로 합성하는 데 성공한다(2,000도 이상, 10만 기압 이상). 최초의 인공 다이아몬드 개발자라는 공식적인 영예를 차지한 곳은 제너럴 일렉트

• 같은 원소로 되어 있으나 모양과 성질이 다른 홑원소물질.

릭(GE)이었다.[*] 결핍은 창조의 어머니라고 했던가. GE는 자체 개발한 카바이드 가공에 수많은 다이아몬드가 필요했고 비용 절감을 위해 합성 다이아몬드 개발에 사운을 걸고 박차를 가했던 것이다.

당시 미국은 원자폭탄 개발로 전쟁을 승리로 이끈 이후 원하는 것은 무엇이든 가능하다는 자신감으로 가득 차 있었다. 게다가 드비어스로부터 공업용 다이아몬드를 구입하기 위해 얼마나 굴욕적인 수난을 당했던가! 드비어스 또한 자신들이 전 세계 다이아몬드를 장악하고 있던 1950년에 이미 합성 다이아몬드의 위협을 감지하고 있었다. 미국과 소련 양국에서 적극적으로 합성 다이아몬드의 대량 생산을 위한 연구를 장려하고 있다는 정보를 입수한 것이다. 드비어스 내부에서도 합성 다이아몬드 개발이 필요하다는 의견이 대두되었다. 하지만 에르네스트 오펜하이머 회장은 "다이아몬드는 오로지 신만이 만들 수 있다"며 극구 반대했다.

GE가 만들어낸 합성 다이아몬드는 지름 1밀리미터 이하의 작은 알갱이인데다 투명함과는 거리가 먼 짙은 색을 띠었지만 공업용 연마재로는 안성맞춤이었다. 그러니 총수익의 4분의 1을 공업용 다이아몬드로 충당하던 드비어스로서는 제대로 직격탄을 맞은 꼴이었다. 다이아몬드 합성에 성공하고 두 달 뒤인 1955년 2월 GE가 그 성과를 전 세계에 공식적으로 발표하자 드비어스의 주가는 폭락했다. 물론 GE가 더 크고 품질이 좋은 다이아몬드를 생산할 수 있을지는 불투명했지만, 드비어스의 투자자들은 시간문제에 불과하다고 보고 강한 우려를 표했다.

결국 GE보다 5년 늦게 합성 다이아몬드 개발에 성공한 드비어스는 에르네스트 회장의 신념과는 달리 공격적으로 시장에 뛰어들었다. GE의 특허 기

● 이보다 일 년 앞선 1953년, 스웨덴의 전기회사 ASEA에서 발트자르 폰 플라텐Baltzar von Platen의 비밀 연구팀이 철과 탄소 혼합물로 첫 인공 다이아몬드를 만들었으나 흑연에서 직접적으로 합성에 성공한 것은 아니었다. 게다가 그 결과를 발표하지 않아 공식적인 인정을 받지 못했다.

술(1960년 특허 등록)로 생산했기 때문에 GE에 특허 사용료 8백만 달러와 로열티를 지불해야 했다. 이후 드비어스는 인공 다이아몬드를 만든 바 있는 스웨덴의 전기회사 ASEA의 공장을 인수하면서 기술과 특허까지 사들였고 남아프리카에 대규모 공장도 세웠다. 어느덧 서구의 합성 다이아몬드 시장은 GE와 드비어스가 양분하게 되었다. 소련에서도 이에 질세라 GE의 특허 기술을 사용한 더 큰 규모의 설비에 투자하면서 연간 1천만 캐럿을 생산하기에 이른다. 그렇게 1960년대 중반까지 남아프리카, 미국, 소련에서 공업용 다이아몬드가 톤 단위로 쏟아져 나왔다.

그러던 1970년 5월, 드비어스에게 또 한 번의 악몽 같은 소식이 들려온다. GE에서 이번에는 1캐럿이 넘는 보석용 다이아몬드 합성에 성공한 것이다. 육안으로도 천연 다이아몬드와는 구분될 정도로 품질은 떨어졌지만 연마와 폴리싱을 거치면 거의 비슷한 수준으로 보였다. 이에 다이아몬드 시장이 다시 한 번 들썩거렸고, GE는 서둘러 미국의 다이아몬드 딜러들을 안심시켜야 했다. 당장 보석용 합성 다이아몬드가 시장에 풀리는 것도 아니고 밥그릇을 뺏을 생각도 전혀 없다면서 그들을 달랬다.

동시에 시장의 관심은 드비어스에 쏠렸다. 드비어스마저 보석용 다이아몬드 개발에 성공한다면 심각한 상황이 벌어질지도 모를 일이었다. 이에 드비어스는 "천연 다이아몬드를 채굴하는 비용의 몇 배가 소요되는 비실용적인 개발에는 전혀 관심이 없다"며 의혹을 일축했다. 하지만 드비어스가 수년간 보석 품질의 수준에 달하는 합성 다이아몬드 개발을 시도한 것은 사실이었다.

한편 GE 역시 대외적인 발언이나 행보와는 달리 보석용 다이아몬드 개발의 경제성 여부를 꼼꼼히 따져보고 있었다. 그 결과 두 가지 문제점이 제기되었다. 일단 공업용 다이아몬드 가루는 3분마다 생산되는 데 비해 보석용 다이아몬드를 생산하는 데에는 일주일이 소요되었다. 시간당 기회비용의 측면에서 보면 전혀 수지가 맞지 않았다. 공업용 다이아몬드 가루가 보석용 다이아몬드 가격의 1퍼센트에 불과할 만큼 가격 차이가 있긴 했지만, 보석용 다이아몬드의 생산 기간이 워낙 길다 보니 수익성을 기대하기는 힘들었던 것이다. 같은 주기당 생산성을 증대하려면 보석용 다이아몬드의 성장을 가속화할 수 있는 촉매의 개발이 관건이었다.

하지만 공장에서 다이아몬드가 무한대로 생산된다는 것을 깨닫게 되면 다이아몬드 시장이 붕괴될지도 모른다는 근본적인 문제가 대두되었다. 다이아몬드의 희소성과 신비로움에 금이 가면 가격은 폭락할 것이고, GE는 결국 자신들이 만들어낸 발명품으로 스스로의 몰락을 자초할지도 모를 일이었다. 고민 끝에 GE는 보석용 다이아몬드를 위한 연구 개발에 투자하지 않겠다고 발표했다.

비록 드비어스가 눈엣가시로 여기던 GE가 보석용 다이아몬드를 포기했지만, 동시에 드비어스는 깨닫게 된 것이 하나 있다. 과학기술이라는 최후의 경쟁자가 자신들이 누리던 독점과 통제의 권력을 결국은 빼앗아 갈 것이라는 사실 말이다. 조만간 또 다른 폭풍이 불어닥치리라!(1980년대에 들어 마침내 다이아몬드를 평가하는 4C 기준을 모두 충족시키는 고품질의 합성 다이아몬드가 생산된다. 합성 다이아몬드의 현황과 미래는 17장에서 다시 이어진다.)

15

주얼리의
'라 돌체 비타 시대'

1960년~1980년대 이탈리아 주얼리
그리고 엘리자베스 테일러

"이탈리아에서 주얼리는 문화의 일부다."

—엘리자베타 드 시모네 니퀘사

"자, 이제 주얼리를 만나러 이동할까요?"

소더비 주얼리의 시니어 디렉터인 다니엘라 마세티Daniela Mascetti의 한마디에 룸 안에 있던 사람들이 일제히 환호성을 질렀다. 시차 탓에 빨랫줄에 걸린 잘 마른 티셔츠처럼 의욕 없는 표정으로 앉아 있던 나는 정신이 바짝 들었다. 이내 반사적으로 책상 위에 늘어놓았던 소지품들을 가방으로 옮겨 담기 시작했다. 쌀쌀한 2018년 가을날, 소더비 제네바에 출품될 하이 주얼리를 만나기 직전의 상황이다.

그날 나의 컨디션에 비해 유달리 발걸음이 가벼웠던 이유는 세미나에 참석한 열 명에게만 주어지는 특별한 자리였기 때문이다. 미로 같은 복잡한 통로를 지나 어느 룸으로 안내를 받은 우리는 재킷을 벗고 가운데에 놓인 커다란 마호가니 테이블에 둘러앉았다. 어색한 긴장감이 감돈 것도 잠시, 주얼리가 들어온 순간 너 나 할 것 없이 환한 표정이 되어 기대감으로 술렁였다.

초반부터 모두의 시선을 압도한 것은 모 브랜드의 하이 주얼리 목걸이였다. 잠금 장식 없이 목에 두를 수 있도록 커다란 물음표 모양을 하고 있었는데 웅장한 자태에서 보기만 해도 무게감이 느껴졌다. 자세히 보니 파란빛, 분홍빛, 초록빛, 보랏빛, 노란빛…… 총천연색의 유색 보석과 다이아몬드가 목걸이의 실루엣을 장식하는 깃털 모티프를 빼곡히 채우고 있었다. 그 끝에 화룡점정을 찍은 실론 사파이어의 깊고 푸른빛은 기묘하기까지 했다. 룸 안의 여자들은 서로 먼저 착용해보겠다고 부산스럽게 몸을 움직였다. 나 역시 차례를 기다린 끝에 잠시 목에 둘러볼 수 있었다. 거울을 본 순간, 며칠 동안이라도 황홀하게 바라볼 수 있을 것 같은 만족감에 가슴이 다 뿌듯해졌다.

'역시 주얼리는 소유하지 않아도, 보는 것만으로도 기쁨과 감동을 주는구나!'

잠시 후 무심코 고개를 돌린 나는 테이블 끝에서 다니엘라가 트레이에 놓여 있는 다른 목걸이 한 점을 집어 드는 것을 발견했다.

'무엇을 하려는 걸까?'

소더비에서 만난 불가리의 〈카보숑 소투아르 목걸이〉(86cm), 1969~1970년.
끝에 달린 에메랄드는 무려 127캐럿이다. 다니엘라 마세티가 목에 걸고 있다.

그녀는 길고 묵직해 보이는 목걸이의 균형을 바로잡더니 이내 자신의 목에 걸었다. 보헤미안풍으로 명치까지 길게 늘어진 목걸이는 직사각형의 링크 스물여 개가 연결되어 있고, 각 링크마다 작은 카보숑 컷 유색 보석들로 촘촘히 메워져 있었다. 나는 한눈에 불가리 제품임을 알아보았다.

마치 사관생도처럼 어깨를 쫙 편 다니엘라의 꼿꼿한 자세 때문인지, 아니면 총천연색으로 번뜩이는 깃털 모티프 목걸이를 착용한 직후라 그런지 눈부신 광채와는 동떨어진 동글동글한 카보숑 알들이 더욱 도드라져 보였다. 예상치 못한 그녀의 도발적인 행동은 장내를 유쾌하게 만들었다. 단순한 주얼리 이상의 존재감을 발산하는 이 목걸이에 호기심이 발동한 나는 가격을 확인할 요량으로 도록을 펼쳤다. 그런데 앞서 본 깃털 목걸이의 추정가와 똑같은 가격이 책정되어 있는 것이 아닌가?

'오, 소더비에서 깃털 목걸이와 카보숑 목걸이의 가치를 동일하게 평가했다고? 이거 흥미로운데?'

모두들 블링블링한 깃털 목걸이에 정신이 팔려 있는 동안 나는 이 달콤한 정보를 혼자 만끽하며 얼른 카보숑 목걸이로 관심을 옮겼다. 일단 다니엘라에게 목걸이를 벗어달라고 부탁한 후 본격적인 탐구에 들어갔다. 알록달록한 카보숑 알의 정체는 루비, 자수정, 터키석, 에메랄드, 시트린, 토파즈였다. 그 끝에도 커다란 카보숑 에메랄드가 매달려 있었는데 얼핏 하트 모양 같기도 한 것이 신기해 보였다. 확대경으로 들여다보니 왼쪽 상단에 인도의 전통 모티프인 보테boteh(페이즐리 문양)가 새겨져 있었다. 링크의 연결 고리에는 작은 다이아몬드들이 옹기종기 모여서 별처럼 광채를 발산했다. 하지만 누가 봐도 진정한 주인공은 담백하고 매끈한 카보숑 컷의 유색 보석들이었다. 목걸이를 구성하는 모든 요소들이 정직하고도 명백하게 1970년대의 주얼리라고 외치고 있었다.

그제야 소장자의 신원이 궁금해진 나는 다니엘라와 단독으로 질의응답 시간을 가졌다. 그녀에 따르면, 스위스의 파트리시아 벰베르크Patricia Bemberg

1

2

1 1970년 미국의 패션 잡지『보그』에 인기 모델 베루슈카Veruschka가 머리에 카보숑 소투아르 목걸이를 착용하고 있다. ©Bulgari

2 불가리가 낙찰 받은 <카보숑 소투아르 목걸이>. 낙찰 받은 이후 새로 찍은 사진이다. ©Bulgari
목걸이는 네 개의 파트로 분리되는데, 두 개의 팔찌와 목걸이로 착용할 수 있다.

라는 컬렉터가 1973년에 남편과 함께 로마를 방문했다가 23번째 결혼기념일 선물로 구입한 것이라고 했다. 이후 한동안 세상에서 잊힌 이 목걸이는 1996년에 출간된 불가리의 화보집에 실리면서 세상에 모습을 드러냈다. 그리고 그 책의 공동 저자가 바로 다니엘라였다! 그때의 인연으로 파트리시아의 딸이 다니엘라에게 직접 연락했고 이번 소더비 제네바에 출품하게 된 것이다. 다니엘라가 수많은 주얼리를 뒤로하고 딱 집어서 이 목걸이를 걸친 이유를 마침내 알게 되었다. 속사포처럼 쏟아내는 질문에 뿌듯하게 미소까지 지으며 대답하던 그 여유로움의 속사정도!

한 달 뒤 제네바에서 개최된 경매에서 모든 이의 관심이 쏠렸던 깃털 목걸이는 추정가 내에서 안정적으로 낙찰되었고, 불가리의 카보숑 소투아르 목걸이는 십 분이 넘는 치열한 접전 끝에 추정가의 두 배가 넘는 가격에 팔렸다. 그리고 흥미롭게도 그 행운을 거머쥔 집념의 낙찰자는 바로 이 목걸이를 처음 만든 불가리였다.

라 돌체 비타, 이탈리아의 부상

파리가 1920~1930년대 아르데코 시대를 혁신적으로 주도했다면, 전쟁 이후로는 뉴욕이 바통을 이어 전면에 부상했고, 그다음 주자가 바로 로마였다. 로마는 1950~1960년대 유럽에서 가장 스타일리시하고 탐미적이며 황홀한 도시로 명성을 드높이게 된다. 전쟁 뒤에 찾아온 경제 활황과 함께 유명 패션 디자이너들이 로마를 화려하게 물들였고, 할리우드의 영화 제작자들이 대거 몰려들었다.

사실 제2차 세계대전의 패전국인 이탈리아가 1950년대 말에 번영을 누리게 된 것은 마셜플랜(미국이 1947년부터 1951년까지 서유럽 16개 나라에 행한 대외원조 계획)을 밑천 삼아 십여 년간 경제 부흥에 전력투구한 결과였다. 파시즘과 세계대전으로 도덕적, 물질적 황폐화를 경험한 이탈리아인들은 소매를 걷어붙이고 산업, 예술, 엔터테인먼트 분야에서 창조적 DNA와 저력을 입증하고자 노력했다. 특히 로마의 시네시타 스튜디오Cinecittà Studio는 '로마의 할리우드'로 불리며 엘리자베스 테일러와 리처드 버턴, 브리지트 바르도나 제인 맨스필드 같은 세계적인 스타들을 끌어모았다.

페데리코 펠리니 감독의 영화 〈달콤한 인생La Dolce Vita〉이 개봉된 1960년은 '라 돌체 비타' 시대라고 부를 정도로 이탈리아의 문화적 역량을 널리 알린 중요한 해였다. 이 시기는 이탈리아의 주얼리가 각광받기 시작한 때와도 일치하는데 이때 진면목을 보여준 브랜드가 바로 불가리다. 당시 〈달콤한 인생〉의 주인공 아니타 에크베리Anita Ekberg가 불가리 외의 다른 주얼리는 착용하지 않겠다고 거부한 것은 유명한 일화다. 그녀는 "돌체 비타는 로마이고, 로마는 곧 불가리다"라며 명성을 되찾은 역사적인 도시와 주얼러에 대한 애정을 드러냈다.

1950년대 말부터 1960년대 전반에 걸쳐 불가리는 자르디네티giardinetti(작은 정원이란 뜻으로 꽃병이나 화분, 바구니에 담긴 알록달록한 꽃과 식물을 묘사한 주얼리) 브로치를 다수 발표했다. 카보숑 컷이나 칼리브레 컷 또는 카빙된 유색석의 다양한 색 조합을 사용한 디자인으로 지금까지도 불가리 주얼리의 길잡이 역할을 하고 있다. 1970년대에 들어서 불가리는 캐주얼하면서도 세련된 것을 동시에 원하는 여성들의 심리를 반영한 주얼리를 발표해 세계적인 인기를 끌게 된다. 회사에 출근하는 복장과 저녁 파티 복장에 전천후로 착용할 수 있는 웨어러블한 주얼리에 옐로 골드를 독창적으로 활용했다. 특히 모던한 바게트 컷 다이아몬드와 커다란 카보숑 유색 보석이 돋보이는 볼드한 실루엣을 강조했다. 불가리가 오늘날까지 카보숑 보석을 애용하는 것은 로마 건축의 핵심이자 상징인 돔dome에 대한 오마주로도 해석된다.

한편 불가리가 당대에 독보적인 명성과 인기를 누리게 되면서 불가리 패밀리의 일원이 마피아에게 납치당하는 사건이 발생한다. 당시 범죄자들의 타

〈자르디네티 브로치〉. ⓒBulgari
반짝이게 면facet으로 연마한 스톤과 인도풍으로 카빙한 스톤, 카보숑 컷 등을 골고루 사용했다. 맨 위부터 1964년, 1968년, 1958년 제작.

지아니 불가리, 1960년대. ©Bulgari

것은 불가리 창업자의 장손인 지아니였다. 그는 1960년대 중반 브랜드의 총책임자가 되면서 남동생 파올로, 니콜라와 함께 브랜드를 이끌었다. 십 대 시절부터 아버지를 따라 세계 곳곳을 다니며 보석 전문가로 훈련받은 지아니는 180센티미터가 넘는 큰 키에 금발과 푸른 눈을 가진 전형적인 미남이었다. 그는 유명 여배우들과 염문을 뿌리고 하늘에서는 자가용 비행기를, 땅에서는 페라리를 몰며 화려한 제트족의 삶을 살았다. 그렇게 연예부 기자들의 단골손님이던 지아니가 1975년 납치 사건으로 사회면을 장식하게 된 것이다.

로마에서 리무진을 타고 가던 지아니를 납치한 용의자는 미국의 석유 부자 진 폴 게티Jean Paul Getty의 손자인 존 폴 게티 3세를 납치했던 마피아와 동일 조직이었다. 사실 존 폴 게티 3세 납치 사건 이후 로마의 부유층에서는 권총을 소지하거나 보디가드를 대동하는 것이 유행처럼 번졌는데 지아니는 이를 극구 거부했다. 사건 직후 경찰은 로마의 모든 거리를 폐쇄했고 명품 브랜드 숍이 즐비한 콘도티 거리의 주얼리 상점들은 불가리에 연대를 표시하는 의미로 이틀 동안 문을 닫았다.

30일간 박스 안에 감금되어 있던 지아니는 마침내 1975년 4월 15일 파올로와 니콜라가 준비한 몸값 2백만 달러를 치르고 풀려난다(애초에 납치범은 1천 6백만 달러를 요구했었다). 존 폴 게티 3세는 납치 트라우마에서 벗어나지 못하고 비극적인 삶을 살다 갔지만, 지아니는 그와 달리 바로 업무에 복귀했고 같은 해 불가리 역사에 분수령이 된 디지털시계를 발표한다.

엘리자베스 테일러와 불가리의 러브 어페어

지아니는 특히 엘리자베스 테일러와 리처드 버턴 커플과 가깝게 지냈다. 테일러의 애정사에 큰 획을 그은 1962년, 그녀는 로마에서 리처드 버턴과 함께 영화 〈클레오파트라〉를 찍고 있었다. 로마는 엘리자베스 테일러의 불가리 주얼리 컬렉팅이 시작된 도시이기도 했다. 당시만 해도 불가리는 다른 도시에 지점을 두지 않아서 로마는 불가리 주얼리를 만날 수 있는 유일한 도시였다. 테일러도 촬영장과 가까운 콘도티 거리의 불가리 부티크를 자주 찾았지만, 지아니 불가리도 주기적으로 영화 현장에 주얼리를 보냈다. 그때 리처드 버턴이 구입한 불가리의 에메랄드 반지가 아내 시빌이 아닌 테일러의 것으로 밝혀지면서 또 한 번의 격정적인 연애사가 세상에 알려진다. 두 사람이 요트 갑판 위에서 키스를 나누고 베네토 거리의 고급 레스토랑에서 다정하게 나오는 모습을 찍은 파파라치 사진이 타블로이드 신문을 연달아 장식했다. 매일 파파라치에 시달리던 두 사람은 궁리 끝에 지아니의 도움으로 불가리 부티크를 비밀 데이트 장소로 삼기 시작했다. 테일러가 '머니 룸Money Room'이라고 이름 붙인 프라이빗 룸에서 달콤한 시간을 보낸 뒤 비밀의 문을 통해 빠져나가 건물 안뜰에 주차해놓은 차를 타고 이동하곤 했다.

같은 시기, 당시 테일러의 남편인 에디 피셔도 그녀의 서른 번째 생일 선물로 불가리의 옐로 다이아몬드 반지와 브로치를 준비해놓은 상태였다. 하지만 그의 '불가리 카드'는 써먹지 못한 패가 되고 만다. 이미 그녀는 리처드 버턴에게 마음을 빼앗겼고, 분노한 피셔는 결별 선언이나 다름없는 불가리 청구서를 그녀에게 보냈다. 테일러와 버턴이 요란하게 세기의 사랑을 시작함과 동시에 양쪽 가정은 그렇게 산산조각이 났다.

"나는 그녀에게 맥주를, 그녀는 나에게 불가리를 소개했다."

"그녀가 유일하게 할 줄 아는 이탈리아어는 불가리였다."

엘리자베스 테일러의 다섯 번째 남편이자 여섯 번째 남편이 된 리처드 버

1

2

1 불가리의 〈에메랄드 브로치〉를 착용한 엘리자베스 테일러와 네 번째 남편 에디 피셔, 1962년. ©Bulgari

2 불가리의 〈사파이어 소투아르 목걸이〉를 착용한 엘리자베스 테일러와 리처드 버턴, 1969년. ©Bulgari

1

2

1 엘리자베스 테일러와 리처드 버턴의 결혼식, 1964년. 엘리자베스 테일러가 에메랄드 브로치를 착용하고 있다. ©Bulgari

2 〈에메랄드 목걸이〉. 결혼식에서 착용한 에메랄드 브로치를 목걸이에 연결하면 펜던트가 된다.1960년대 하이 주얼리의 교과서적인 디자인이다. ©Bulgari

턴(그들은 두 번의 결혼과 이혼을 거듭했다)은 테일러를 향해 지칠 줄 모르는 주얼리 공세를 퍼부었다. 물론 그 스타트는 불가리였다. 마침내 두 사람은 1964년 3월 15일 캐나다 몬트리올에서 결혼식을 올렸다. 이날 그녀가 착용한 주얼리는 불가리의 23.44캐럿 에메랄드 브로치였다. 이 브로치는 펜던트로도 활용할 수 있어서 그날부로 테일러의 시그니처 주얼리가 된다(버턴은 이 에메랄드 브로치로 프러포즈했고, 2년 후 결혼 선물로 에메랄드 목걸이를 선물했다).

버턴은 어떤 구실을 만들어서든 테일러에게 다이아몬드 선물하기를 즐겼다. 하루는 화창한 날이라는 이유로, 또 어느 날은 산책을 가자며 보석을 안기는 식이었으니 그들에겐 매일매일이 기념일이었다.

한편 불가리의 가장 대표적인 컬렉션이자 고대 그리스와 로마로부터 이어져온 뱀의 생명력을 콘셉트로 한 세르펜티Serpenti의 초창기 모습도 이 시기에 만날 수 있다. 불가리는 이미 1940년대 말에 투보가스 공법(13장 293쪽 참조)으로 뱀이 똬리를 튼 역동적인 형상을 재해석해 손목에 나선형으로 감기는 시계를 개발했다. 1950년대에는 보다 실체적으로 뱀을 구현한 피스를 제작했다. 그리고 1960년대에 이르러 오늘날 세르펜티 하이 주얼리 시계의 전신으로 그 기술을 완벽하게 적용한 최초의 세르펜티 시계를 출시한다. 이 모델은 금과 다이아몬드로 제작되었고 이후 다채로운 색의 에나멜 소재를 더한 버전이 출시되었다.

1962년 엘리자베스 테일러가 로마에서 〈클레오파트라〉를 찍으면서 구입한 세르펜티 시계는 파베 세팅된 다이아몬드 머리와 에메랄드 눈의 화려한 조합이 특징이다. 그런데 이 시계를 구매해 테일러에게 선물한 사람의 신원은 지금까지도 미스터리로 남아 있다. 불가리의 기록에 의하면 1962년 1월 30일에 구입한 것까지는 확인되는데 구매자의 이름은 공란으로 비어 있다고 한다. 지금까지 리처드 버턴의 선물은 모두 공개됐기 때문에 그를 제외한다면 이제 전남편인 에디 피셔, 테일러 본인, 영화 제작사, 이렇게 세 후보로 압축된다. 하지만 가정 파탄으로 이어진 삼각관계 스캔들로 볼 때 당시 그녀의 법적

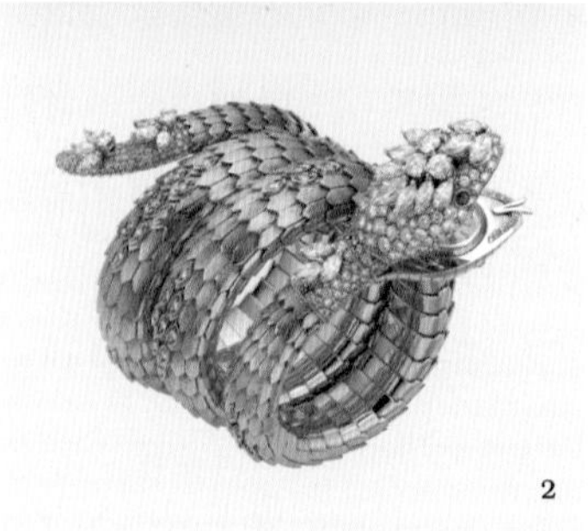

1 1975년 불가리의 〈세르펜티〉 지면 광고. ©Bulgari

2,3 엘리자베스 테일러의 〈세르펜티 브레이슬릿 시계〉, 1962년. ©Bulgari
뱀의 눈은 에메랄드로, 머리 부분은 라운드 컷 다이아몬드와 마르키즈 컷 다이아몬드로 장식해 황홀하고 강렬하게 디자인했다. 각각의 부속들은 수작업으로 금을 입힌 뒤 금핀으로 연결했으며, 에나멜 버전은 나사를 사용해 연결했다.

남편인 에디 피셔는 가능성이 낮아 보인다. 그렇다면 테일러 본인이 구매했을까, 아니면 영화사의 보너스 선물이었을까? 개인적으로는 이집트의 클레오파트라가 뱀 팔찌를 즐겨 착용했다는 역사적 사실에서 영감을 받은 제작사 측에서 선물했다는 쪽에 한 표를 던지고 싶다. 실제로 테일러는 영화 계약 시 보너스로 주얼리를 종종 요구했다고 한다.

1966년 불가리는 창업자 소티리오 불가리Sotirio Bulgari의 뿌리인 그리스와 로마의 헤리티지에 19세기 고대 복고 양식을 결합한 모네떼Monete(동전이라는 뜻) 컬렉션도 출시했다. 불가리는 1930년대 말에 코인 주얼리를 제작한 적이 있지만, 모네떼라는 이름을 붙인 최초의 모델은 1966년에 발표되었다. 고대 코인에 볼드하고 현대적인 디자인으로 새 생명을 불어넣은 모네떼의 소재로는 주로 기원전 300년에서 기원후 300년 사이의 코인을 애용했다. 고대 그리스의 실버 코인 중에는 아테나 여신이나 알렉산드로스 대왕의 얼굴이 새겨진 것이 많다. 물론 고대 코인뿐만 아니라 18~19세기의 이탈리아 코인과 라피스라줄리, 사도닉스, 카닐리언으로 제작한 카메오도 두루 사용했다.

심지어 불가리는 미국의 동전도 사용했는데 여기에는 지아니의 동생인 니콜라 불가리의 영향이 컸다. 어린 시절부터 고대 그리스와 로마의 동전을 수집한 니콜라는 스물다섯 살이 된 1966년에 모네떼 컬렉션을 출시했고 5년 후 뉴욕 부티크를 운영할 때 미국의 동전에도 관심을 갖기 시작했다. 그는 손수 미국의 동전을 선별해 작은 다이아몬드를 곁들인 디자인으로 모네떼 컬렉션을 확장했다. 이탈리아의 브랜드가 신흥 강대국인 미국의 코인을 사용한 것은 미국의 역사에 대한 "반짝이는 경의의 표시"이자 이를 즐기는 이탈리아인의 독특한 취향이 반영되었을 것이다(사실 그는 미국산 자동차 수집광으로도 널리 알려져 있었다. 당시 로마의 차고에 85대의 미국 빈티지 자동차를 모아둘 정도로 미국에 애정을 보였다).

1980년대에 들어서는 '주얼리계의 프레타 포르테'로 불린 파렌티지 Parentesi(괄호라는 뜻) 컬렉션이 탄생한다. 이때는 여성들의 사회 활동이 활발해

1

2

3

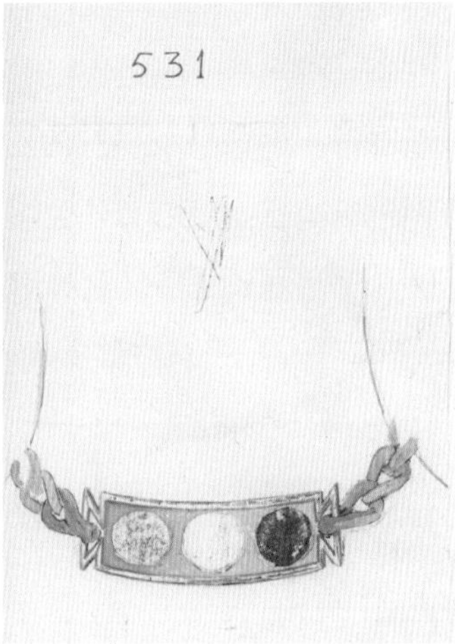

4

1　영국의 동전으로 제작한 〈모네떼 소투아르〉, 1973년. ⓒBulgari

2　고대 그리스의 실버 코인을 투톤 골드의 투보가스 기법으로 제작한 〈모네떼 초커〉, 1974년. ⓒBulgari

3,4 〈모네떼 목걸이〉와 〈스케치〉. ⓒBulgari

5 〈모네떼 초커〉를 착용하고 있는 바버라 시나트라. ⓒBulgari
바버라 시나트라는 프랭크 시나트라의 네 번째 부인으로, 청소년을 위한 자선사업에 이바지했다.

6 〈모네떼 목걸이〉를 착용한 그레이스 켈리. ⓒBulgari/Jack Nisberg-Roger Viollet

7 〈모네떼 소투아르〉를 착용한 엘리자베스 테일러. ⓒBulgari

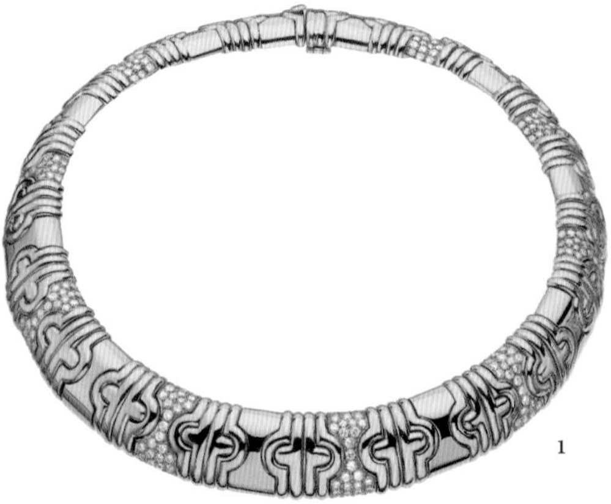

1

2

1 〈파렌티지 목걸이〉, 1982년. ©Bulgari
파렌티지는 모래시계 모티프(이 부분은 때때로 작은 다이아몬드로 파베 세팅했다)와 괄호 모티프, 그리고 나머지의 세 부분으로 구성되었다.

2 〈파렌티지 컬렉션〉. ©Bulgari

지면서 주얼리의 착용성이 그 어느 때보다 중요해진 시대다. 그래서 워킹 우먼들이 낮부터 밤까지 착용할 수 있는, 청바지부터 이브닝드레스까지 두루 어울리는 세련되고 편안한 주얼리의 수요가 치솟았다. 이때 불가리의 파렌티지는 규격화된 모듈식 주얼리를 표방하며 포멀&캐주얼 차림에 모두 어울리는 디자인으로 큰 인기를 끌었다. 참고로 앤디 워홀이 불가리의 열렬한 컬렉터가 된 시점도 바로 이 시절(1980년대)이다. 워홀은 니콜라 불가리에게 자신의 그림과 불가리 주얼리를 교환하자고 했다가 거절당한 적이 있는데, 훗날 니콜라는 평생 가장 후회되는 일이라고 회고했다.

JWT가 제작한 드비어스의 광고 이미지.
'다이아몬드는 영원히'라는 콘셉트에 '두 달치 월급'이라는 가이드라인을 덧붙였다.

유색 보석이 화려한 전성기를 구가하는 동안 다이아몬드 시장은 어떤 변화를 맞았을까? 드비어스는 미국 시장에서 거둔 성공을 바탕으로 국제적인 사세 확장을 시도했다. 다이아몬드가 희귀한 보석이라는 스토리에 영원한 사랑까지 더한 이 신화적인 캠페인을 일본, 독일, 브라질에 확산시키기 위해 제이 월터 톰프슨J. Walter Thompson(이하 JWT)에 글로벌 광고 캠페인을 일임했다.

JWT가 가장 주목한 시장은 일본이었다. 다이아몬드가 성공이라는 현대적인 가치를 상징하는 증표임을 강조하기 위해 잡지에 다양한 광고를 전개했다. 그들은 백인 여성을 모델로 세우고 모두 유럽식 의상을 입혔다. 드비어스의 광고에 등장하는 여성들은 자전거를 타고 캠핑을 하고 요트를 타거나 바다에서 수영하는 등 활동적이고 적극적인 모습이었는데 이는 일본의 전통적인 여성상과 완전히 반대되는 것이었다. 액티브한 백인 여성의 뒤에는 반드시 일본 남자가 서 있었는데 세련된 유럽풍 의상을 입고 주위에는 고급 자동차나 운동 기구를 배치해 값비싼 수입품이라는 것을 과시적으로 드러냈다. 이로써 다이아몬드는 구시대의 촌스러운 삶에서 벗어나 현대적인 삶으로 이행하는 상징물이라는 분명한 메시지를 전달했다.

이 광고 캠페인은 대성공을 거두었다. 1967년만 해도 일본에서 다이아몬드 약혼반지를 받은 여성은 결혼한 여성의 5퍼센트에도 못 미쳤었다. 그러나 1972년에 27퍼센트로 증가했고 1978년에는 절반 이상의 여성들이 다이아몬드 반지를 예물로 받고 결혼했다. 1981년에는 신부의 60퍼센트 이상이 다이아몬드 반지를 받았다. 일본에서 다이아몬드 반지가 결혼식의 필수품이 된 것이다. 중매결혼이 대부분이라 1960년대 중반까지 결혼에서 낭만 따위는 찾아볼 수 없었던 일본이 미국 다음으로 큰 시장이 되었다.

소련의 다이아몬드 과잉 재고가 낳은 이터니티 반지

이터니티 반지. ©Tiffany & Co.

1960년대 미국 시장에서는 드비어스의 또 다른 광고 캠페인이 등장해 인기몰이에 나섰다. 결혼한 지 오래된 부부를 겨냥해 부부 사이에 낭만을 재확인(갱신)할 수 있는 다이아몬드 반지를 내세운 것이다. 바로 기념일마다 커져가는 사랑을 상징하는 셀레브레이션 반지였다.

그 배경에는 소련이 있었다. 1960년대 중반 소련의 시베리아에서는 작은 사이즈의 다이아몬드가 엄청나게 산출되고 있었다. 소련과의 합의로 시베리아 다이아몬드까지 하나의 채널로 관리하던 드비어스는 이미 1950년대 말부터 이 작은 다이아몬드를 팔아야 하는 숙제를 떠안았다. 그런데 수백만 캐럿에 달하는 이 자잘한 다이아몬드(깎지 않은 원석 상태에서 0.5캐럿 미만이었다)를 팔 수 있는 시장은 마땅치 않았다. 드비어스는 소련과 비밀리에 협약을 맺을 때만 해도 점차 채굴량이 줄어들 것이라고 판단했다. 하지만 양이 줄기는 커녕 엄청난 속도가 붙더니 공급이 넘쳐나기에 이르렀다. 드비어스의 전략에도 방향 수정이 시급했다.

이에 드비어스의 광고대행사인 에이어는 다이아몬드의 크기보다 품질, 색, 컷의 중요성을 강조하는 캠페인을 대대적으로 벌인다. 그동안 광고에 실던 2캐럿의 다이아몬드 반지는 0.25캐럿의 다이아몬드 반지로 교체되었다. 심지어 0.1캐럿의 다이아몬드 반지라도 커다란 다이아몬드와 다름없이 감성적으로 중요하다는 광고를 전개했다. 여성들이 크기와 중량에 상관없이 완벽한 품질의 다이아몬드를 추구할 수 있도록 방향을 튼 것이다.

그렇게 해서 작은 다이아몬드가 한 줄로 쪼르륵 박힌 이터니티 반지eternity ring가 탄생하게 된다(많게는 반지 하나에 25개씩 들어갔다).

하지만 이 광고에서 에이어는 예비 신부가 아닌 결혼 연차가 꽤 된 여성들을 타깃으로 삼았다. 소련의 다이아몬드를 팔기 위한 남아프리카 기업의 필요에 의해 '다시 찾은 사랑'이라는 또 하나의 낭만적인 캠페인이 탄생한 것이다.

이 캠페인 역시 대성공이었다. 1939년에 팔린 다이아몬드의 평균 중량이 1캐럿이었는데 1976년에는 0.28캐럿이 되었으니 그 영향력이 어느 정도였는지 짐작할 수 있을 것이다. 0.28캐럿은 정확히 드비어스가 유통한 시베리아산 다이아몬드의 평균 중량과 일치했다.

그러다 보니 작은 다이아몬드의 매력에 빠진 미국 소비자들이 큰 다이아몬드는 지나친 호사품으로 여기는 부작용이 속출했다. 1970년대 말이 되자 작은 다이아몬드의 공급이 달리게 되어 오히려 큰 다이아몬드를 20퍼센트까지 할인해주는 사태가 발생했다.

다행히도 공급 부족은 일시적이었다. 다시 풍부해진 시베리아산 다이아몬드가 런던으로 밀려들어와 더 이상 이터니티 반지만으로는 넘치는 공급량을 해소할 수 없었다. 결국 미국 시장에서 또 한 번 타킷 대상을 바꾸는 것으로 전략을 수정했다.

이번에 에이어는 1978년 광고 캠페인에서 1캐럿이 넘는 다이아몬드를 적극적으로 홍보하기 위해 소비자 취향을 솔리테어 반지로 유도했다. 이를 위해 정보 전달적인 콘텐츠 홍보와 감성적인 홍보 프로그램을 동시에 진행했다. 큰 다이아몬드의 포지션을 재정립하는 쪽으로 다시 설계한 것이다. 그들이 1965년에서 1970년 사이에 크게 유행시킨 '작은 다이아몬드의 아름다움'과는 완전히 상반된 콘셉트였다.

이터니티 반지. ©Tiffany & Co.

샴페인 다이아몬드의 탄생

샴페인 다이아몬드.

샴페인 다이아몬드는 라이트 브라운에서 다크 브라운을 띠는 다이아몬드로 보통 옐로, 핑크, 오렌지 같은 보조색이 공존하는 것이 특징이다. 샴페인 다이아몬드라는 용어는 1980년대에서 1990년대 초 마케팅 캠페인 덕에 탄생했다.

사실 브라운 다이아몬드의 색이 아름답다고 해도 1980년대 전까지는 가치도 낮게 평가되었고 인기도 낮아서 주로 공업용으로 쓰였다. 그런데 호주의 아가일 광산에서 대규모로 브라운 다이아몬드가 채굴되면서 보다 매력적인 네이밍이 필요했다. 정직하게 '브라운'이라고 부르는 것보다 '샴페인'이라고 부를 때 훨씬 고급스럽고 색깔 묘사도 탁월해서 갖고 싶다는 욕망을 이끌어낼 수 있었다.

브라운 다이아몬드는 결정 구조에서 미량의 질소로 색이 발현된다. 옐로 다이아몬드나 오렌지 다이아몬드의 발색과 같은 원리다. 다이아몬드가 생성되는 과정에서 질소 원자가 어떤 형태로 군집화되느냐에 따라 빛의 흡수가 달라져서 색의 차이가 나타나는 것이다. 물론 질소 함량이 높을수록 브라운 색의 농도가 짙어진다.

샴페인 다이아몬드는 호주, 시베리아, 아프리카 등 세계 곳곳에서 산출된다. 이 가운데 가장 큰 산지가 호주 서부의 아가일 광산이다. 하지만 이 광산은 2020년 11월에 채굴을 종료했다.

샴페인 다이아몬드의 색 등급은 어떤 색인지에 따라, 그리고 그 색의 채도에 따라 결정된다. 그래서 색상, 채도, 명도를 꼼꼼히 따져야 한다. 샴페인 다이아몬드의 주 색상은 당연히 브라운이다. 보조색은 주 색상을 돋보이게 해주거나 가치를 떨어뜨릴 수 있다. 보조색은 옐로, 핑크, 오렌지인데 보조색이 없는 순수한 브라운색이 희소성과 가치가 가장 높다.

채도는 색의 강렬한 정도를 뜻하고 명도는 얼마나 어두운지 밝은지를 의미한다. 샴페인 다이아몬드는 마케팅 용어인 만큼 GIA(미국 보석감정학교) 같은 감정원에서는 감정서에 명시하지 않는다. 대신 아가일 광산이 샴페인 다이아몬드를 명명한 최초의 회사인 만큼 자체적인 감정 기준을 세웠는데, C1부터 C7까지 분류된다. C1~C2는 가장 밝은 브라운, C3~C4는 미디움 브라운, C5~C6는 다크 브라운이며 C7은 가장 어두운 브라운으로 '코냑 다이아몬드'라고도 불린다. 코냑 다이아몬드 중에서도 딥 오렌지 브라운 색이 모든 브라운 다이아몬드 중에서 가장 비싸다.

샴페인 다이아몬드의 투명도는 화이트 다이아몬드의 투명도와 같은 기준으로 평가된다. 내포물이 적을수록 투명도의 등급이 올라가는 식이다. 하지만 샴페인 다이아몬드에서 최상급의 투명도를 찾기란 어려운 일이다. 대부분의 샴페인 다이아몬드는 투명도 SI1부터 I2 사이에 속한다. 따라서 샴페인 다이아몬드를 고를 때는 육안으로 내포물이 보이지 않는 것 위주로 선택하는 것이 현명하다.

다른 팬시 컬러 다이아몬드와 마찬가지로 샴페인 다이아몬드의 컷 수준 역시 화이트 다이아몬드와 같은 기준을 적용할 필요는 없다. 화이트 다이아몬드는 파이어, 브릴리언스, 섬광을 극대화시키기 위해 연마하지만, 샴페인 다이아몬드는 최상의 색을 얻기 위해 연마하기 때문이다. 특히 어두운 스톤일수록 더욱 그렇다. 화이트 다이아몬드의 이상적인 비율이 반드시 샴페인 다이아몬드에도 적용되는 것은 아니다.

브라운 다이아몬드는 색이 가장 짙은 C7에 속하는 코냑 다이아몬드가 가장 비싸고, C1~C3에 속하는 연한 색의 다이아몬드는 비교적 합리적인 가격대에서 만날 수 있다.

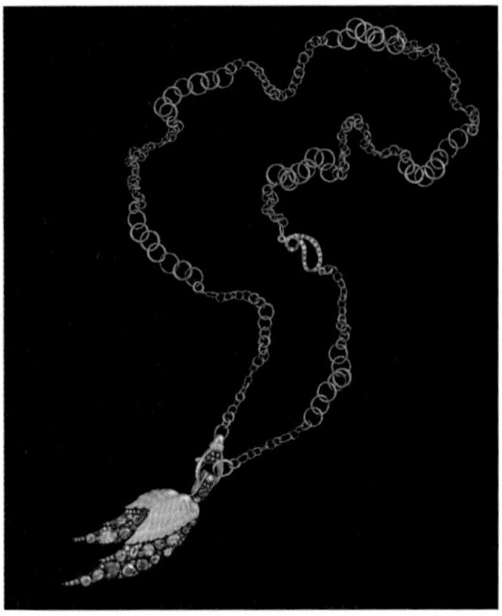

브라운 다이아몬드 목걸이. ©Sally Sohn Fine Jewelry

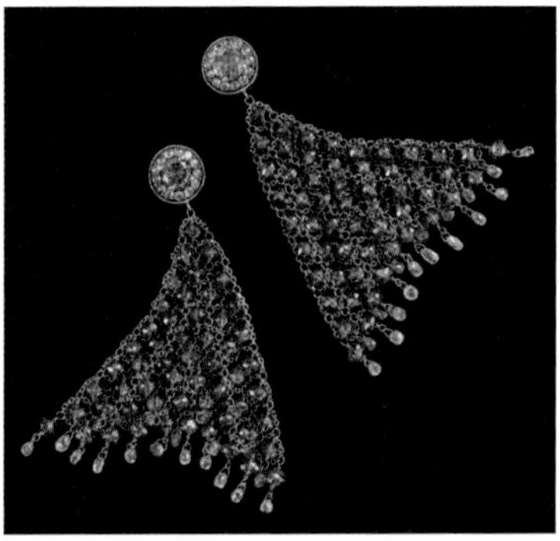

브라운 다이아몬드 귀걸이. ©Sally Sohn Fine Jewelry

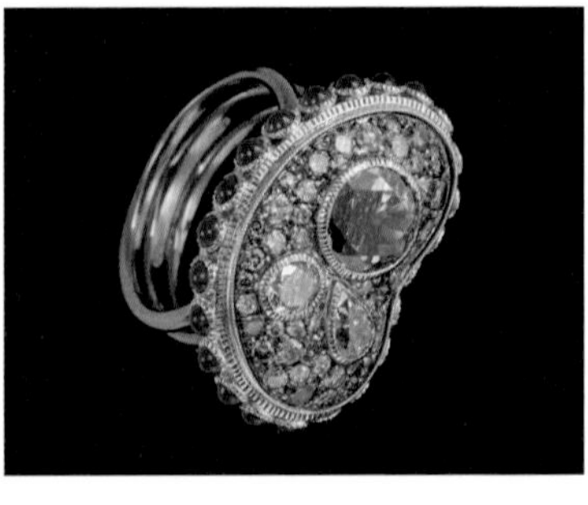

브라운 다이아몬드 반지. ©Sally Sohn Fine Jewelry

16

'디스코 시대'와 모던 주얼리

1970년대 뉴욕과 러브 팔찌의 탄생 비화

"Love가 그렇게 시장성이 있을 줄은 몰랐어요."

—알도 치풀로

내가 늘 빈티지 컬렉터들에게 추천하는 뉴욕의 에스테이트 주얼리 숍 '톱 3'가 있다. 모두 하이엔드 숍으로 FD 갤러리, 시글슨Siegleson, 프레드 레이튼Fred Leighton이다. 그중 하나인 FD 갤러리를 알게 된 것은 2013년 여름이었다. 독일의 주얼리 브랜드 헤멀레Hemmerle의 소개로 방문한 날이었는데, 그날따라 갤러리에는 매니저인 토마스와 키가 190센티미터 정도 돼 보이는 건장한 체격의 보안 요원밖에 없었다. 취재차 간 것은 아니었기 때문에 약간은 어색한 기분으로 실내를 둘러보고 있는데, 코너에 놓인 진열장에서 따스한 태양빛 기운이 감도는 주얼리가 한눈에 들어왔다. 못을 동그랗게 구부린 형태의 팔찌와 목걸이, 반지였다.

'이것은 일 년 전 까르띠에에서 재출시한 저스트 앵 끌루Juste un Clou인데? 왜 여기에 와 있는 거지?'

하지만 자세히 보니 팔찌의 두께도 다를뿐더러 희미하게 세월의 흔적도 묻어났다. 팔찌 안쪽의 각인을 확인하려고 고개를 15도 정도 틀어서 보고 있는데 불쑥 토마스가 끼어들었다.

"알도 치풀로Aldo Cipullo의 1971년 오리지널 제품이에요."

팽팽한 침묵과 낯선 공기를 단숨에 가르는 반가운 목소리였다.

"너무 쿨하지 않나요?"

그가 내 어깨 뒤에서 대화를 이어갔다. 꿀정보를 획득한 나는 대답 대신 엄지손가락을 치켜세웠고, 그는 싱긋 웃더니 이마에 드리워진 머리카락을 쓸어 넘겼다. 불과 몇 초 만에 지독하게 어색했던 분위기가 사르르 녹아내리기 시작했다.

사실 알도는 까르띠에의 베스트셀러인 러브Love 팔찌의 디자이너로 더 잘 알려져 있다. 스크루 드라이버로 여닫는 독특한 콘셉트와 연인의 사랑을 잠가둔다는 달콤한 스토리 덕분에 세계에서 가장 잘 팔리는 팔찌 중 하나다(이래서 이름이 중요하다는 생각이 든다).

이 팔찌처럼 연장통에서 못과 스크루 드라이버를 꺼내 파인 주얼리로 승

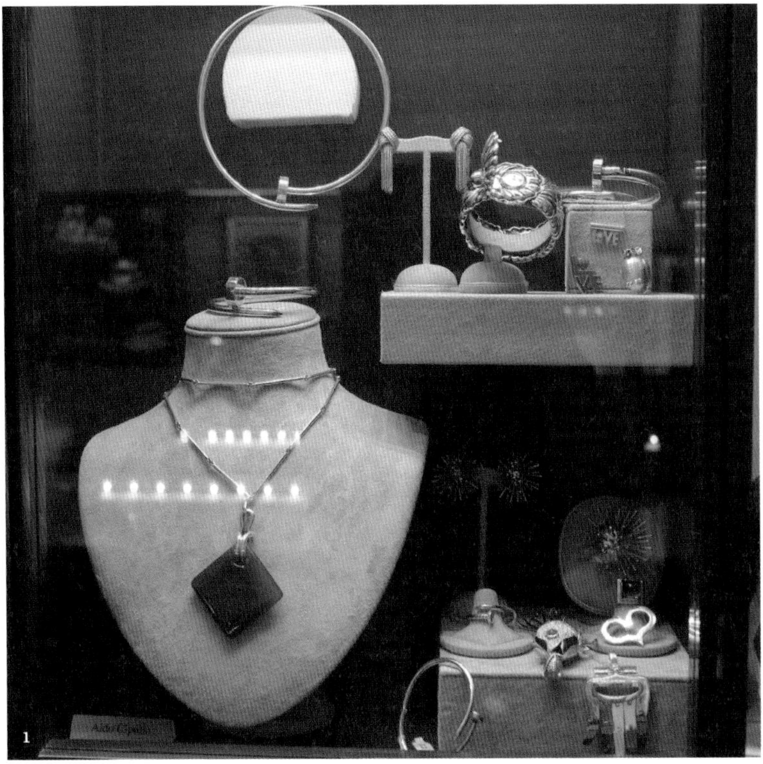

1

2

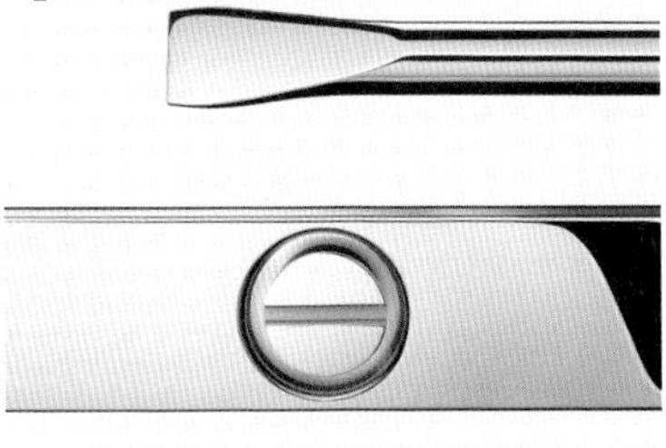

3

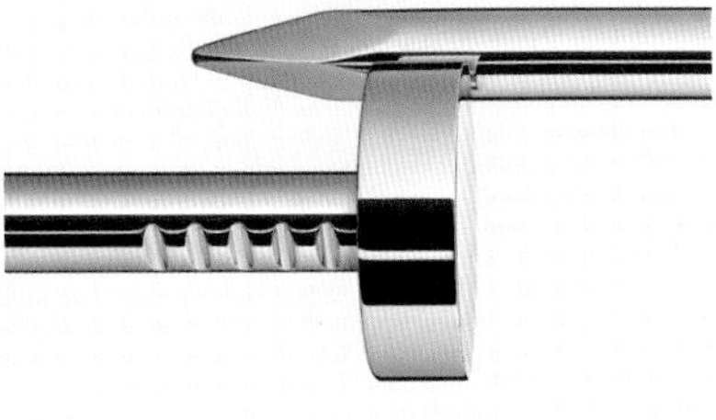

1 알도 치풀로의 오리지널 주얼리 여러 점이 진열된 뉴욕의 FD 갤러리, 2013년.

2 까르띠에의 〈러브 팔찌〉 세부 이미지.

3 까르띠에의 〈저스트 앵 끌루〉 세부 이미지.

화시킨 알도는 주얼리 업계에서는 옐로 골드와 볼드한 형태의 혁신적인 스타일로 대표되는 1970년대 '디스코 시대'의 주역이자 모던 주얼리의 선구자로 통한다.

"내가 디자인한 러브 팔찌에는 다이아몬드를 쓰지 않겠습니다."

알도의 이 한마디가 바로 러브 팔찌가 탄생한 1969년 당시 뉴욕에서 '모던 주얼리'에 대한 정의나 마찬가지였다. 예나 지금이나 미국인들은 다이아몬드를 좋아한다. 이는 유럽인들도 다를 바 없는데 '블링블링'을 선호하는 전형적인 서양의 특징이라고도 할 수 있다. 하지만 알도는 당시 다이아몬드의 지나친 반짝임을 거부했다(그가 다이아몬드를 완전히 배제한 것은 아니었다. 다만 주얼리가 착용자를 압도하면 안 된다고 생각했다). 강렬한 유색석을 사용했을 때조차 알도의 주얼리는 여전히 중간색으로 '읽히는' 묘한 매력이 있었다. 그의 주얼리는 볼드했지만 그만큼의 절제미가 뒷받침되었다.

그는 외부 디자이너와 협업도 안 할뿐더러 브랜드 표기에도 까다롭기로

알도 치풀로가 디자인한 러브 팔찌의 광고 이미지, 1970년.(왼쪽) ©Cartier

스콜피오 펜던트와 네일 팔찌를 착용한 알도 치풀로, 1977년.(오른쪽) ©Oscar Buitrago, All Rights Reserved, Courtesy Renato Cipullo

소문난 까르띠에에서 유일하게 제품에 디자이너 이름을 같이 새겨 넣게 한 장본인이다. 그렇다 보니 나는 과연 1969년 까르띠에 뉴욕에 무슨 일이 있었는지 궁금해졌다. 이 잘생긴 금발의 이탈리아인은 왜, 어떤 이유로 뉴욕에서 러브 팔찌와 네일 팔찌를 세상에 내놓게 된 것일까?

모더니즘을 다시 소환하다!

알도 치폴로의 러브 팔찌가 세상에 나온 1960년대는 기성세대의 문화에 반기를 든 젊은이들의 시위와 분쟁이 끊이지 않은 때이자 우주 개발에 박차를 가한 기술 낙관의 시대였다. 히피운동, 반전운동, 여권신장운동, 인종차별 반대운동 등 모든 분야에서 자유와 평등, 평화를 외치기 시작했고, 세상은 점차 자유와 인권이 신장되는 방향으로 진화했다.

세계의 젊은이들은 영국의 비틀즈와 모드족Mods(단정하고 깔끔한 패션을 추구한 1960년대의 욜로족)에 열광했고, 베트남 전쟁과 사회적 불평등에 반대하는 히피족들이 거리를 장악하면서 보헤미안 패션이 대세로 떠올랐다. 동시에 인류는 달 표면에 발을 디딜 수 있는 날이 코앞으로 다가왔음을 실감했다.

1960년대는 주얼리에 대한 이중적인 분위기가 팽배해진 시기이기도 하다. 경제가 회복되면서 신흥 부유층이 늘어나고 다이아몬드의 가치도 더욱 높아져 주얼리를 통해 부를 과시하려는 욕망이 증가했다. 하지만 범죄율 역시 급증하면서 주얼리를 대놓고 과시하기가 불안하다는 심리도 확산되었다. 한마디로 '뉴 머니'와 '뉴 범죄'가 동시에 만연한 시기라고 집약할 수 있다. 결국 주얼리계는 금고에 넣어두는 주얼리(보통 큰 귀보석 위주의 비교적 심플한 세팅이 특징이다)와 편하게 즐길 수 있는 주얼리로 자연스럽게 양분된다.

하지만 "저녁에는 다이아몬드 주얼리, 낮에는 골드 주얼리"와 같은 구닥다리 에티켓이 아닌 보다 새로운 개념의 기준이 정립된다. 특히 젊은 층에서 지나치게 엄격한 격식에 반기를 들고 나왔다. 격식을 차리는 패션은 이미 흘러간 옛 노래일 뿐이고 고급 주얼리를 많이 착용할수록 올드해 보인다고 생각했다. 대신 그들은 낮이나 밤이나 자유롭게 착용할 수 있는 주얼리를 선호했다. 또한 "남 신경 쓰지 말고 하고 싶은 걸 하자"는 독립적인 신조에 따라 개인적으로 의미 있는 주얼리를 추구했다. 여성들은 스스로를 위해 주얼리를 구매하는 빈도가 높아졌다. 이러한 사회적 분위기 속에서 격식을 차리지 않고 스타일리시한 주얼리가 각광받기 시작했다.

또한 많은 브랜드에서 인도나 이집트 같은 동양의 모티프에 대거 영감을 받았다. 18~19세기 인도의 양식화된 꽃 주얼리에서 흔히 볼 수 있는 루비와 에메랄드 조합에 카보숑 컷을 사용했는데, 이때 서양식 터치를 가미하기 위한 다이아몬드 악센트는 필수였다. 특히 목걸이와 드롭형 귀걸이에서 이런 경향이 두드러졌는데 1930년대 말 이후 사라진 소투아르와 길게 늘어지는 귀걸

앙드레 쿠레주의 <여성 수트 15>, 1965년.
우주에서 영감을 받은 이른바 '스페이스 룩'이다.

이가 다시 돌아왔다는 사실만으로도 큰 의미가 있다.

한편 1960년대 끝자락으로 갈수록 미국과 소련의 우주 탐사 경쟁이 더욱 치열해지는데, 이에 영감을 받은 피에르 가르댕과 앙드레 쿠레주André Courrèges, 파코 라반Paco Rabanne의 미래파 패션은 주얼리에도 큰 자극제가 되었다. 동시에 아르데코● 스타일의 리바이벌과 함께 1920년대에 '비주티에-아르티스트'들이 주도했던 모더니즘이 새로운 옷을 입고 나타나게 된다.

결국 1960년대를 지배한 주얼리의 특징을 요약하면 비대칭의 기하학적 디자인, 삐죽삐죽한 윤곽선을 가진 추상적인 패턴, 선명한 컬러의 카보숑 컷, 특별한 질감을 살린 골드의 인기로 정리할 수 있다. 심지어 커팅되지 않은 원석 그대로의 모습도 사랑받았다. 매끈하게 폴리싱된 골드에 식상해진 장인들은 열정적으로 금에 무늬를 새기고 두드리고 꼬고 땋았다. 자연 모티프도 추상화하고 양식화해 순수하게 장식적인 모습이 당시 주얼리의 트레이드마크라고 할 수 있다.

동물과 곤충도 이전 시대보다 가볍고 위트 있게 재해석되었다. 다이아몬드뿐 아니라 루비, 에메랄드, 사파이어가 그전 시대보다 풍부하게 쓰였고 터키석이 고급 주얼리에 다시 들어와 작은 다이아몬드 장식과 함께 연출되었다.

이 시대를 대표하는 디자이너로는 금의 표면을 거칠거칠하게 처리하면서도 유기적이고 자유로운 형태의 주얼리를 선보인 런던의 앤드루 그리마Andrew Grima를 꼽을 수 있다. 또한 뉴욕의 데이비드 웹David Webb도 동물 모티프 팔찌, 볼드한 컬러 스톤, 기하학적 디자인의 블랙 에나멜링, 소용돌이 모티프 주얼리 등을 특징적으로 사용하면서 주얼리 역사에 큰 족적을 남겼다.

금속은 옐로 골드가 대세가 되었는데, 심지어 1970년대로 가면 다이아몬드에도 옐로 골드 세팅을 선호했다(서양에서는 18세기부터 다이아몬드는 흰색 금속

● 1968년 영국의 미술사학자 베비스 힐리어Bevis Hillier가 『1920년대와 1930년대의 아르데코Art Deco of the 20s and 30s』라는 책을 출간하면서 '아르데코'라는 명칭이 널리 사용되기 시작했다.

1

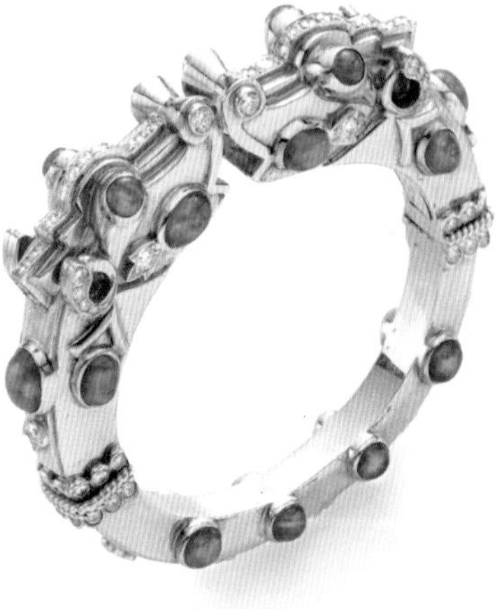

2

3

1 엘리자베스 테일러가 소장했던 데이비드 웹의 〈산호 반지〉, 산호, 에메랄드, 다이아몬드, 1967년. ⓒFD Gallery

2 데이비드 웹의 〈키메라 팔찌〉, 1957년. ⓒFD Gallery
동물 머리가 쌍으로 있는 팔찌는 데이비드 웹의 시그니처 디자인이다.

3 반클리프 아펠의 〈카보숑 컷 유색 보석과 진주 팔찌〉, 1960년대. ⓒFD Gallery
루비, 사파이어, 에메랄드를 카보숑 컷으로 사용했다.

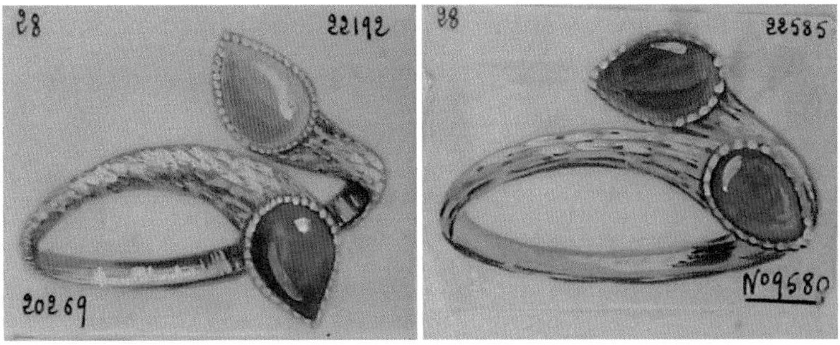

보헤미안 정신을 담은 부쉐론의 초창기 <쎄뺑 보헴>, 1967년. ©Boucheron
뱀을 상징적으로 표현했다.

에 세팅하는 것이 보편적이었다). 이런 현상이 일어난 데에는 몇 가지 이유가 있었다. 일단 전통적으로 다이아몬드를 옐로 골드에 세팅해온 인도의 영향이 컸고, 전통을 깨고자 하는 시대적 열망, 다이아몬드를 캐주얼하게 착용하려는 사회적 분위기, 그리고 핵심 VIP층으로 부상한 중동 석유 부자들의 파워 때문이었다. 다이아몬드는 주얼리의 삐죽삐죽한 윤곽선을 만드는 페어 컷과 마르키즈 컷이 저물고 직사각형의 바게트 컷이 인기를 끌었다.

뿐만 아니라 럭셔리 브랜드들의 상징적인 컬렉션이 등장한 때도 바로 이 시기, 즉 1960년대 후반에서 1970년대 초 사이였다. 까르띠에의 '러브'와 '네일'뿐 아니라 불가리의 '모네떼', 부쉐론의 '쎄뺑 보헴Serpent Bohème', 반클리프 아펠의 '알함브라Alhambra'도 모두 이때 탄생했으니 실로 무궁무진한 영감의 시대였던 것이다.

디스코 시대의 모던 주얼리란?

1970년대 들어 미국은 두 번의 석유파동(1973년, 1979년)을 겪으면서 세계대전 이후 가장 심각한 불황과 맞닥뜨린다. 게다가 온갖 시위와 파업이 이어져 불안과 환멸의 분위기가 사회에 만연했다. 하지만 냉정한 흐름 속에서도 새로운 세대들은 지나치게 세속적인 것을 배척해야 한다고 믿었기에 어느덧 주얼리는 부의 상징이 아닌 인간의 내면을 표현하고 있었다.

그런데 아이러니하게도 1970년대의 뉴욕은 가능성의 도시이기도 했다. 당면한 삶은 고달팠지만 이런 현실을 수긍하고 더불어 살아갈 줄 아는 사람들에게 뉴욕은 새로운 에너지가 넘치는 신나고 자유로운 도시였다. 젊은이들은 마치 내일이란 없는 듯 오늘을 즐기며 살았다. 뉴욕은 지극히 '현재의 도시'였다.

주얼리를 향한 여성들의 태도도 한층 진화했다. 여성 스스로가 자신을 위해 주얼리를 구매하면서 더욱 섹시할 권리를 획득했다고나 할까? 어떻게 보면 재즈 시대와 같은 맥락이라고 말할 수 있지만 주얼리에 사용된 소재와 디자인은 전혀 달랐다. 플래티넘과 귀보석이 대세였던 재즈 시대와는 달리 옐로 골드에 준보석이라 불린 유색 보석이 대거 쓰였기 때문이다.

이 시기의 주얼리에 섹스어필 감성을 더한 것은 1970년대 중후반을 휩쓴 디스코의 영향이 크다. 현란한 디스코 볼 조명이 돌아가는 가운데 환락의 무대가 펼쳐지면서 특히 후프 귀걸이가 큰 인기를 끌었다(얼마나 컸던지 무거워서 대부분 클립형이었다). 8인치의 플랫폼 슈즈, 짙은 화장, 과한 섹시함으로 대표되는 맨해튼의 디스코 클럽 '스튜디오 54'는 앤디 워홀, 셰어, 로드 스튜어트, 믹 재거, 엘사 퍼레티(모델이자 티파니의 디자이너), 홀스턴Halston 등 유명 디자이너, 예술가, 뮤지션, 모델들이 집결하는 소위 '핵인싸'들의 핫 플레이스였다. 쾌락의 자유를 만끽할 수 있는 댄스 플로어 위에서만큼은 모두가 평등했다.

전쟁 이후 한동안 커다란 브로치와 짧은 목걸이, 버튼형 또는 폭포수형 다이아몬드 귀걸이로 격식을 차리는 보수적인 스타일이 세련미의 표상이었다면, 그로부터 20년이 지난 1970년대의 패셔니스타들은 인도의 영향으로 길게 늘어지는 소투아르 목걸이를 다시 소환했고(하지만 1970년대 말이 되면 짧은 목걸이가 또다시 돌아온다), 카보숑 컷의 유색 보석을 즐겼다. 심지어 격렬한 디스코 동작에 맞춰 억압된 신체의 자유를 마음껏 분출하는 열기로 가득했던 스튜디오 54에서는 남성들도 커다란 펜던트를 즐겨 착용했다. 또한 두 가지 주얼리로 구성된 세트를 뜻하는 드미 퍼루어demi-parure가 인기였는데, 1960년대는 브로치-귀걸이, 1970년대는 소투아르-귀걸이 또는 반지-귀걸이가 보편적인 조합이었다.

따라서 이 시기의 주얼리 디자이너들은 하이&로, 화려함&절제미 사이에서 신중한 결정을 내려야 했다. 이를테면 다이아몬드나 귀보석을 골드에 세팅해서 서양식의 호화로움을 유지하되 인도 모티프로 무겁지 않은 스타일을 만드는 식이었다. 물론 신흥 '로큰롤 귀족'들을 위해 보란 듯이 사치스러운 주얼리를 선보이는 브랜드도 있었다. 어쨌든 격식을 차리지 않으면서도 개성 있는 고급 주얼리의 수요는 더욱 늘어만 갔다. 주얼러들은 보다 풍부하고 화려한 색과 볼드한 디자인을 강조했고 하드스톤hardstone, 즉 산호, 라피스라줄리, 터키석, 크리소프레이즈, 오닉스, 말라카이트, 카닐리언, 백수정, 상아, 심지어 나무까지 카빙해서 세팅했다. 특히 아르데코 시대를 휩쓸었던 산호가 수십 년 만에 다시 돌아와 1970년대 중반에 절정의 인기를 누린다.

결론적으로 말하면 1970년대는 주얼리의 디자인 자체보다 디자인의 성

1

2

1 터키석, 사파이어, 다이아몬드를 옐로 골드에 세팅한 1970년대 반지. ©FD Gallery

2 터키석, 사파이어, 다이아몬드를 옐로 골드에 세팅한 불가리의 반지, 1975년. ©Bulgari

격과 개념에 큰 변화가 생긴 시대라고 할 수 있다. 1960년대의 기하학적 추상주의가 초반까지 이어지긴 했지만, 1970년대 중반에 이르면 이런 스타일은 올드하게 인식되었다. 하나로 통일된 스타일이 대세를 이루기보다 저마다의 개성을 표현하는 방식으로 전개되었기 때문이다. 그래도 이 시기의 특징을 꼽으라면 옐로 골드, 하드스톤, 비비드 컬러의 조합 정도라고 할 수 있다. 럭셔리 주얼러들은 '빅 캐럿' 주얼리로 차별화를 두면서도 디자인이 독특하고 좀 더 합리적인 가격대의 주얼리를 통합적으로 운영했다. 무엇보다 여성들이 그 어느 시대보다 자신을 위해 스스로 구매하는 비중이 늘어나면서 중간 가격대의 주얼리가 큰 인기를 끌었다. 이제 주얼리는 부나 지위를 상징하는 전통적인 역할에서 벗어나 사회에서 주얼리의 역할을 정직하게 비판하는 개념적인 예술 표현의 한 형태로 자리 잡는다.

까르띠에, 알도 치풀로를 영입하다

옐로 골드와 볼드한 형태의 혁신적인 모더니즘이 주도한 '디스코 시대'는 알도 치풀로를 빼놓고는 결코 논할 수 없다. 그는 이미 1969년에 앞서 보았던 모던한 러브 팔찌를 개발했고, 까르띠에는 그 모험적인 디자인을 기꺼이 받아들였다.

나폴리에서 태어나 로마에서 자란 알도는 미국의 모든 것에 집착했다. 심지어 '알도 아메리카노'라는 별명으로 불릴 정도였다. 1959년 뉴욕에 정착한 후 데이비드 웹에서는 세공사로, 티파니에서는 디자이너로 활동했다. 그러다가 까르띠에에 합류한 이후 창작자로서의 진가를 발휘한다. 그는 1969년과 1971년에 철물 모티프와 러브 스토리를 결합시킨 러브 팔찌와 네일 팔찌를 연달아 히트시키면서 주얼리 역사에 결정적인 한 획을 긋는다.

1969년 어느 새벽 3시, 실연의 아픔으로 괴로워하고 있던 알도는 연인과의 기억을 보관해야겠다는 충동에 사로잡힌다. 그는 사랑했던 순간의 추억을 영원히 붙잡아둘 수 있는 방법을 고민하기 시작했다.

"너무 슬펐어요. 누구도 내게서 그 추억을 가져가지 못하도록 하고 싶었어요. 그래서 영원한 사랑의 상징을 고민하기 시작했죠."

그는 사랑의 추억을 '잠가버리고' 완전히 몸 안에 가둬서 영원토록 간직해야겠다는 강박에 사로잡힌다. 이때 그가 떠올린 것이 전용 스크루 드라이버로 팔찌의 나사를 조이는 파격적인 착용법이었다. 이것은 19세기 빅토리아 시대의 애도의 주얼리, 즉 로켓에 사랑하는 이의 머리카락을 넣고 메시지를 각인하던 관습에서 영감을 얻은 것이었다. 하지만 그에게 러브 팔찌는 모티프 그 이상이었다. 팔찌를 끼는 것은 하나의 신성한 의식과 같았으니 그가 얼마나 연인 사이의 신의를 중요하게 여겼는지 짐작할 수 있다.

사실 드라이버나 나사 같은 철물은 산업 시대를 상징하는 빛나는 아이콘이었다. 일찍이 알도는 뉴욕 45번가에 있는 히포드롬Hippodrome이라는 철물

까르띠에 뉴욕 맨션에서 사진에 찍힌 알도 치풀로, 1970년. ©Renato Cipullo/All Rights Reserved

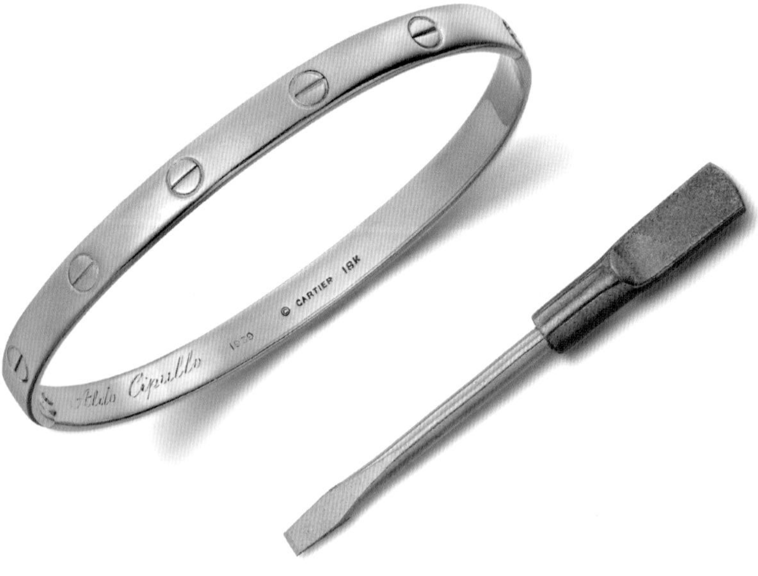

까르띠에의 〈초기 러브 팔찌〉, 1969년. Nils Herrmann, Collection Cartier ©Cartier
뉴욕에서 알도 치풀로가 탄생시킨 까르띠에의 러브 팔찌는 전용 드라이버를 사용해야 잠글 수 있다.

점의 단골손님으로 나사, 못, 너트 같은 철물과 그 형태의 조형적인 미학에 사로잡혀 있었다. 그는 철물에서 새로운 미학의 가능성을 보았고, 이를 통해 주얼리의 개념을 민주화하고 현대화시켜야겠다는 결론에 도달했다. 러브 팔찌는 연인 간의 사랑이라는 보편적인 테마를 주제로 부유층이나 중산층이나 상관없이 누구든 공감할 수 있는 주얼리를 지향했다.

따라서 러브 팔찌의 탄생은 모던한 디자인에 대한 그의 신념이자 새로운 시대에 맞게 사랑의 증표를 재정의하고 싶었던 개인적인 열망, 그리고 당시 유행한 유니섹스 트렌드를 반영한다. 특히 스크루 드라이버를 사용한다는 재미있는 아이디어는 그가 세공사 출신이라는 것을 뚜렷이 보여주는 대목으로, 세공 도구에 경의를 표하는 나름의 방식이었다. 한편 그가 주얼리의 기능성을 중요시하고 옐로 골드를 선호한 것은 이탈리아인의 특성으로도 볼 수 있다.

알도 치풀로는 까르띠에에 앞서 티파니에 러브 팔찌를 제안했지만 브랜드의 기존 무드와 맞지 않는다는 이유로 거절당했다. 하지만 까르띠에 뉴욕의 마이클 토머스 회장은 즉각 러브 팔찌의 잠재력을 발견했다. 전혀 새로운 가치와 라이프스타일, 애티튜드를 추구하는 신세대에게 어필할 수 있으리라고 확신한 것이다. 심지어 그는 어떻게 판매할지도 벌써 머릿속에 구상하고 있었다. 그는 당장 알도를 앨프리드 듀런트Alfred Durante가 이끌고 있는 최고의 팀으로 발령을 냈다(앨프리드 팀은 최고의 VIP였던 엘리자베스 테일러의 주얼리 디자인도 담당하고 있었다).

사실 러브 팔찌가 탄생한 1969년은 '할리우드 로열'인 엘리자베스 테일러가 까르띠에로부터 역사적인 69.42캐럿의 '테일러-버턴 다이아몬드'를 구입한 때이기도 하다. 경매 사상 최초로 백만 달러 이상의 낙찰가를 기록한 다이아몬드로 큰 화제를 모은 피스였다(처음엔 반지였으나 나중에 목걸이로 리세팅된다). 이는 당시 까르띠에가 얼마나 하이 & 로의 문화 믹스에 능숙했는지를 잘 보여준다. 블링블링한 주얼리를 그토록 좋아한 테일러는 1971년 로스차일드 가문에서 주최한 가장무도회에서 온몸을 다이아몬드로 휘감다시피 했을 때도 치풀로의 러브 팔찌는 빼지 않았다. 그녀는 영화 〈X, Y and Zee〉에서도 러브 팔찌를 착용했다.

엘리자베스 테일러 외에도 러브 팔찌를 사랑한 셀러브리티들은 차고 넘친다. 그중 영화 〈러브 스토리〉의 주인공인 앨리 맥그로는 열렬한 러브 팔찌 애호가로 이 팔찌가 '럭셔리한 커플 주얼리'의 본보기가 되는 데 중요한 역할을 한다. 심지어 앨리 맥그로는 1972년 영화 〈더 겟어웨이〉의 샤워 장면에서도 착용했다. 1973년 영화 〈엑소시스트〉의 여주인공 엘렌 버스틴은 러브 팔찌와 '심장의 손' 펜던트(지중해 문화에서 악을 물리친다는 고대의 심벌 '함사hamsa'를 알도가 현대화시켰다)를 착용했다. 당시 레브론Revlon의 임원이자 브룩 실즈의 아버지인 프랭크 실즈는 두 번째 아내와 약혼반지 대신 러브 팔찌를 교환했다. 같은 시기에 윈저 공 부부도 러브 팔찌를 교환했다.

알도 치풀로는 평소에 주얼리가 신체의 일부가 되어야 한다는 신념을 가지고 있었는데, 실제로 러브 팔찌는 물리적으로나 감성적으로 착용자의 페르소나에 은밀하게 연결될 수 있는 독보적인 주얼리가 되었다. 물론 전통적인 약혼반지를 대체한 아방가르드한 주얼리이자 매일 착용할 수 있는 실용적이고 합리적인 주얼리였음은 두말하면 잔소리다.

나의 두 번째 집은 철물점이다

러브 팔찌가 탄생하고 2년 뒤인 1971년, 알도의 손끝에서 다시 한 번 사랑이라는 개념이 철물 테마와 결합된다. 어느 날 밤, 기독교 서적을 읽고 있던 알도는 인간이 줄 수 있는 가장 위대한 선물은 친구를 위해서(또는 기독교에서는 인류의 행복을 위해서) 자신의 목숨을 내려놓는 것이라는 문구를 발견한다. 이내 인류를 위해 십자가에 못 박혀 희생한 예수 그리스도를 떠올린 알도. 그날 그가 받은 영감은 당시 흥행에 성공한 록 오페라 〈지저스 크라이스트 슈퍼스타〉를 보았던 감동을 되살리며 창작의 에너지로 폭발한다. 그는 〈지저스 크라이스트 슈퍼스타〉의 파격적인 형식과 록 음악의 자유분방함에 주목했으며, 십자가에 못 박힌 예수 그리스도의 사랑이야말로 사랑의 본질이라는 깨달음에 도달한다. 결국 착상한 지 24시간도 채 되지 않아 저스트 앵 끌루의 전신인 네일 팔찌가 탄생한다.

한편 네일 팔찌에는 또 다른 탄생 비화가 전해지는데, 이는 『뉴욕 타임스』의 한 기자가 언급한 바 있다. 어느 날 저녁, 알도가 벽에 그림을 걸기 위해 못을 찾기 시작했는데 아무리 뒤져도 나오지 않았다. 결국 아파트의 이웃 주민들까지 수소문해봤지만 못을 갖고 있는 사람은 그 어디에도 없었다. 그날부로 알도는 심플하지만 일상에서 꼭 필요한(때때로 그 소중함을 간과하게 되는) 이 못이란 존재에 대해 깊이 고민하게 되었고, 결국 네일 팔찌를 구상했다는 것이다.

세 번째 탄생 비화도 있는데, 이는 로맨틱이나 깨달음과는 거리가 먼 일화다. 그가 어느 날 구찌 로퍼를 신은 채 못을 밟았는데, 이때 번뜩 아이디어가 떠올라 디자인을 구상했다는 것이다.

어떤 버전이 그의 진정한 영감의 원천이었을까. 하지만 진위 여부와 상관없이 알도에게는 이 모든 일화가 섬세하고도 촘촘하게 영향을 미쳤을 듯하다.

어쨌든 까르띠에의 네일 팔찌는 당시로서는 상당히 파격적이고 급진적이었으며, 동시대적이지만 우아함과 시크함도 놓치지 않았다. 게다가 마침 남성용 팔찌 수요가 늘어갈 즈음이라 이 유니섹스 디자인의 타이밍도 절묘했다. 알도의 네일 컬렉션은 기다란 모양의 자보 핀, 서로 다른 크기의 브로치 다섯 종(2~6인치 길이), 귓불을 관통하는 모습을 연출할 수 있는 펑크 스타일의 귀걸이 등으로 구성되어 있다.

결국 알도의 감성적인 스토리텔링 능력, 최적의 타이밍에 그 정수를 뽑아내는 촉, 온몸으로 흡수한 뉴욕의 역동적인 에너지…… 이 모든 것들이 그토록 사랑하는 도시의 맥박 속에 응집되어 순수하고도 완벽한 '미니멀리스

까르띠에 저스트 앵 끌루의 전신인 〈네일 팔찌〉, 1971년. Nils Herrmann, Cartier Collection ©Cartier

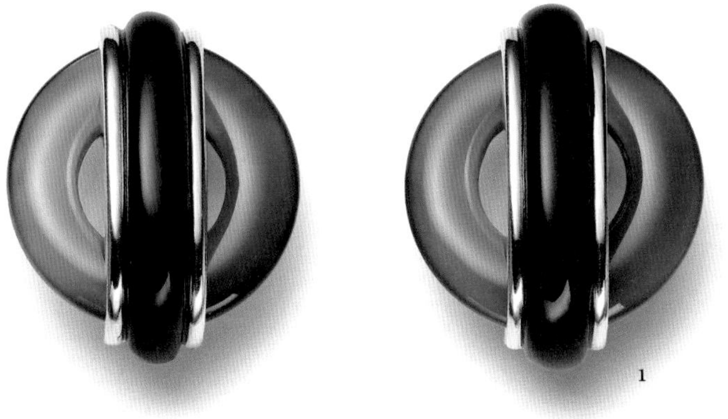

1 원을 모티프로 한 치풀로의 〈버튼형 이어 클립〉, 옐로 골드, 크리소프레이즈, 오닉스, 1973년. Marian Gérard, Cartier Collection ©Cartier

2 연인의 매듭에서 영감을 받은 치풀로의 〈팔찌〉, 18K 옐로 골드, 카닐리언, 1972년. Marian Gérard, Cartier Collection ©Cartier

트 명작'들로 거듭난 것이다.

Love for LOVE 팔찌

알도 치풀로는 1974년까지 까르띠에에서 계속 주얼리를 만들었고, 독립한 후에는 코스튬 주얼리와 가구 디자인까지 다양한 분야에서 활약했다. 특히 모든 것을 포용하는 '영원'의 상징인 동그라미에 집중했고, 하드스톤을 사용한 그래픽적인 주얼리, '심장의 손', 로버트 인디애나의 조각 작품 〈LOVE〉에서 영감을 받은 LOVE 브로치, 백개먼backgammon(보드 게임) 모티프 펜던트, 사랑이 '기회의 게임'임을 상징하는 카드 모티프(♡◇♤♧), 미국산 자동차의 해부학적 구조에서 영감을 받은 실버 컬렉션 등으로 이어졌다.

알도 치풀로가 디자인한 백개먼 펜던트의 광고 이미지, 1973년. ©Cartier

물론 네일 컬렉션 이후에도 볼트 및 스크루 모티프를 사용한 '우정의 팔찌Friendship bracelet', 브로치, 반지 등으로 하드웨어(철물) 룩을 발전시켰다. 그는 주로 다이아몬드가 세팅될 자리에 철물 모티프를 심었으니 한낱 연장통에 처박혀 있을 법한 도구들이 그렇게 고급스럽고 매일 착용할 수 있는 주얼리로 새 생명을 얻

1

2

1 알파벳 O를 나사 모티프로 표현한 〈러브 브로치〉, 1973년. ©Steven DeVilbiss/Assouline
그는 나사 자리에 산호를 세팅하기도 했다.

2 뉴욕 6번가와 55번가 코너에 설치된 로버트 인디애나의 〈LOVE〉.

었다. 철물은 알도의 시그니처 디자인이자 미국에 대한 열렬한 사랑, 그리고 미국을 모던하게 만들어준 테크놀로지에 대한 경의의 표시였다고 할 수 있다.

오늘날도 전 세계인들은 50년이 훌쩍 넘은 이 팔찌를 즐겨 착용한다. 유명 배우들이나 거리에서 만난 멋쟁이들이 이 팔찌를 착용하고 있는 것을 볼 때마다 혁신적이고 자유로웠던 당시의 감성에 현대인들이 여전히 공감하고 있다는 것을 느낀다. 탄생 스토리를 알건 모르건 디자인에 깃든 그 시대의 숨결에 본능적으로 이끌린 것일까? 사회, 문화, 예술, 정치, 경제 모든 것이 급변하던 당시 뉴욕의 한복판에 알도 치풀로가 있었고, 그는 주얼리의 모던한 세계를 열어준 현대판 르네상스맨이었다.

세계적인 아시아의 주얼러, 월리스 챈과 신디 차오

1990년대에 들어 아시아에서도 남다른 실력과 행보를 자랑하는 주얼리 디자이너들이 수면 위로 올라오기 시작했다. 하지만 세계 무대에서 인정받기까지는 십수 년이 더 걸렸다. 지금 소개할 두 명의 디자이너는 독창적인 예술성, 한계 없는 상상력, 그리고 창의성 측면에서 아시아를 넘어 세계 최고의 수준을 자랑하는 21세기 주얼리 대가들이다.

월리스 챈Wallace Chan

월리스 챈은 크리스티의 프랑수아 퀴리엘 회장이 꼽은 세 명의 동시대 주얼리 디자이너 중 한 명이다. 홍콩 출신으로 동양의 조각과 서양의 보석 예술에 지대한 관심을 보이며 20년간 미술 조각가로 활동했다. 그러다가 유럽을 여행하는 중에 카메오와 인탈리오 카빙 기술을 배운 것이 '월리스 컷'의 발명을 이끌었다. 월리스 컷은 보석의 패싯팅faceting처럼 빛을 반사하는 기술을 사용한 하나의 조각된 형상이다. 이는 유색 보석의 가능성을 탐색하는 과감한 모험의 시발점이자 월리스의 이력에 새로운 장을 열어주는 계기가 되었다.

2001년부터 월리스는 새로운 보석 연마 기술을 바탕으로 조명, 색상, 금속공학과 인체공학까지 고려한 주얼리로 평소의 선禪 지향적 사고를 가시화하기 시작했다. 2007년 바젤월드에서는 티타늄을 사용한 획기적인 컬렉션을 선보이며 서양 세계에도 이름을 떨치게 된다.

지난 35년간 월리스 챈은 자신만의 인탈리오 조각 기법을 활용한 월리스 컷의 개발과 초경량 티타늄 소재, 침수정을 사용한 시크릿 에비스Secret Abyss, 깨지지 않는 특수 포슬린 개발 등 다방면에서 혁신을 거듭하며 세상을 놀라게 했다.

월리스 챈에게는 '카빙의 천재', '현대의 르네상스맨', '아시아 최초'라는 수식어가 늘 따라다닌다. 주얼리의 한계를 확장한 그의 독창적인 주얼리 세계는 다수의 아시아 주얼리 디자이너들에게 큰 자극을 주고 있다.

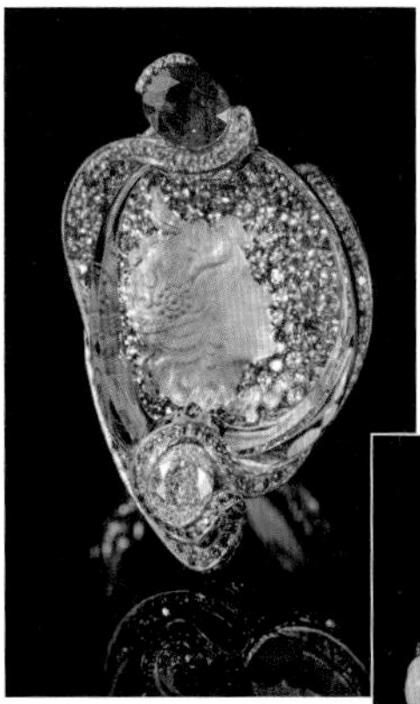

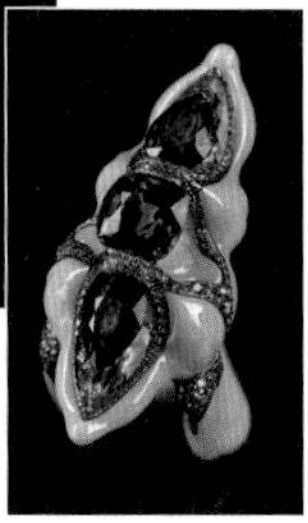

월리스 챈, <The Moments> 반지.(왼쪽) ⓒWallace Chan

월리스 챈, <A New Generation> 반지, 2019년.(오른쪽) ⓒWallace Chan

신디 차오Cindy Chao

아주 오래전부터 주얼러들은 나비를 모티프로 수많은 작품을 선보였다. 온갖 화려한 보석으로 치장할 수 있는 하늘거리는 날개는 무한한 상상력을 자극하는 영감의 원천이었다. 그러나 대만 출신의 신디 차오가 제작한 브로치는 그저 또 하나의 나비가 아닌 독창적인 디자인과 독보적인 색채 감각으로 주얼리 업계에 돌풍을 일으켰다.

특히 그녀의 '블랙 라벨 마스터피스' 컬렉션은 희소성이 높은 보석으로 만든 명작으로 베이징 진르今日 미술관, 도쿄 모리森 미술관, 마스터피스 런던Masterpiece London, 테파프 마스트리히TEFAF Maastricht 같은 유명 미술관과 아트 박람회에서 두각을 나타내고 있다.

그녀의 주얼리는 작품으로 선보이기까지 평균 2년이 소요되며 일 년에 10여 점만 한정 제작한다. 그야말로 기술, 노동, 땀의 집약체라 할 만하다. 대중에게는 2016년 파리 앤티크 비엔날레Paris Biennale des Antiquaires에서 처음 공개되었다. 당시 76.91캐럿 앤티크 올드 마인 컷 다이아몬드와 미얀마산 루비로 제작한 '보타이Bowtie' 브로치와 티타늄에 다이아몬드를 촘촘하게 세팅한 '윈터 리브스Winter Leaves' 목걸이는 그녀의 명성을 최고조로 높였다. 다양한 형태와 색상의 귀보석을 정교한 패턴과 섬광으로 배치해 살랑거리는 움직임을 표현하는 신디 차오만의 기법은 지금까지도 타의 추종을 불허한다.

그녀의 대표작인 '애뉴얼 버터플라이 컬렉션' 중 2009년에 제작한 '로열 버터플라이 브로치'는 미국 스미스소니언 박물관에, 2008년에 제작한 '루비 버터플라이 브로치'는 파리 장식미술관에 영구 소장되었으며, 2021년 5월에는 2018년 작품인 '피오니 브로치'가 런던의 빅토리아 앤드 앨버트 박물관에 영구 소장되어 3대 주요 박물관에 입성하는 쾌거를 이루었다.

신디 차오, <로열 버터플라이 브로치(2009년 블랙 라벨 마스터피스)>, 2009년. ©Cindy Chao

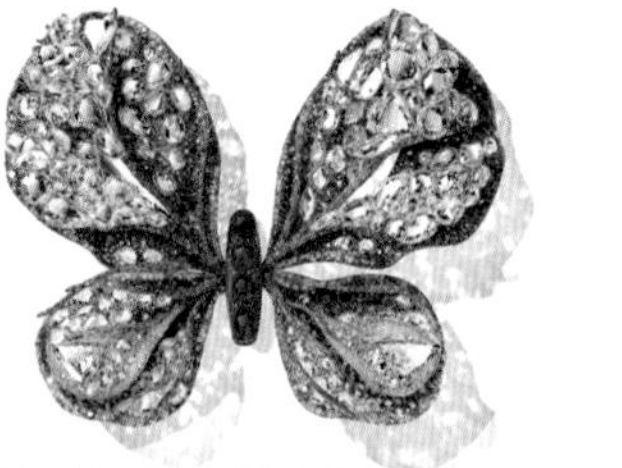

신디 차오, <오로라 버터플라이 브로치(2019년 블랙 라벨 마스터피스)>, 2019년. ©Cindy Chao

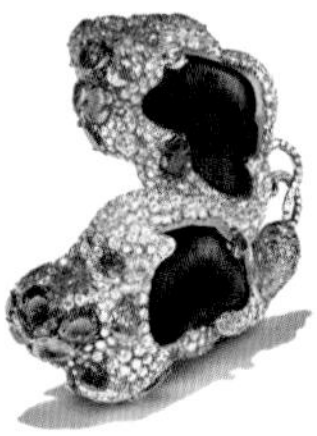

신디 차오, <루비 버터플라이 브로치>, 2008년. ©Cindy Chao

17

21세기 현재,
주얼리의
지속 가능성을 꿈꾸며

블러드 다이아몬드에 맞서고
합성 다이아몬드에 대처하라!

"뮤즈Muse와 젬필즈Gemfields의 흥미진진한 컬래버레이션에 당신을 초대합니다."

2016년 5월, 일주일간의 미국 출장을 앞두고 구체적인 계획을 짜고 있는데 홀리 다이먼트Holly Dyment의 반가운 이메일이 도착했다. 홀리는 2020년에 고인이 된 캐나다의 주얼리 디자이너다. 그녀가 소속된 뮤즈는 뉴욕을 기반으로 하는 유명한 주얼리 에이전시인데 대형 연예기획사의 주얼리 버전이라고 생각하면 된다. 디자이너 주얼리 브랜드들의 영업을 관리하는 것이 뮤즈의 주요한 업무다.

그나저나 주얼리 에이전시와 광산회사의 컬래버레이션이라니 주얼리인이라면 누구라도 호기심을 가질 만한 특별한 조합이 아닌가? 게다가 그 광산회사는 무려 모잠비크 루비와 잠비아 에메랄드를 생산하는 영국의 젬필즈이고! 세계에서 가장 큰 유색석 생산 회사로 입지를 다진 젬필즈는 오늘날 채굴부터 유통까지 투명성과 전문성의 새로운 수준을 보여주는 선구자로 인정받고 있다.

한 달 후 라스베이거스의 쇼장에 도착한 나는 한걸음에 뮤즈의 부스로 달려갔다. 뮤즈 소속의 디자이너들은 뉴욕의 버그도프 굿맨 백화점과 니만 마커스, 삭스 피프스 애비뉴 등 미국 각 도시의 유명 백화점에서 만날 수 있는 컨템퍼러리 브랜드의 대표들이다. 평범함을 거부하는 이 개성파 디자이너들의 야무진 손끝에서 모잠비크 루비와 잠비아 에메랄드는 한층 현대적이고 세련된 모습으로 태어났다. 아찔하도록 새빨간 루비와 파릇파릇 싱그러운 에메랄드에 젊음의 에너지와 미묘한 깊이가 더해진 듯했다.

컬래버레이션에 참여한 디자이너들은 너 나 할 것 없이 지속 가능성을 내세우는 광산회사의 스톤을 사용할 수 있어서 기쁘고 자랑스럽다고 한목소리를 냈다. 홀리 역시 해맑은 얼굴로 젬필즈의 투명한 채굴 과정과 친환경적인 생산 방식에 대해 입이 마르도록 칭찬을 쏟아냈다. 그녀가 아이같이 행복해하는 표정이 지금도 내 머릿속에는 사진처럼 선명히 남아 있다. 이들의 진

젬필즈와 뮤즈의 컬래버레이션 컬렉션.

정성 있는 목소리에 귀를 기울이다 보니 어느 순간 나 또한 스스로를 되돌아 보고 있었다.

'과연 나는 주얼리를 구입할 때 보석과 금속의 채굴 환경이나 유통 과정에 대해 관심을 가진 적이 있던가?'

아무리 기억을 더듬어봐도 단 한 번도 심각하게 고려한 적이 없었다. 주얼리만큼은 글과 말로만 지속 가능성을 외쳐온 셈이다.

그러고 보니 2011년 첫 책 출간을 앞두고 뉴욕의 주얼리 디자이너들을 인터뷰했을 때 받았던 인상과도 일맥상통하는 부분이 있었다. 당시 생각보다 많은 브랜드에서 재활용 금속과 윤리적으로 채굴된 보석만 사용한다는 원칙을 힘주어 강조했다. 캐나다산 다이아몬드만 선별한다는 디자이너도 있었고, 어떤 디자이너는 버마에서 나온 모든 유색 보석을 거부한다고 했다. 심지어 앤티크 다이아몬드만 수급해서 재사용하는 디자이너도 있었다. 사실 나는 영화 〈블러드 다이아몬드〉를 감명 깊게 보았음에도 그들의 정책이나 마케팅 포인트가 그다지 피부에 와닿지 않았다. 가격이나 디자인이 아닌 이런 부수적인 요소들에 신경 쓰는 소비자가 얼마나 될까? 오히려 그들의 목소리가 허공의 메아리로 묻힐까 봐 걱정될 따름이었다.

그로부터 십 년이 지난 지금, 인류는 코로나19에 따른 급격한 환경 변화로 많은 깨우침과 교훈을 가슴에 담게 되었다. 관광객의 발길이 끊긴 국립공원의 생태계가 살아났고, 멸종 위기 동물들이 부화하고 먹이활동에 나섰다. 인간이 환경오염과 서식지 훼손의 원인 제공자이면서 동시에 피해자라는 사실을 전 세계가 깨닫게 된 셈이다.

팬데믹을 기점으로 환경 문제와 밀접한 관련이 있는 보석과 주얼리 산업 또한 어떤 변화를 겪으며 발전할지 몹시 궁금하다. 물론 작고 반짝이는 주얼리로 특별한 날을 기념하고 추억하고자 하는 인간의 욕구는 변하지 않을 것이고, 수많은 '행복한 순간'마다 주얼리는 제 역할을 다할 것이다. 하지만 그 시작점에서부터 우리에게 도달하기까지의 여정을 고민해야 할 시대가 도래한 것은 분명하다. 나의 사소한 행위 하나로 반짝이던 세상이 자칫 '깨진 유리창'이 될지도 모르므로.

제국주의가 뿌린 비극의 씨앗, 블러드 다이아몬드

2006년 영화 〈블러드 다이아몬드〉●가 개봉되기 전만 해도 사랑하는 연인에게 기쁨을 안겨주는 다이아몬드에 피와 눈물이 서려 있을 수도 있다는 사실을 모르는 사람이 많았다. 영화는 아프리카에서 자행되는 서구의 자원 약탈, 내전, 인종 갈등을 사실적으로 그렸는데, 특히 다이아몬드에 대한 탐욕이 시에라리온에 전쟁, 난민, 정치적 갈등과 같이 큰 비극을 가져왔음을 고발했다. 실제로 살인, 강간 등 반인륜적인 범죄가 횡행하는 시에라리온과 그 옆 나라인 라이베리아에서 채굴된 수많은 다이아몬드가 지구 반대편에서는 남녀의 사랑을 이어주었다고 해도 과언이 아니다.

영화 〈블러드 다이아몬드〉의 배경인 시에라리온과 라이베리아가 위치한 서아프리카 지역은 전 세계 다이아몬드의 20퍼센트가 생산될 정도로 광물 자원이 풍부한 곳이다. 하지만 현실은 세계에서 가장 평균 수명이 짧은(34.2세) 빈곤 국가다. 블러드 다이아몬드의 전말을 살펴보기 위해서는 유럽 열강들이 아프리카 영토를 수탈해 케이크 자르듯 멋대로 나누어 가진 과정부터 짚고 넘어가야 한다. 언어, 문화, 종교가 서로 다른 부족 단위로 살아가던 사람들을 '땅 따먹기' 식으로 확정한 국가라는 틀에 강제로 묶어놓았으니 분쟁이 생기지 않는 것이 오히려 이상할 노릇이었다. 아직도 아프리카 곳곳은 제국주의가 할퀴고 간 수많은 상처로부터 회복되지 못했다.

● 블러드 다이아몬드blood diamond는 다이아몬드의 주산지인 아프리카의 전쟁 지역에서 무장 세력이 현지인들을 착취해 생산한 다이아몬드로 그 수입금이 전쟁 비용으로 충당되는 것을 지칭한다.

19세기 후반, 아프리카에 막대한 지하자원과 시장 잠재력이 있다는 것을 알게 된 서구 열강들은 앞다퉈 이곳으로 진출했다. 이때 제국주의자들은 미개한 아프리카 원주민들에게 유럽 문명을 전파한다는 그럴싸한 명분을 내세웠다. 야욕과 탐욕은 꽁꽁 숨긴 채 경제력과 힘의 논리를 앞세워 수많은 자원과 이윤을 챙겼다. 당시 독일과 이탈리아의 통일로 고조된 민족주의는 "다른 민족은 침략해도 된다"는 배타적인 민족의식으로 변질되어 침략 정책에 기름을 퍼부었다. 점차 군비 경쟁으로 치달은 열강들의 과잉 경쟁은 곳곳에서 충돌로 이어져 결국 세계대전으로 폭발한다.

제국주의의 선봉이자 가장 탐욕스러운 정복자는 산업혁명을 일으킨 영국이었다. 그들은 과열된 자본주의로 인한 과잉 생산 문제를 해소하고 남아도는 잉여 자본을 투자하기 위해 식민지 개척에 적극적으로 뛰어들었다. 이들은 아프리카의 남쪽 케이프타운을 식민지 거점으로 삼고 북쪽의 카이로와 남북으로 잇는 종단 정책을 추진했다. 당시 케이프타운의 총독이자 드비어스의 창업주인 세실 로즈가 카이로와 케이프타운을 잇는 전선을 들고 있는 오른쪽의 그림이 모든 상황을 요약해준다.

게다가 "실효성 있는 지배를 먼저 확보한 나라에게 아프리카 지배권을 인정한다"는 1884년 베를린 회의의 결정으로 서구 열강의 아프리카 분할이 공식화되면서 유럽인들의 식민지 획득 전쟁은 더욱 치열해졌다. 영국의 뒤를 이은 프랑스는 이미 아프리카 대륙의 3분의 1을 차지했다. 통일 후 뒤늦게 합류한 독일은 탄자니아, 나미비아, 토고, 카메룬을 식민지화했고, 이탈리아는 소말리아와 리비아를 점령했다. 포르투갈은 앙골라, 모잠비크를 집어삼켰고, 벨기에는 콩고를 손아귀에 넣었다. 그렇게 아프리카는 라이베리아와 에티오피아를 제외하고 모두 유럽인들의 차지가 된다.

다시 영화 〈블러드 다이아몬드〉로 돌아오면, 시에라리온과 그 옆에서 국경을 맞대고 있는 라이베리아는 각각 영국과 미국의 해방 노예들이 귀향해서 건설한 나라이다. 사실 이들을 귀향시킨 내막을 들여다보면, 노예 제도 폐

에드워드 린리 샘본, 〈거대한 세실 로즈〉, 1892년 잡지『펀치』에 게재.
영국의 아프리카 종단 정책을 풍자했다.

지 후 원래 노예들이 살던 곳으로 돌려보내 식민지 경영에 이용하고 흑인과 백인을 분리시키려는 의도가 있었다. 그런데 영국과 미국에서 건너온 기득권자 흑인들은 스스로가 통치자가 되어 그 땅에 살고 있던 토착 원주민들을 노예처럼 부리기 시작한다. "시집살이 당한 시어머니가 며느리 시집살이 더 시킨다"는 옛말처럼 본인이 당한 고통과 설움을 고스란히 되갚아주겠다는 심리가 작용한 것일까? 이때 싹튼 마찰은 훗날 내전으로 이어지고 만다.

라이베리아는 1864년 미국으로부터 독립했지만, 시에라리온은 153년 동안 영국의 식민지로 지내며 아프리카 약탈 무역의 중심 기지로 활용되었다. 게다가 1930년 다이아몬드가 발견되면서 자원의 축복을 누려야 할 그 땅에 '자원의 저주'가 내린다. 국민들이 농업을 포기하고 다이아몬드 채굴에 뛰어들면서 농업 경제가 무너지고 비옥한 땅을 가졌음에도 식량 부족 국가로 전락해버린 것이다. 1961년 마침내 영국의 식민지 수탈에서 벗어나 독립 국가를 이루었지만 잇단 내전과 기아, 질병과 함께 '죽음의 땅'이 되고 만다.

영화의 배경이 된 시에라리온 내전(1991~2002년)은 찰스 테일러(1997년에 라이베리아의 대통령이 된다)가 이끄는 '라이베리아 애국전선(NPFL)'의 지원을 등에 업은 포데이 산코Foday Sankoh의 혁명연합전선(RUF)에서 비롯됐다. RUF는 시에라리온 동쪽의 다이아몬드 광산을 점령한 후 찰스 테일러와 다이아몬드를 불법적으로 거래해 무기를 사들였다. 이때 민간인 수천 명의 양팔과 귀, 입술을 절단하는 잔혹한 테러를 저지르며 서부 아프리카를 피로 물들인다. RUF는 강제로 소년병들과 용병들을 마약과 술에 취하게 만든 후 학살을 저지르게 했다.

이외에도 1980년대부터 2003년까지 서아프리카와 중앙아프리카에서 발발한 일련의 내전들은 다이아몬드 불법 거래로 인한 자금 조달 때문에 촉발되었다. 앙골라, 콩고, 짐바브웨 등도 내전 기간 동안 다이아몬드 밀거래로 전쟁 자금을 충당했고, 다이아몬드 채굴을 위한 강제 노역과 아동 노동을 포함해서 인권 유린, 환경 파괴와 관련한 숱한 문제를 일으켰다. 그들이 아이들까지 무자비하게 동원해서 갈취한 막대한 이익은 '악마의 축복'이 되어 끊임없는 내전과 부정부패라는 악순환으로 이어졌다. 그곳에서 다이아몬드는 여자의 가장 친한 친구가 아니라 '반란군의 영원한 친구'였다. "신은 아프리카를 버렸다"라는 〈블러드 다이아몬드〉 속 대사가 절절하게 느껴지는 대목이다.

블러드 다이아몬드가 심각한 문제로 국제 사회에 떠오르자 다이아몬드 업계는 채굴과 관련한 투명성을 보장하기 위해 다각도의 노력을 기울이기 시작했다. 국제 사회의 비난 여론이 거세지면서 다국적 다이아몬드 업체를 중심으로 블러드 다이아몬드의 생산과 유통을 막기 위한 '킴벌리 프로세스KPCS: Kimberley Process Certification Scheme'●를 출범시켰다. 하지만 적용 범위가 군사적 분쟁으로 제한되어 있고, 아프리카의 원석 유통 단계만 추적할 뿐 유럽 다이아몬드 딜러들의 이권이 걸려 있는 유통 과정은 건드리지 않는다는 한계는 여전히 풀어야 할 숙제로 남아 있다.

합성 다이아몬드의 공격적인 행보

2018년 드비어스가 합성 다이아몬드◆를 주축으로 한 주얼리 브랜드 라이트박스Lightbox를 출시했을 때 주얼리 업계는 적잖은 충격에 휩싸였다. '캐럿당 8백 달러'라는 파격적인 고정 가격도 놀라웠지만, 천연으로는 구경하기도 힘든 핑크 다이아몬드와 블루 다이아몬드까지 출시하다니! 물론 드비어스는

● 2000년 5월 남아프리카의 킴벌리에서 다이아몬드 거래의 투명성을 확보하는 방안이 협의되었고, 2002년에 킴벌리 프로세스가 구축되었다. 킴벌리는 세실 로즈가 드비어스라는 회사를 세운 다이아몬드 카르텔을 상징하는 도시인데, 그 카르텔로 인한 문제를 해결하기 위해 만들어진 조약의 이름이 킴벌리가 된 것이 아이러니하다.

◆ KDC의 다이아몬드 표준 가이드에 의하면 국내에서 합성 다이아몬드의 영문 표기는 Synthetic Diamond/Laboratory-Grown Diamond/Laboratory-Created Diamond/Lab-Grown Diamond/Lab-Created Diamond의 다섯 가지로만 가능하며, 영문 표기 시 한글 표기를 같이 써야 한다.

예물 시장을 잠식하는 자충수를 두지 않기 위해 빠져나갈 구멍을 이미 마련해놓은 듯했다. 업계 최저 가격에, 나석만 따로 판매하지 않고, 등급도 매기지 않으며, 온라인으로만 판매하는 방침이 그것이다. 게다가 다른 합성 다이아몬드 업체들처럼 친환경과 윤리성을 앞세운 박애주의적인 스토리텔링에 '올인'하지도 않았다. 홈페이지에 게재된 비교 대상도 합성 모이사나이트Synthetic Moissanite와 큐빅 지르코니아 같은 다이아몬드 모조석들이다. 결국 천연 다이아몬드와는 차별을 두겠다는 속내였다. 이를 두고 "시대에 뒤떨어지지 않으려는 노력"이라고 보는 시각과 "합성 다이아몬드의 가치를 떨어뜨리는 발 빠른 행보"라고 조롱하는 시각이 팽팽하게 맞섰다. 지금까지는 그들의 계획대로 '미닝아웃meaning out'● 소비로 강력한 영향력을 발휘하고 있는 MZ세대를 타깃으로 중저가의 패션 지향적인 시장과 선물 시장을 공략하는 분위기다.

2019년 칸 국제영화제에서는 페넬로페 크루즈가 샤넬의 오트쿠튀르 드레스에 3캐럿짜리 합성 다이아몬드가 세팅된 귀걸이를 착용하고 등장해 세간의 이목을 끌었다. 그녀와 아틀리에 스와로브스키Atelier Swarovski가 협업한 제품이었다. 같은 해 디자이너 주얼리계의 대부 격인 영국의 스티븐 웹스터Stephen Webster도 아틀리에 스와로브스키와 협업한 합성 다이아몬드 반지를 발표했다.

영국의 해리 왕자와 결혼한 매건 마클 왕자비가 합성 다이아몬드 브랜드인 키마이Kimaï의 귀걸이를 착용해 품절 대란을 일으킨 것도 바로 2019년이었다. 뿐만 아니라 그녀가 윤리적으로 채굴된 캐나다산 다이아몬드와 공정 채굴 골드로 제작된 에크샌드Ecksand의 핑크 사파이어 반지를 착용한 모습은 최근까지 수차례 언론에 실렸다. 아직까지는 다이아몬드 시장에서 5퍼센트 미만의 점유율을 보이고 있지만, 각종 협업과 유명인을 내세운 전방위적인 활동

● 특별한 메시지나 사회적 가치를 담은 제품을 구매함으로써 본인의 신념을 표출하는 것을 말한다.

으로 볼 때 합성 다이아몬드의 성장 가능성은 매우 높다고 할 수 있다.

1954년 합성 다이아몬드가 제너럴 일렉트릭에 의해 처음 개발되었을 때만 해도 천연 다이아몬드에 종말이 닥쳤다고 생각하는 사람들이 꽤 많았다. 하지만 지난 70여 년간 천연 다이아몬드와 합성 다이아몬드는 '무사히' 공존해왔다. 다만 기술이 발전하면서 더 크고 좋은 품질의 합성 다이아몬드를 대규모로 생산하게 되었고, 합성 다이아몬드가 천연석을 완전히 대체한다기보다 하나의 새로운 주얼리 카테고리로서 형성되는 분위기다. 가볍게 착용할 주얼리에는 합성 다이아몬드, 결혼식 같은 일생일대의 기념일에는 천연 다이아몬드 식으로 말이다. 특히 다이아몬드 주얼리를 전혀 고려하지 않던 소비자층과 윤리적 소비를 신념으로 표현하는 MZ 세대의 구매욕을 자극하는 엄청난 광고 마케팅 전략으로 점차 시장을 넓혀가고 있다.

천연 다이아몬드는 보석의 제왕답게 자연계에서 가장 특별한 생성 스토리를 갖고 있는 광물이다. 수십억 년 전, 지구 표면으로부터 150~200킬로미터 아래의 맨틀에서 극도로 높은 압력이 가해질 때 만들어진 다이아몬드는 화산 폭발과 함께 지표로 올라오는 우연의 산물이자 기적의 산물이다(다이아몬드는 유색 보석과 달리 지각층에서는 거의 만들어지지 않는다). 심지어 가장 젊은 다이아몬드도 공룡 멸종 이전에 생성 과정을 끝마쳤다. 이런 극한의 환경 속에서 찬란한 빛을 내뿜는 결정체가 탄생했다는 원리로 보자면 그 존재감을 대체할 수 있는 물질은 지구상에 없다. 인류가 존재하기도 전에 태초의 물, 즉 만년설로 만든 빙하가 천연 다이아몬드라면, 공장에서 2주 만에 대량으로 생산되는 합성 다이아몬드는 냉동실의 얼음이라고 할까?

물론 합성 다이아몬드의 화학적 구성 성분, 결정 구조, 광학적 및 물리적 특성은 천연 다이아몬드와 동일하다. 실리콘밸리부터 중국, 싱가포르, 러시아까지 세계 곳곳에 포진해 있는 합성 다이아몬드 생산 회사에서 '합성'이라는 단어보다 '과학이 낳은 진품'이라는 콘셉트를 선호하는 이유다. 그들은 보석학적으로나 미학적으로나 같은 물질이고, 오로지 감정원의 정밀 검사 장비로만 구별할 수 있다•며 "미심쩍은 혈통"이라는 세간의 야박한 평가에 억울함을 호소한다.

하지만 전 세계는 드비어스의 "다이아몬드는 영원히" 광고 캠페인 이후 천연 다이아몬드의 독보적인 매력에 흠뻑 빠져 있다. 메릴린 먼로가 "여자들의 가장 친한 친구"라고 사랑스러운 몸짓으로 노래하던 다이아몬드가 실험실이나 공장에서 구워졌다고 가정해보자. 온몸으로 발산하는 빛에서 여전히 경이로움이나 신비로움이 느껴지는가? 아니, MZ세대에게는 리한나의 히트곡 〈다이아몬드〉가 더 익숙할지 모르겠다. 그녀의 노랫말에 합성 다이아몬드를 대입해보자.

"우리는 마치 하늘에 뜬 (합성) 다이아몬드처럼 아름다워."

과연 우리의 머릿속에 고착된 다이아몬드만의 특별한 아우라가 느껴지는가? 결국 합성 다이아몬드가 소비자들과의 밀고 당기기에서 자신의 진가를 발휘할 수 있는 무기는 가격이다. 스톤마다 브랜드마다 차이는 있지만, 화이트 다이아몬드의 경우 2021년 현재 소매가 기준으로 천연 다이아몬드보다 평균 30퍼센트 정도 저렴하다. 물론 팬시 컬러 다이아몬드에서는 훨씬 큰 차이를 보인다. 천연 팬시 컬러 다이아몬드 중 핑크, 블루, 그린, 오렌지는 화이트 다이아몬드와 비교할 수 없을 정도로 높은 가격이 형성되어 있기 때문이다.

그렇다면 이제 합성 다이아몬드의 재산적 가치에 대한 문제가 제기될 차례다. 과연 합성 다이아몬드는 투자 가치가 있을까? 역사를 돌이켜보면 답은 'No'에 가깝다. 모조 다이아몬드의 대명사인 큐빅 지르코니아도 초창기에는 캐럿당 8백 달러에 팔린 적이 있다. 기술의 발전으로 합성 다이아몬드의 생산은 계속 증가할 것이고, 공급이 증가하면 가격은 하락할 수밖에 없다.

이에 대해 진주 시장의 사례를 빗대어 반박하는 입장도 있다. 지난 백여

• 단 합성 핑크 다이아몬드와 블루 다이아몬드는 색조와 채도에서 천연 다이아몬드와 미세한 차이를 보이기도 한다.

년간 양식 진주가 시장을 지배하며 꾸준한 가격대를 유지하고 있기 때문이다. 현재 합성 다이아몬드 역시 대규모 자금이 투입되고 있는데다 수요 상승에 힘입어 안정적인 가격을 유지할 것이라는 시나리오다. 하지만 천연 진주는 다이아몬드와 달리 오래전에 고갈되었기 때문에 동일 선상에서 비교하는 것은 무리가 있어 보인다. 어쩌면 초저가의 틈새시장을 차지하고 있는 합성 유색 보석의 길이 더 맞을지도 모른다.

그나마 확실하게 말할 수 있는 것은 합성 다이아몬드 시장의 미래 성장성과 더불어 작고 품질이 낮은 천연 다이아몬드는 합성 다이아몬드와의 경쟁에서 가장 취약하리라는 사실이다. 매장량이 제한된 천연 다이아몬드의 공급이 감소함에 따라 합성 다이아몬드는 결국 그 빈 곳을 파고들 것이고 이때 차별화된 상품일수록 유리한 입지를 선점하게 될 것이다. 결국 다이아몬드 주얼리 시장은 여러 단계로 계층화될 수밖에 없다. 팬시 컬러 다이아몬드를 선두로 최상급의 천연 다이아몬드가 피라미드의 꼭대기를 차지하고, 밑바닥에는 합성 다이아몬드와 경쟁하는 저품질의 천연 다이아몬드가 자리할 것이다. 이미 시장에서는 저가 주얼리에 사용되는 다이아몬드가 천연석에서 합성석으로 대체되고 있다. 물론 '조금 더 착한 가격'과 '대자연이라는 출처' 사이의 선택은 전적으로 개인의 기호에 달려 있다.

이렇게 합성 다이아몬드가 공격적으로 시장에서 자리를 잡아감에 따라 판매 단계에서는 소비자의 신뢰가 핵심 열쇠로 강조되고 있다. 천연 다이아몬드에 합성 다이아몬드를 섞거나 합성이라고 고지하지 않고 유통하는 등 부당한 방법으로 이익을 취하는 업체들이 질서를 흐리고 있기 때문이다. 특히 감별 의뢰가 번거로운 0.15캐럿 미만의 멜리melee 사이즈에서 심각한 문제로 대두되고 있다. 수백 개의 천연 다이아몬드에 단 한 개의 합성 다이아몬드가 섞여 있다고 해도 그간 견고하게 쌓아 올린 신뢰가 무너지고 나아가 업계 전체의 공멸로 이어질 수 있다. 판매자는 감정서나 품질보증서로써 천연인지 합성인지의 여부를 명확히 밝혀야 하고, 업계 내에서도 공식적인 채널을 통한 적

극적인 견제와 조치, 그리고 공신력 있는 감정원의 파수꾼 역할만이 시장을 보호하는 지름길이 될 수 있다.●

홍보의 핵심이 된 지속 가능성

한동안 다이아몬드 채굴 하면 식민지의 착취, 전쟁 무기, 환경 파괴 같은 부정적인 이미지가 강했지만 21세기에 들어서 이를 바꿔보려는 국제 사회의 움직임이 점차 확산되고 있다.

"내가 팔고 있는 주얼리로 인해 누군가는 손목이 잘리는 대가를 치러야 한다면?"

"우리의 꿈과 희망이 누구에게는 악몽이 될 수 있지 않을까?"

너 나 할 것 없이 공통적으로 지속 가능성과 책임 있는 채굴을 생존의 화두로 내세운다는 것은 우리의 소중한 지구와 인류를 지키고 관리하려는 의지의 표명이다. 과거에는 가격 대비 좋은 소재로 만든 아름다운 주얼리가 의사 결정의 기준이었다면, 이제는 품질과 더불어 제조 과정이 얼마나 친환경적인지, 원석의 공급망 관련 정보는 명백하게 공개되었는지의 여부를 꼼꼼하게 따지고 구매하는 시대가 되었다. 유기농 마트에 진열된 토마토가 어떤 과정을 거쳐 생산되었는지를 알고 먹듯이 내 몸에 착용하는 주얼리에 혹시 '피 묻은 다이아몬드'가 세팅된 것은 아닌지를 알기 위해 '2T', 즉 채굴, 가공 및 유통 과정을 투명하게transparency 파악할 수 있는 추적 가능성traceability을 중요하게 여기고 있다.

● 2007년부터 합성 다이아몬드 리포트를 발급해온 미국의 GIA는 2020년에 컬러와 클래리티 등급을 적용한 새로운 디지털 리포트 'LGDR(Lab Grown Diamond Reports) by GIA'를 시작했다. GIA는 '감정'이라는 단어가 희소성을 내포하므로 '감정서'라는 용어는 천연 다이아몬드에만 적용하며 합성 다이아몬드에는 사용하지 않겠다는 입장을 밝혔다.

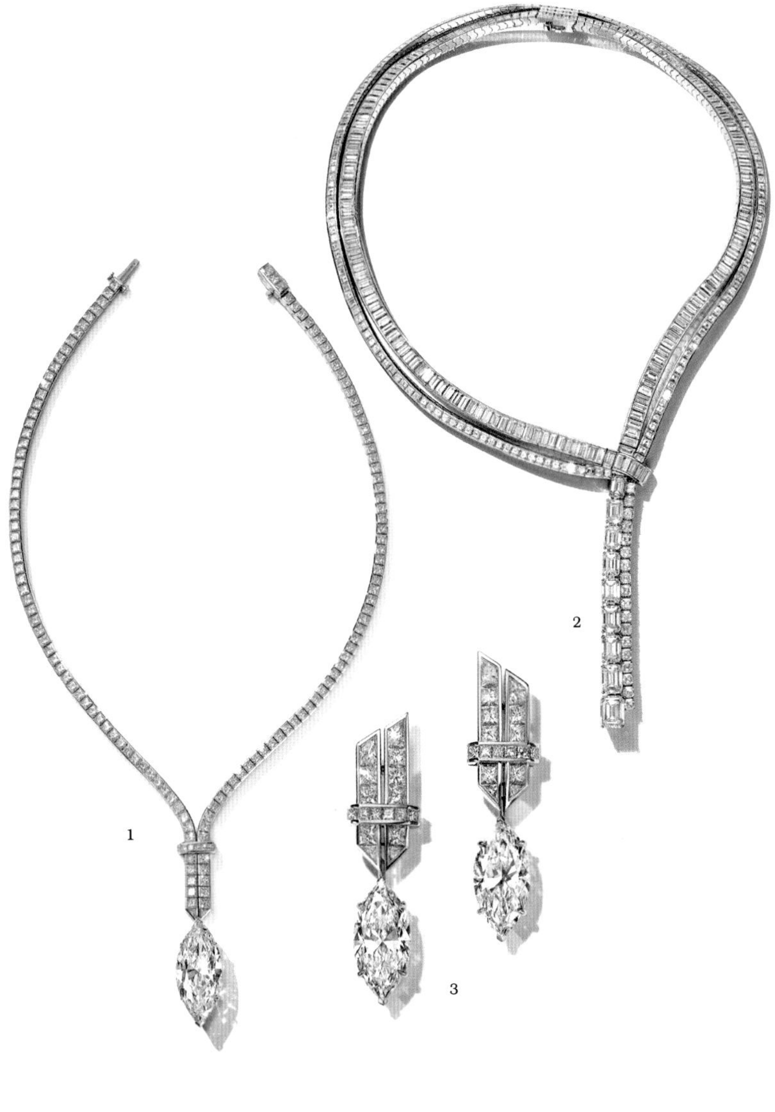

1, 2 티파니의 〈윤리적으로 채굴된 다이아몬드와 플래티넘 목걸이〉, 2021년.
총 58캐럿이 넘는 다이아몬드와 플래티넘으로 구성된 블루북 Colors of Nature 컬렉션. ©Tiffany & Co.

3 티파니의 〈윤리적으로 채굴된 다이아몬드와 플래티넘 귀걸이〉, 2021년.
블루북 Colors of Nature 컬렉션. ©Tiffany & Co.

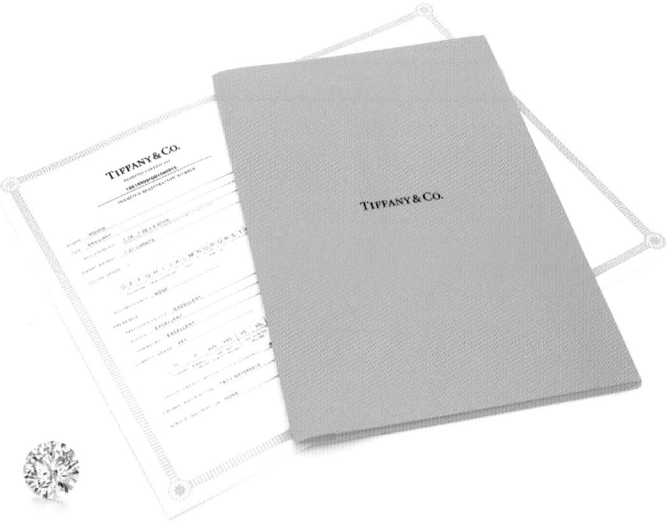

티파니의 다이아몬드 감정서. ⓒTiffany & Co.

대형 주얼리 기업들도 합법적인 출처와 이에 대한 신뢰할 만한 정보를 셀링 포인트로 삼고 환경적, 사회적, 윤리적 규범 확립에 앞장서고 있다. 그중에서도 원산지 지역의 인권과 환경 보호에 긍정적인 영향력을 실천하고 있는 티파니는 다이아몬드를 연마하고 다듬고 가공하는 장소를 추적할 수 있는 확장적인 지속 가능성 프로그램을 실시하고 있다. 이미 2015년에 2050년까지 제로 온실가스 방출 달성 선언에 동참했고, 2020년부터는 다이아몬드 소싱 이니셔티브를 통해 새롭게 채굴 및 개별 등록해 세팅하는 모든 다이아몬드(0.18캐럿 이상)에 대한 원산지나 원산 국가, 제작 지역의 정보까지 제공하고 있다. 사실상 티파니는 2003년부터 미국의 미얀마 경제 제재 조치 법안Burmese Freedom and Democracy Act에 대한 지지로 미얀마산 보석 구매를 중단했고, 다음해 산호초 주얼리 생산을 중단하며 지속 가능성에 대한 소비자 인식을 제고하는 데 앞장서왔다.

드비어스 그룹의 다이아몬드 주얼리 브랜드인 포에버마크Forevermark 역시 지속 가능성 프로그램에 참여하고 있다. 포에버마크는 드비어스의 까다로운 심사 기준을 통과한 단 1퍼센트 미만의 다이아몬드에 새기는 표식을 일컫는다. 9개의 드비어스 광산(7개는 남아프리카에, 2개는 캐나다에 있다)의 다이아몬드를 사용해 광산에서 시장까지 통제하고 있는데 과거에 다이아몬드의 수요와 공급을 조절하던 '통제'와는 180도 다른 개념이다.

미국 샌프란시스코에 본사를 둔 브릴리언트 어스Brilliant Earth는 독특하게도 천연 다이아몬드와 합성 다이아몬드, 재활용 다이아몬드를 함께 취급하고 있다. 특히 자체 개발한 '미분쟁 다이아몬드Beyond Conflict Free Diamonds' 프로그램을 통해 분쟁 지역에서 생산되었거나 출처가 불분명한 다이아몬드, 킴벌리 프로세스 인증 제도가 이행되지 않는 지역에서 생산된 다이아몬드의 구매와 판매를 철저히 금지하며 백퍼센트 재활용 골드를 사용하고 있다.

한편 유색 보석에서 지속 가능성을 개선하기 위해 공급 업체들과 긴밀히 협력하는 브랜드도 있다. RJCResponsible Jewelry Council의 회원인 부쉐론에서 취급하는 콜롬비아의 무조 에메랄드는 SSEF(스위스의 최상위 보석 감정 기관) 감별서와 더불어 원산지, 광산명, 터널명, 채굴 날짜, 원석의 무게를 보장하는 내용이 담긴 원산지와 추적 가능성에 대한 증명서가 함께 제공된다. 부쉐론은 자개 또한 지속 가능성을 추구하는 호주의 회사인 파스팔리Paspaley Pearl Company에서 공급받고 있다. 이들은 손으로 조개를 채취하는 방식으로 제한된 어업을 하고 있으며 수량과 위치 등을 기록한 세부 정보를 함께 제공한다.

이 장의 도입부에서 언급한 젬필즈는 루비와 에메랄드 원석을 채굴한 후 품질별로 분류해서 세척까지 마친 상태로 경매에 부치는데 이때 모든 구매업자에게 증명서를 발급한다. 젬필즈가 개발한 시스템 이전의 유색석 유통은 50~60개의 통로로 시장에 풀렸는데 소비자들은 그 원석이 누가 어디에서 채굴했고 어떻게 유통되었는지 전혀 알지 못했다.

공정 채굴 골드로 지속 가능성을 실천하는 브랜드도 있다. 주얼리에 사용되는 금이 사회·환경적으로 지속 가능한 방식을 통해 채굴됐다는 사실을

1

2

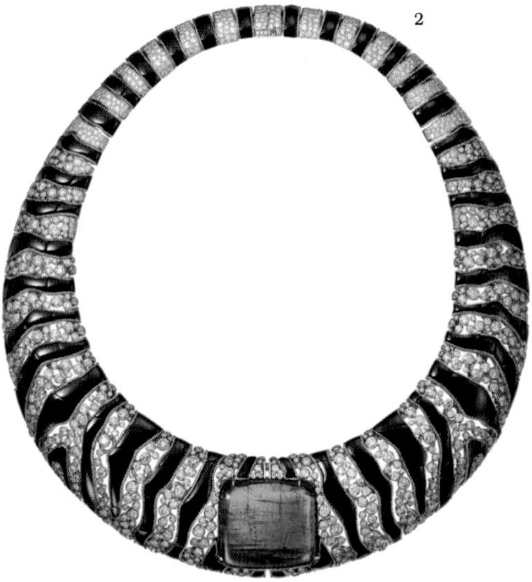

1 젬필즈에서 채굴한 모잠비크 루비가 세팅된 까르띠에의 <매그니튜드 하이 주얼리 목걸이>, 화이트 골드, 모잠비크산 루비, 다이아몬드 1개, 투르말린, 아마조나이트, 오닉스. Vincent Wulveryck ©Cartier

2 젬필즈에서 채굴한 잠비아 에메랄드가 세팅된 <마지씨앙 하이 주얼리 목걸이>, 18K 화이트 골드, 카보숑 컷 에메랄드, 오닉스, 다이아몬드. Vincent De La Faille ©Cartier

스티븐 웹스터의 〈공정 채굴 골드로 제작한 반지〉. ©Stephen Webster

인증하는 것이다. 사실 오랫동안 남미에서 금 밀수는 마약 조직의 주요 자금 세탁 수단이었고, 아프리카의 분쟁 지역에서도 상황은 비슷했다. 게다가 금을 추출하는 과정에서 생물체에 치명적인 수은과 청산가리를 사용하면서 무수한 화학 배설물을 쏟아놓았기 때문에 다이아몬드의 채굴보다 환경 파괴가 훨씬 심각하다(많은 국가에서 독성 물질 사용을 금지하고 있지만 아직도 영세 광산에서는 경비를 줄이기 위해 수은을 사용하고 있어서 토양과 상수도 오염뿐 아니라 광부의 수은 중독도 심각하다).

영국의 스티븐 웹스터는 2011년 공정 채굴 골드 인증을 받은 세계 최초의 브랜드다. 사내에 '그린 팀'을 운영하며 모든 공급업체가 환경 및 윤리 행동 강령을 준수하고 근로자를 존엄하게 대할 것을 약속하는 최고의 기준을 고수하고 있다. 강제 노동, 아동 노동, 비자발적 노동 및 과도한 노동 시간의 방지뿐 아니라 결사의 자유, 단체 교섭, 그리고 의무화된 최저 임금과 이익을 추가로 지원하고 있다.

스위스의 쇼파드Chopard 또한 지속 가능성을 기업의 핵심 가치로 삼고 공

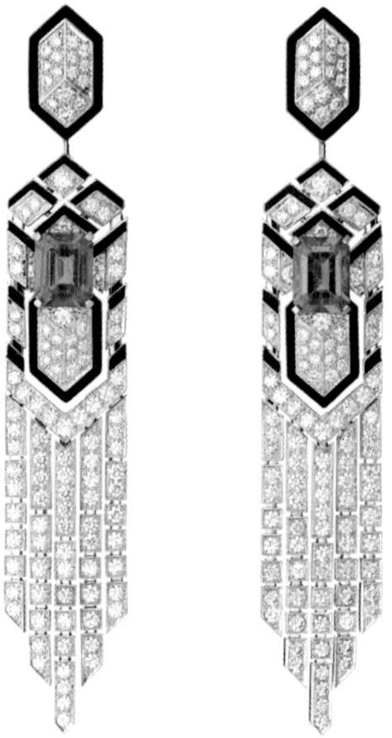

1

2

1 부쉐론의 〈지속 가능한 에메랄드를 사용한 하이 주얼리 귀걸이〉. ©Boucheron

2 부쉐론의 〈지속 가능한 자개를 사용한 쎄뺑 보헴 반지〉. ©Boucheron

정 채굴 인증을 받은 골드와 책임 있는 방식으로 채굴된 스톤을 사용하고 있다. 2013년에 그린 카펫 컬렉션*의 다이아몬드 팔찌와 귀걸이를 시작으로 2014년부터는 칸 국제영화제의 황금종려상 트로피를 공정 채굴 골드로 제작하기 시작했다. 2018년부터는 백퍼센트 공정 채굴 방식을 통해 생산된 골드를 확보함으로써 광산에서 시장까지 완벽한 추적 가능성을 선보이며 범세계적으로 지속 가능성에 대한 인식을 일깨우고 있다.

광고 속에 섞여든 녹색 분칠을 경계하라

이에 질세라 합성 다이아몬드 회사에서도 지속 가능성과 친환경이라는 콘셉트를 앞세워 공격적인 마케팅을 펼치고 있다. 그런데 문제는 이들이 광산업체가 양산하고 있는 채굴상의 문제점들을 들먹이면서 자신들은 인권 유린 문제에서 자유롭고 환경 파괴가 적다는 점을 강조하는 와중에 친환경이라는 용어를 남발하고 있다는 사실이다. 실험실에서 광물을 만들어냈다고 해서 마치 대자연이나 신의 영역을 정복한 것처럼 과장된 용어를 남발하거나 천연 다이아몬드보다 조금 낮은 가격에 팔면서 환경을 위해 큰 공헌이라도 한 듯이 '녹색 분칠'하는 것은 소비자를 혼란스럽게 만드는 행위로 매우 위험하다. 이에 대해 최근 미국의 연방통상위원회(FTC)에서는 합성 다이아몬드를 친환경으로 포장한 8개의 업체에 경고장을 보냈다. 그들의 생산 과정이 환경에 미치는 영향에 대한 정보는 생략한 채 용어만 남용하는 것을 제재하기 시작한 것이다.

게다가 일각에서는 합성 다이아몬드를 제조하는 데 필요한 고온에서 탄

* 공정 채굴 인증을 받은 금과 윤리적으로 채굴한 다이아몬드만 사용한 주얼리로 지속 가능한 럭셔리 여정의 일환으로 제작되었다.

소 발자국 유발이 훨씬 심각하다는 주장도 제기되고 있다. 상당수의 업체에서 지구 온난화의 주범이자 '기후 깡패'의 대명사인 석탄을 사용하기 때문이다. 석탄은 과거 '검은 다이아몬드'라고 불릴 정도로 핵심 자원이었지만, 오늘날에는 미세 먼지와 오염 물질 배출로 인해 골칫거리로 전락했다. 게다가 합성 과정에서 높은 온도는 필수이기 때문에 천연 다이아몬드를 채굴하는 것보다 더욱 많은 에너지가 소요된다.

세계 최대의 다이아몬드 채광 회사인 드비어스, 리오틴토Rio Tinto, 알로사Alrosa 등이 회원으로 참여하고 있는 천연 다이아몬드 위원회NDC: Natural Diamond Council에서는 2019년 보고서를 인용하며 합성 다이아몬드의 생산 과정에서 발생하는 탄소 배출량이 천연 다이아몬드 채굴 과정에서 발생하는 양보다 세 배나 더 높다고 주장했다. 천연 다이아몬드 채굴에는 캐럿당 160킬로그램의 탄소가 배출되지만 합성 다이아몬드 생산에는 캐럿당 511킬로그램의 탄소가 배출된다는 것이다. 그러자 미국 캘리포니아에 있는 합성 다이아몬드 회사인 다이아몬드 파운드리Diamond Foundry는 자신들은 백퍼센트 수력발전을 사용하고 있으며 NDC의 주장은 일부 기업에 초점을 맞춘 것이라고 반박했다. 흥미롭게도 다이아몬드 파운드리는 영화 〈블러드 다이아몬드〉에서 다이아몬드 사냥꾼으로 나온 레오나르도 디카프리오가 투자한 회사다.

이처럼 상반된 입장이 충돌하고 있는 다이아몬드 업계가 사실상 지향해야 할 목표는 탄소 중립Net-zero을 넘어선 기후 중립이다. 탄소 중립은 탄소 배출량에서 흡수량을 뺀 순배출, 즉 실질적인 탄소 배출량이 0이 되는 상태를 말한다(합성 다이아몬드 업체 중에는 다이아몬드 파운드리가 탄소 중립을 획득했다). 기후 중립은 탄소 배출량을 제로로 만드는 것뿐 아니라 메탄처럼 CVD 다이아몬드 합성에 사용하는 각종 유해한 화학물질 자체를 제로로 만들자는 내용을 골자로 한다. 탄소 중립과 마찬가지로 기후 중립에 도달하는 방법으로는 온실 가스 배출량 자체를 줄이는 것과 탄소 상쇄권을 구매하는 방법이 있다. 탄소 상쇄권이란 나무를 심어 탄소를 배출한 만큼 상쇄하거나 환경적으로 가치 있는 프로젝트에 참여하는 것이다. 물론 지나치게 해로운 행위를 자금력으로 상쇄시킨다는 개념에 대해서는 논란의 여지가 있다.

한편 지구 온난화의 피해는 바닷속 생태계에도 영향을 미친다. 주얼리에서는 특히 산호나 바다거북이 등껍질 같은 CITES(국제 위기에 관한 협약)에 의거해 멸종 위기에 처한 생물에도 주의를 기울일 필요가 있다. 기후 변화로 대기 중의 이산화탄소가 바닷물에 녹으면 탄산이 생기고 바닷물의 수소 이온 농도가 낮아져 산성화된다. 이런 화학적 변화는 조개나 산호초 같은 탄산칼슘으로 이루어진 바다 생물의 생명을 위협한다. 따라서 탄소 배출량을 줄이기 위한 행동 실천뿐 아니라 휴양지에서 야생 생물을 채집하거나 기념품 가게에서 유통 과정이 불분명한 해양 생물을 구입하는 행위도 지양해야 한다.

최근 코로나19를 계기로 자연과 생태계 보전 등 지속 가능성에 기초한 국가 발전 전략이 한층 중요해지고 있다. 주요 선진국도 탄소 중립을 선언하고 그린 뉴딜Green New Deal●을 제시하는 등 기후 위기 대응책을 강화하는 중이다. 채굴과 가공 과정에서 이와 밀접하게 관련되어 있는 주얼리 업계도 마찬가지다.

코로나19 이후 해외에서는 에스테이트 주얼리estate jewelry가 핫한 카테고리로 부상했다. 백여 년 전 양차 세계대전 때도 빈티지 주얼리 시장이 활성화된 역사가 있지만 지금과는 결이 달랐다. 그때는 소재 수급이 어려운 상황에서 환금성과 화폐 가치에 중점을 두었다면, 21세기의 새로운 소비 세대는 인류 종의 보전과 지구 보존의 연관성을 인식하고 친환경적이며 사회적으로 책임을 다하는 제품에 지갑을 여는 분위기다. 오래된 주얼리의 업사이클링은 물론 심지어 저가의 코스튬 주얼리에도 지속 가능성과 내구성을 요구하고 있으니 말이다.

● 기후 변화 대응, 에너지 전환 등 환경에 대한 투자를 통해 경기 부양과 고용 촉진을 끌어내는 정책.

백 년 전, 제1차 세계대전이 끝난 후 미국에서는 'Add a pearl'이란 광고가 등장한 적이 있다. 딸이 태어날 때 진주 한 알을 사서 매해 생일마다 한 알씩 더해 성인이 되면 목걸이를 만들어주자는, 당시로서는 값비싼 진주를 경제적으로 구입할 수 있는 참신한 방법이었다. 그런데 인공지능AI이 다이아몬드를 감정할 날이 멀지 않은 초디지털 시대에 살다 보니 이렇게 아날로그적인 '슬로 주얼리'도 나쁘지 않겠다는 생각이 든다. 더욱이 진주는 천연이건 양식이건 맑고 오염되지 않은 환경에서만 자라고, 조개 하나당 여러 번 재생산도 가능한 매우 '지속 가능한' 보석이니까 말이다.

합성 다이아몬드의 종류: HPHT vs CVD

인공적으로 다이아몬드를 제조하는 방법에는 HPHT와 CVD 두 가지가 있다. HPHT(고온고압법)는 지구에서 다이아몬드가 생성되는 환경을 그대로 모방한 방식이다. 1300~1600°C의 높은 온도와 5~6GPa라는 높은 압력을 얻기 위해 벨트 프레스, 큐빅 프레스, 스플리트-스피어 프레스split-sphere press 같은 장치가 필요하다.

우선 프레스 안에 탄소 공급을 위한 흑연이나 다이아몬드 분말을 넣고, 합성 속도를 높이기 위한 금속 용매제(니켈, 철, 코발트 등)를 투입한다. 이후 바닥에 다이아몬드 종자seed crystal를 넣고 기계를 가동하면 용융된 분말이 다이아몬드 종자 결정에 조금씩 달라붙어 성장하는 원리다. 옐로, 브라운, 화이트, 핑크, 블루 등 다양한 색으로 제조할 수 있는데 오랜 시간과 고가의 장비가 필요하다는 것이 단점이다.

한편 CVD(화학기상증착법)는 700~1,000°C의 온도와 대기압보다 낮은 압력에서 성장시키는 방식이다. HPHT 방식보다 간단하고 고압을 필요로 하지 않아 비용과 시간이 크게 단축된다. 불순물이 제거된 진공 상태의 용기에 다이아몬드 종자 결정을 넣고 탄소의 원료로 메탄 가스와 수소 가스 등을 주입한다. 이때 마이크로웨이브를 사용해서 플라즈마 상태(이온과 전자의 혼합 가스 상태)를 만들면 탄소 원자가 분리되어 나와 다이아몬드 종자 결정에 얇은 필름처럼 쌓이며 성장한다. 연마하지 않은 러프rough 상태에서는 납작한 큐브 모양에 가깝기 때문에 천연과 금방 구별되지만, 연마한 이후에는 육안으로 구별할 수 없다.

천연의 화이트 다이아몬드 중 98퍼센트는 질소를 포함한 '타입 1a'인 데 반해 대부분의 CVD 합성 다이아몬드는 탄소로만 이루어진 '타입 2a'이며, 성장 과정에서 사용되는 가스 때문에 약간의 갈색 기를 띤다. 하지만 고온고압 처리로 탈색시킬 수 있고 방사선 조사 등의 후가공을 통해 핑크, 블루, 옐로, 그린 등으로 바꿀 수 있다.

성장 방식	대표적인 결정 형태	
천연	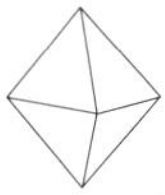	형태: 팔면체 성장 방향: 8방향
HPHT	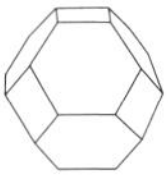	형태: 육팔면체 성장 방향: 14방향
CVD	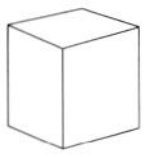	형태: 정육면체 성장 방향: 1방향

합성 핑크 다이아몬드와 합성 블루 다이아몬드.

@luminous1968

주얼리 타임라인

주얼리 사조에서 공식적으로 쓰이는 선사시대와 고대-중세-르네상스-바로크-조지언-빅토리언-에드워디언(벨에포크와 일부 겹침)-아르데코-레트로 모던-50년대 이후로 정리하였다.

선사시대와 고대

BC 110000년경 모로코에서 조개 비즈[1]를 장식용으로 사용한 흔적이 발견됨. 가장 오래된 인류의 주얼리로 추정. 부적으로 사용했을 가능성이 높음.

BC 4400년경 고대 트라키아 문명에서 가장 오래된 금 세공품[2] 제작. 불가리아의 무덤에서 발견됨.

BC 3600년경 네프라이트(연옥)를 중국에서 무기와 장신구로 사용.

BC 3000년경 이집트에서 라피스라줄리, 카닐리언, 터키석, 아마조나이트[3] 사용.

BC 2800년경 시리아에서 최초로 유리(고체 상태) 사용.

BC 2500년경 이라크에서 최초로 그래뉼레이션 기법 사용.
이집트에서 금 주조 기법 사용.

BC 1500년경 유리를 녹여서 성형(이전까지는 고체 상태에서 작업).
근동에서 로스트 왁스 주조법 발명.
멕시코 올멕Olmec에서 비취(경옥) 사용.

BC 1000년경 고대 그리스인, 인탈리오[4]와 카메오 제작. 이후 알렉산더 대왕의 정복(BC 400~300년)으로 보석 조각술이 동방으로 전파.

BC 800년경 인도의 다이아몬드 존재 알려짐. 무역은 BC 400~300년 시작.

BC 700년경 에트루리아인, 사파이어 사용.

BC 600년경 에트루리아인, 호박 사용.
그리스인, 레드 가넷과 에메랄드 사용.

BC 100년경 아프가니스탄의 카불과 로마에서 레드 스피넬[5]을 장신구로 처음 사용.

100년 다이아몬드, 8면체 러프 상태로 로마 시대 반지에 세팅.
남아메리카 초코Chocó 지역 원주민 플래티넘 채광.

1
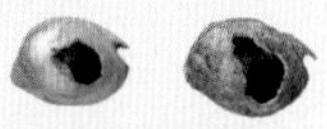
82,000년 전의 모로코의 조개 비즈

2

트라키아의 금 페가수스

3
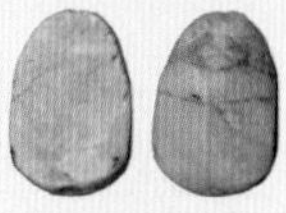
아마조나이트, 풍뎅이 부적, BC 2055~BC 1773년경

4

카닐리언 인탈리오, BC 3~1

5

중세

529년 비잔틴 제국의 유스티니아누스 황제,[6] 주얼리 착용과 사용에 대한 규제 발표(훗날 유스티니아누스 법전).

1096년 제1차 십자군 원정 당시 십자군이 성지로부터 약탈한 엄청난 양의 귀보석과 금이 북유럽으로 이동.

1100년 중국에서 진주 양식 원리 발명.

1284년 프랑스, 신분에 따른 주얼리 착용, 법으로 규제(공식화1283년).

1330년 베네치아에서 포인트 컷[7] 다이아몬드 등장(최초의 다이아몬드 연마).

1450년 다이아몬드에 테이블 컷[8]도입.

1477년 막시밀리안 1세가 부르고뉴의 마리에게 다이아몬드 약혼반지[9]로 청혼.

6

7
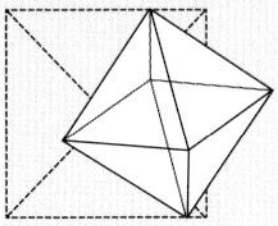

8
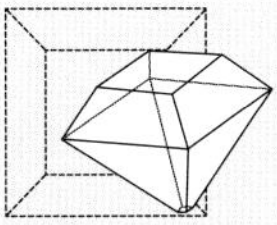

9

르네상스

1500년 다이아몬드에 로즈 컷[10] 등장.

1530년 스페인 정복자들이 콜롬비아 에메랄드[11]를 스페인으로 반출.

1550년 스페인 정복자들, 남미에서 플래티넘 발견.

1590년 무색 지르콘zircon 프랑스에서 채광.

1600년경 인간의 머리카락이 추모용 주얼리에 최초로 사용.

10
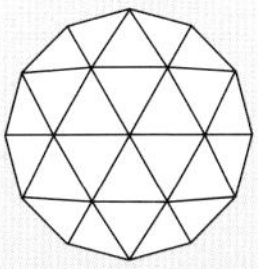

11

바로크

1638년 장 바티스트 타베르니에[12]의 인도 여행 시작.

1650년 다이아몬드 세팅에 최초로 금 위에 은을 덧댄 것으로 알려짐.

1669년 타베르니에가 루이 14세에게 블루 다이아몬드(이후 호프 다이아몬드로 알려짐)를 팖.

1675년 앙 트랑블랑En tremblant(용수철 시스템으로 착용자가 움직일 때마다 흔들리는) 세팅 등장.
영국의 조지 레이븐스크로프트Geroge Ravenscroft가 납유리(일반 유리보다 경도는 낮지만 굴절률과 분산도가 높아 브릴리언스와 파이어가 좋다) 개발.

1685년 위그노 장인들이 프랑스를 떠나 네덜란드, 오스트리아, 독일, 영국으로 대거 이주.

12

1700년 페루치컷Peruzzi cut[13](58면체 브릴리언트 컷의 초창기 버전. 사각형) 개발.

13
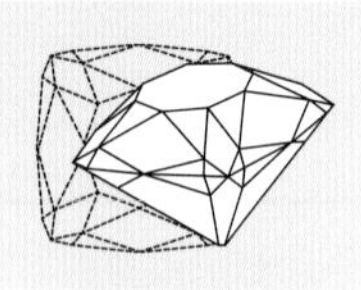

조지언

1720년 크리스토퍼 핀치벡Christopher Pinchbeck, 금 대용품인 구리(Cu)와 아연(Z)의 합금 개발.

1722년 세계에서 가장 큰 그린 다이아몬드 드레스덴 그린[14], 『런던 포스트 보이The London Post Boy』 신문에 최초로 보도.

14

1725년 브라질에서 다이아몬드 발견.

1730년 조르주 프레데리크 스트라스Georges Frédéric Strass, 페이스트paste[15](납유리로 만든 모조 보석으로 스트라스 또는 라인스톤으로도 불린다) 발명.

15

페이스트 칵테일 반지, 1873년

1760년 이탈리아 폼페이 유적지에서 관광객들 사이 용암으로 만든 카메오 유행.[16]

16

용암 카메오, 1760년경

1780년 버마산 비취 중국으로 유입.

1782년 프랑스 과학자 앙투안 라부아지에Antoine Lavoisier, 순수 산소를 사용해서 광석으로부터 플래티넘을 녹이는 데 성공.

1783년 스피넬을 독립 광물로 인정.

1795년 다이아몬드에 오픈 세팅 시작.

1804년 레장 다이아몬드[17], 나폴레옹의 대관식 검에 세팅.

17

1813년 독일의 베를린 아이언 주얼리, 애국심의 표현으로 사용.

1827년 포르투나토 피오 카스텔라니, 고대 금세공에서 그래뉼레이션[18] 연구.

18

카스텔라니의 카메오 브로치, 1862년경

1831년 러시아 우랄 산맥에서 에메랄드 발견.

1834년 러시아 우랄 산맥에서 알렉산드라이트 발견(차르 알렉산드르 2세의 이름을 붙임).

빅토리언

1837년 찰스 루이스 티파니, 뉴욕에 회사 설립(1853년에 Tiffany & Co.로 사명 변경).

1840년 암스테르담에서 다이아몬드 연마에 증기력을 최초로 사용.

1847년 까르띠에 파리 설립.

1848년 캘리포니아에서 금 발견.[19]

1849년 호주에서 처음으로 오팔 발견(유색 효과가 있는 오팔은 1863년).

1854년 영국에서 15캐럿, 12캐럿, 9캐럿 골드 합법화.

1858년 파리에서 부쉐론 설립.

1867년 남아프리카 최초의 다이아몬드 '유레카 다이아몬드Eureka Diamond'[20] 발견.

1868년 미국의 존 웨슬리 하이엇John Wesley Hyatt, 최초의 플라스틱인 셀룰로이드 발명(상업적인 생산은 1873년).

1870년 남아프리카 킴벌리 광산에서 다이아몬드 발견.
유럽의 주얼리 장인과 디자이너, 미국으로 대거 이주.

1878년 다이아몬드 세팅에 플래티넘이 씌워진 프롱prong(보석을 지지하는 발) 특허.

1880년 세실 로즈[21], 남아프리카에 드비어스 광산 회사 설립(1888년에 '드비어스 콘솔리데이티드 마인스'로 사명 변경).

1882년 인도 카슈미르에서 사파이어 발견.

1884년 소티리오 불가리Sotirio Bulgari, 로마에 부티크 오픈.

1886년 티파니, 6프롱 '티파니 세팅' 발표.

1887년 존 스튜어트John Stewart 등이 청산가리를 사용한 금 채굴 방식(시안법) 발명.
티파니, 프랑스 왕실 주얼리[22] 낙찰.

1893년 미키모토 고키치, 일본에서 양식 진주 최초로 개발.

1895년 지그프리드 빙(사무엘 빙), 파리에 아르누보 갤러리 오픈.
르네 랄리크, 빙 갤러리Bing gallery에서 주얼리 전시.[23]

19

20

21

22

23

르네 랄리크의 코사주,
1897~1898년

에드워디언

1900년 에드몽 푸셰Edmond Fouché, 높은 온도를 내는 산소아세틸렌 토치 개발.

1902년 파리에서 베르뇌유Verneuil가 합성 루비를 위한 화염 용융법Flame Fusion process 발명.
스포듀민spodumene의 핑크색 변종인 쿤자이트kunzite, 캘리포니아에서 발견, 조지 프레더릭 쿤츠 박사의 이름을 따서 '쿤자이트'로 명명.
조셉 애셔Joseph Asscher, 다이아몬드의 애셔 컷[24] 발명.

1903년 호주의 라이트닝 리지Lightning Ridge에서 블랙 오팔을 상업적으로 채광.

24

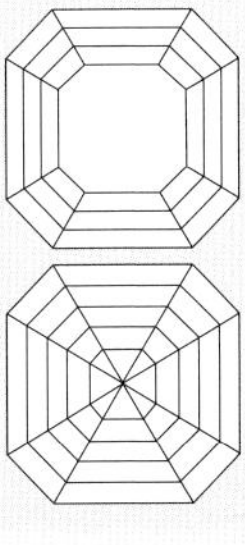

오스트리아 빈에서 콜로만 모저와 요제프 호프만이 빈 공방 설립.

1905년 남아프리카에서 '컬리넌 다이아몬드'[25] 발견, 1907년 에드워드 7세에게 선물.

1906년 반클리프 아펠, 파리에 설립.

1908년 미키모토 고키치, 일본에서 구형 양식 진주 특허(미국 특허는 1916년).

1909년 합성 플라스틱인 베이클라이트[26] 특허.

1911년 미국의 에벌린 월시 매클레인Evalyn Walsh McLean, 호프 다이아몬드[27] 구입.
영국 조지5세, 컬리넌1, 컬리넌 2 다이아몬드를 제국관과 왕홀에 세팅.

1912년 까르띠에, 바게트 컷[28] 다이아몬드 사용.
오스카 헤이맨, 뉴욕에 설립.

1914년 플래티넘, 전쟁 중에 전략적 금속으로 지정.

1919년 마르셀 톨코프스키, 모던 라운드 브릴리언트 컷[29] 발명.

아르데코

1925년 파리에서 장식예술과 근대산업 국제 박람회 개최.

1930년 에르네스트 오펜하이머[30], 드비어스의 회장 취임, Diamond Corporation 설립.
파리에서 Union des Artistes Modernes 결성.

1932년 영국에서14K 골드가 12K와 15K로 대체.
해리 윈스턴, 뉴욕에서 주얼리 소매업 시작.

1934년 에르네스트 오펜하이머, 다이아몬드 카르텔인 드비어스 콘솔리데이티드 마인 설립.

1937년 파리 박람회에서 부쉐론, 까르띠에, 반클리프 아펠 등 컬러 골드와 다양한 보석을 사용한 조각적인 주얼리 전시.

레트로 모던

1939년 최초의 상업적인 합성 에메랄드 공정이 캐럴 채텀Carroll Chatham ('채텀 에메랄드'[31]라는 용어는 1963년부터 사용)에 의해 마케팅 시작.

25
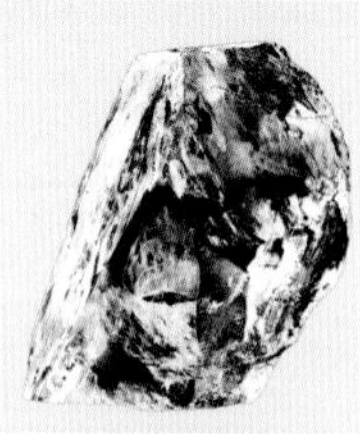

26
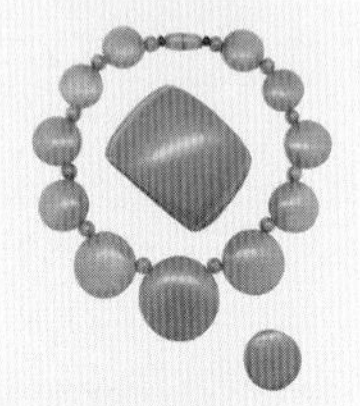

27

28

29

30

31

뉴욕 세계박람회에서 주얼리 전시(티파니, 까르띠에 뉴욕, 마르커스 등 참여).
베르두라 뉴욕에 부티크 오픈.

1940년 프랑스 은행, 금 거래 중지.

1942년 미국에서 주얼리에 플래티넘 사용 금지.
미국 정부의 비금속 제한으로 스털링 실버가 코스튬 주얼리에 사용.

1947년 드비어스의 "다이아몬드는 영원히"[32] 캠페인 런칭.

32

1950년대 이후

1954년 GE에서 최초로 HPHT 방식의 합성 다이아몬드[33] 생산에 성공.

1955년 스와로브스키, 크리스찬 디올과 협업으로 '오로라 보레알리스 Aurora Borealis' 색채 효과를 내는 라인스톤과 크리스털 발표.

1958년 채텀 사에서 융제 용융법Flux Melt으로 합성 루비 발표.

1960년 합성 다이아몬드 생산 방식 미국에서 특허 등록.

1962년 로렌스 그라프Laurence Graff, 런던의 해튼 가든에 부티크 오픈.

1964년 길슨Gilson 사, 융제 용융법으로 합성 에메랄드의 상업적 생산.

1967년 탄자니아에서 탄자나이트[34] 발견.

1971년 GE, 보석용 합성 다이아몬드(옐로-브라운 및 거의 무색) 생산.

1972년 큐빅 지르코니아, 스컬 용융법Skull Melt process으로 특허.

1974년 케냐에서 차보라이트 가넷tsavorite garnet[35] 발견.

1976년 큐빅 지르코니아 상업용 생산 시작.

1979년 호주의 아가일 광산에서 주요 다이아몬드 광맥 발견.

1982년 일본에서 최초로 저압증착 방식의 다이아몬드 합성 연구 발표 (CVD 다이아몬드의 전신).

1985년 드비어스, 스미토모Sumitomo, 합성 다이아몬드 생산 시작.

1987년 브라질 파라이바에서 투르말린[36] 발견.

1990년 디퓨전 처리 사파이어, 최초로 시장에 등장.

1993년 스미토모, 거의 무색의 합성 다이아몬드 생산.

1997년 합성 모이사나이트 상업적 사용.

2020년 리오틴토, 호주 아가일 광산[37] 37년만에 채굴 종료.

33

HPHT 합성 다이아몬드

34

35

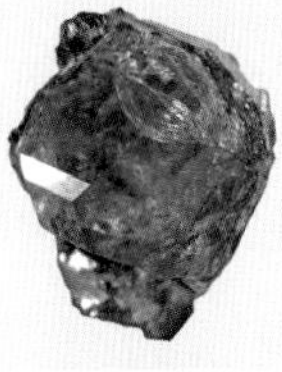

36

37

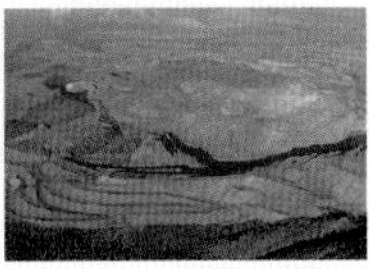

참고문헌

단행본

문희수, 『보석, 보석광물의 세계』, 자유아카데미, 2010.

앤 마리 오코너, 조한나 • 이수진 옮김, 『우먼 인 골드』, 영림카디널, 2015.

윤성원, 『나만의 주얼리 쇼핑법』, 시그마북스, 2017.

윤성원, 『보석, 세상을 유혹하다』, 시그마북스, 2015.

이디스 워튼, 김애주 옮김, 『순수의 시대』, 펭귄클래식코리아, 2015.

전원경, 『클림트』, 아르테, 2018.

클레어 필립스, 김숙 옮김, 『장신구의 역사: 고대에서 현대까지』, 시공사, 1999.

프랜시스 스콧 피츠제럴드, 정현종 옮김, 『위대한 개츠비』, 문예출판사, 2001.

Becker, Vivienne & Cipullo, Renato, *Cipullo: Making Jewelry Modern*, Assouline Publishing, 2021.

Bennett, David & Mascetti, Daniella, *Understanding Jewellery*, ACC Art Books Ltd., 2017.

Brickell, Francesca Cartier, *The Cartiers*. New York: Ballantine Books, 2019.

Epstein, Edward Jay, *Have You Ever Tried to Sell a Diamond?*, FastTrack Press/EJE Publications Ltd., New York, New York, 2013.

Gere, Charlotte and Rudoe, Judy, *Jewellery in the Age of Queen Victoria: A Mirror to the World*, London, The British Museum Press, 2010.

Hue-Williams, Sarah & Sancroft-Baker, Raymond, *Hidden Gems: Stories from the Saleroom*, Unicorn Publishing Group; Reprint edition, 2017.

Karlin, Elyse Zorn & Stoehrer, Emily Banis, *Maker and Muse: Women and Early Twentieth Century Art Jewelry*, The Monacelli Press, 2015.

Koch, Michael(Editor), Wilson, Frances(Editor), Crisford, Caroline(Editor), Posseme , Evelyne (Contributor), *The Belle Epoque of French Jewellery, 1850-1910: Jewellery Making in Paris, 1850~1910*, Seven Hills Books, 1992.

Kretschmer, Tobias, *Debeers and Beyond: The History of the International Diamond Cartel*, New York University, 2003.

Markowitz, Yvonne J.(Contributor), Hamilton, Elizabeth(Contributor), *Oscar Heyman: The*

Jewelers' Jeweler, MFA Publiations Museum of Fine Arts, Boston, 2017.

Meylan, Vincent, *Christie's: The Jewellery Archives Revealed*, ACC Art Books, 2016.

Miller, Harrice Simons, *Fashion Jewelry: The Collection of Barbara Berger*, Assouline Publishing, 2013.

Nadelhoffer, Hans, *Cartier*, Thames & Hudson, 2007.

Shield, Renée Rose, *Diamond Stories: Enduring Change on 47th Street*, Ithaca: Cornell University Press, 2002.

Smithsonian Museum, *Gem: The Definitive Visual Guide*, NY: DK Publishing, 2016.

The National Art Center Tokyo, *Cartier, Crystallization of Time*, Nikkei Inc., 2019.

Volandes, Stellene, *Jewels That Made History: 101 Stones, Myths, and Legends*, Rizzoli, 2020.

학술지

송호영, 「누가 클림트의 그림을 소유하는가」, 한양대학교 법학연구소, 『법학논총』 35권1호, 2018년 03월, 349~378쪽.

정현갑, 「소재와 가공성능에서 본 다이아몬드 공구의 최신 동향」, 한국과학기술정보연구원, 2003년, 1~8쪽.

최현민, 김영출, 석정원, 「보석용 무색 합성 다이아몬드의 최근 동향」, 『한국결정성장학회지』, Vol. 27, No. 4, 2017년, 149~153쪽.

Daelen, Veerle Vanden, "Negotiating the return of the diamond sector and it Jews: The Belgian government during the Second World War and in the immediate post-war period", *Holocaust Studies*, Volume 18, 2012, pp. 231~260.

D'Haenens-Johansson, Ulrika F.S. & Katrusha, Andrey & Moe, Kyaw Soe & Johnson, Paul & Wang, Wuyi, "Large Colorless HPHT Synthetic Diamonds from New Diamond Technology", *Gems & Gemology*, Fall 2015, Vol. 51, NO. 3, pp. 260~279.

Eaton-Magaň, Sally & Shigley, James E., "Observations on CVD-Grown Synthetic Diamonds: A Review", *Gems & Gemoloy*, Fall 2016, Vol. 52, No. 3, pp. 222~245.

Ebert, J. Mark, "Art Deco: The period, the jewelry", *Gems & Gemology*, Spring 1983, Vol. 19, pp. 3~11.

Lael, Richard L. & Killen, Linda, "The pressure of shortage: platinum policy and the Wilson administration during World War I", *The Business History Review*, Winter 1982, Vol. 56, No. 4, pp. 545~558.

Misiorowski, Elise B., Hays, Nancy K, "Jewels of the Edwardians", *Gems & Gemology*, Fall 1993, Vol. 29, No. 3, pp. 152~171.

동영상

"강소기업이 힘이다" 신한다이아몬드 공업 편, YTN, 2016. 3. 2.

"The French Crown Jewels, Past & Present", L'ECOLE School of Jewelry Arts, 2021. 5. 10.

기타 자료

http://www.arthurchandler.com/1925-art-deco-exposition

http://www.bbc.com/travel/story/20210506-russias-eighth-wonder-of-the-world

https://4cs.gia.edu/en-us/blog/history-cultured-pearls-part-1/

https://doyle.com/specialists/nan-summerfield/stories/mrs-plants-pearls

https://edwardjayepstein.com/diamond/chap9.htm

https://www.langantiques.com/university/timeline/

https://lisawallerrogers.com/category/people/royaltynobility/british-royal-familynobles/queen-mary-of-teck/

https://royalcentral.co.uk/interests/history/may-jewels-queen-marys-deal-with-a-duchess-142017/

https://www.christies.com/features/Art-to-wear-10475-7.aspx

https://www.christies.com/Features/Cartier-and-the-Indian-style-9918-3.aspx

https://www.jckonline.com/magazine-article/inspiration-for-gothic-renaissance-revival-style-jewels/

https://www.smithsonianmag.com/history/a-brief-history-of-the-amber-room-160940121/

https://www.sothebys.com/buy/527979cc-7239-40f8-ad5a-4ddde9212777

https://www.telegraph.co.uk/culture/art/3653726/Glittering-prize.html

https://www.trufauxjewels.com/jewelry-styles/

https://www.wwno.org/post/ad-woman-who-made-diamonds-forever

찾아보기(보석 & 주얼리 관련 주요 용어)

ㅈ

ㅊ

ㅋ

ㅌ

ㅍ

ㅎ

Special Thanks

I would like to express my deepest gratitude to the jewelry brands that provided the precious pictures to the book as well as other people for their invaluable cooperation and support.

사진 제공

Basha Gold

Bentley & Skinner

Boucheron

Bulgari

Cartier

Cindy Chao

Dolce & Gabbana

FD Gallery

Luminous Lab Jewelry

Mark Walsh Leslie Chin, Vintageluxury.com

Mauboussin

Minetani

Miriam Haskell

Oscar & Heyman

Oscar Buitrago

Park Avenue Couture

Renato Cipullo

Sally Sohn Fine Jewelry

Stephen Webster

Steven DeVilbiss/Assouline

Symbolic & Chase

Tana Chung

Tanello

Tani by Minetani

Tiffany & Co.

Verdura

Wallace Chan

Wartski

William Furbelow & Co. at 1stdibs

윤성원의 보석&주얼리 문화사 두 번째 이야기
세계를 매혹한 돌

초판 1쇄 발행 2021년 7월 15일
초판 2쇄 발행 2021년 8월 20일

지은이 윤성원
펴낸이 김철식
펴낸곳 모요사
출판등록 2009년 3월 11일(제410-2008-000077호)
주소 10209 경기도 고양시 일산서구 가좌3로 45, 203동 1801호
전화 031 915 6777
팩스 031 5171 3011
이메일 mojosa7@gmail.com

ISBN 978-89-97066-69-8 04900
978-89-97066-55-1 (세트)

— 값은 뒤표지에 표시되어 있습니다.